Rei Arthur e os cavaleiros da Távola Redonda

CLÁSSICOS ZAHAR
em EDIÇÃO COMENTADA E ILUSTRADA

Sherlock Holmes (9 vols.)*
A terra da bruma
Arthur Conan Doyle

As aventuras de Robin Hood*
O conde de Monte Cristo*
A mulher da gargantilha de veludo e outras histórias de terror
Os três mosqueteiros*
Vinte anos depois
Alexandre Dumas

O corcunda de Notre Dame*
Victor Hugo

Os livros da Selva*
Rudyard Kipling

O Fantasma da Ópera
Gaston Leroux

O Lobo do Mar*
Jack London

Jaqueta branca
Moby Dick
Herman Melville

Rei Arthur e os cavaleiros da Távola Redonda*
Três grandes cavaleiros da Távola Redonda: Lancelot, Tristão e Percival
Howard Pyle

Frankenstein*
Mary Shelley

Drácula*
Bram Stoker

Aventuras de Huckleberry Finn
As aventuras de Tom Sawyer
Mark Twain

20 mil léguas submarinas*
A ilha misteriosa*
Viagem ao centro da Terra*
A volta ao mundo em 80 dias*
Jules Verne

O Homem Invisível*
A máquina do tempo
H.G. Wells

A besta humana
Émile Zola

* Títulos disponíveis também em edição bolso de luxo
Veja a lista completa da coleção no site zahar.com.br/classicoszahar

Howard Pyle

Rei Arthur
e os cavaleiros da Távola Redonda

EDIÇÃO COMENTADA E ILUSTRADA

Apresentação e notas:
Lênia Márcia Mongelli

Tradução:
Vivien Kogut Lessa de Sá

10ª reimpressão

ZAHAR

Copyright © 2013 by Editora Zahar
Copyright da tradução © 2013 by Vivien Kogut Lessa de Sá

*Grafia atualizada segundo o Acordo Ortográfico da Língua Portuguesa de 1990,
que entrou em vigor no Brasil em 2009.*

Título original
The Story of King Arthur and His Knights

Capa
Rafael Nobre/Babilonia Cultura Editorial

Projeto gráfico
Carolina Falcão

Preparação
Juliana Romeiro

Revisão
Eduardo Farias
Carolina Sampaio

CIP-Brasil. Catalogação na fonte
Sindicato Nacional dos Editores de Livros, RJ

P998r	Pyle, Howard, 1853-1911 Rei Arthur e os cavaleiros da Távola Redonda / Howard Pyle; apresentação e notas Lênia Márcia Mongelli; tradução Vivien Kogut Lessa de Sá. – 1ª ed. – Rio de Janeiro: Zahar, 2013.

il. (Clássicos Zahar)

Tradução de: The Story of King Arthur and His Knights.
Edição comentada e ilustrada
ISBN 978-85-378-1065-1

1. Arthur, Rei – Ficção. 2. Reis e governantes – Grã-Bretanha – Ficção. 3. Ficção americana. I. Mongelli, Lênia Márcia. II. Sá, Vivien Kogut Lessa de. III. Título. IV. Série.

CDD: 823
13-1084   CDU: 821.111-3

Todos os direitos desta edição reservados à
EDITORA SCHWARCZ S.A.
Praça Floriano, 19, sala 3001 – Cinelândia
20031-050 – Rio de Janeiro – RJ
Telefone: (21) 3993-7510
www.companhiadasletras.com.br
www.blogdacompanhia.com.br
facebook.com/editorazahar
instagram.com/editorazahar
twitter.com/editorazahar

Sumário

Apresentação: A história de Arthur além da História,
por Lênia Márcia Mongelli 7

Rei Arthur e os
cavaleiros da Távola Redonda

Prefácio 29

O LIVRO DO REI ARTHUR 31

O LIVRO DE TRÊS HOMENS NOTÁVEIS 169

Cronologia: Vida e obra de Howard Pyle 323

Apresentação
A história de Arthur além da História

I. Preliminares

Quando qualquer leitor atual, especialista ou não, se propõe a ler sobre algum aspecto da vasta lenda arturiana – ou, se preferirmos, da "matéria de Bretanha", conforme o trovador francês Jean Bodel (1165-1210) classificou os ciclos literários de seu tempo, a par da "matéria de Roma" e da "matéria de França" –, esse leitor deve ter em mente pelo menos três pressupostos básicos, estreitamente vinculados entre si: quem escreve, as fontes de que se serve e o público a que se destina. Tais cuidados são indispensáveis, porque se trata de tema referente a um passado bastante recuado, forjado por autores quase sempre desconhecidos e ouvido/lido por pessoas com perfil muito distinto do homem moderno. Esse rigor não atrapalha a sedução que inegavelmente emana dos cavaleiros de Arthur; pelo contrário, só ajuda a entendê-la melhor.

Primórdios de uma construção

A corte arturiana e, com ela, a Távola Redonda pertencem à categoria dos mitos. Isto significa que para eles convergem as mais diversas tradições – de proveniência oral ou escrita, literária ou historiográfica, manuscrita ou impressa e, via de regra, cobrindo um amplo espaço geográfico e uma ainda mais ampla curvatura temporal, porque enveredam pelo folclore e por costumes de regiões distintas, numa imbricação de imaginários que só confirma aquele "nada que é tudo" de Fernando Pessoa, célebre concepção de "mito" em *Mensagem*.

A biografia do Arthur histórico – portanto, aquele que terá *realmente* existido –[1] é bastante nebulosa, porque também permeada de fatos lendários: ele teria chefiado a resistência dos celtas contra os invasores anglo-saxões,

---

1. Convém ressaltar que a autenticidade histórica de Arthur não será posta em questão até o período que se convencionou apontar como fim da Idade Média, conforme atesta sua presença em numerosas crônicas, em obras enciclopédicas, em Boccaccio etc.

logo após a saída dos romanos da Grã-Bretanha, ao longo do V ou VI século. A ampliação do valor e dos resultados dessa heroica resistência é que está nos alicerces do mito, conforme aparece em vários poemas galeses e, principalmente, em uma *Historia Brittonum* (*História dos bretões*), do monge galês Nennius, do século IX, que é quem chama Arthur de *dux bellorum* (chefe de guerra) e lhe atribui uma série de vitórias contra o inimigo, sendo a mais célebre a do Monte Badon (por volta de 518), onde o *dux* teria matado 160 inimigos de uma só vez. Até mesmo hagiografias do País de Gales evocam esse Arthur valoroso.

Mas são historiadores anglo-normandos posteriores que descreverão Arthur como rei dos Bretões, todos autores da primeira metade do século XII. Dentre eles, o mais célebre é Geoffrey de Monmouth, que na sua *Historia regum Britanniae* (*História dos reis da Bretanha*), de 1136, reconta em detalhes a vida, as aventuras guerreiras e a morte do rei – obra das mais conhecidas e citadas durante a Idade Média Central (e da qual seguramente se serviu Howard Pyle em suas pesquisas). A imagem que se oferece de Arthur é a de um soberano culto, centro de uma corte brilhante e civilizadora. Como essa *História* começa pela chegada dos troianos à Bretanha conduzidos por Brutus, filho de Eneias, e termina pela fuga dos bretões para a Armórica, para escapar à horda saxônica, foi quanto bastou para que se tornasse um *topos*, entre os romances[2] de cavalaria posteriores, fazer a ascendência do herói remontar estrategicamente à tradição greco-romana ou à arturiana para dignificação de sua linhagem. Na esteira desses poderosos artifícios, o monge normando Wace reescreveu em versos a *Historia* de Monmouth e adaptou-a do latim ao francês – no seu *Roman de Brut* (por volta de 1155), longa narrativa que, além de tornar a história de Arthur mais acessível, por causa da língua, inventou a Távola Redonda e divulgou Excalibur como a imbatível espada do rei.

Também a Geoffrey de Monmouth se deve uma *Vita Merlini* (*Vida de Merlin*), de 1148 – tema que tão ardentemente mereceu as atenções de Howard Pyle –, onde se contam em detalhes o surgimento e o fim do reino de Arthur. Sua fonte de inspiração foi sem dúvida o lendário bardo galês Myrddin, ambíguo personagem de profeta, filho do Diabo mas agente de Deus na terra, homem selvagem que vive nos bosques e que, ao mesmo tempo, tem livre trânsito na corte, astrólogo e poeta, conhecedor do passado e organizador do futuro.

---

2. Romance, na Idade Média, significa o texto escrito em língua vulgar e não em latim, termo com sentido, portanto, completamente diferente do romance moderno.

A força de Chrétien de Troyes

Como se observa, nesta trajetória de ascensão e afirmação do mito, é muito tênue a fronteira entre história e ficção, confundindo o leitor e fazendo-o tomar por "verdade" aquilo que não é – pelo menos no plano da realidade factual, a que, não se perca de vista no entanto, essa fábula está umbilicalmente atada. Tão expressivo é o papel da literatura ficcional na intersecção de fontes, que se pode atribuir ao escritor francês Chrétien de Troyes (c.1135-c.1183) a identidade do Arthur que muitos conhecem. E os críticos são unânimes em considerá-lo "o inventor do romance arturiano". Clérigo bem-informado, de largo trânsito cortesão e a serviço dos condes de Champanhe, Henrique I o Liberal e sua mulher Maria, Chrétien, com o rico beneplácito de seus senhores, deu asas à fantasia e acrescentou à tradição alguns elementos que, a partir de então, passaram a compor o modelo – imitado à exaustão – da gloriosa Cavalaria arturiana.

Entre 1170 e 1180, ele escreveu nada menos do que cinco célebres narrativas versando a "matéria de Bretanha": *Érec et Énide, Cligès, Le chevalier de la Charrete (Lancelot), Le chevalier au Lion (Yvain)* e *Le Conte du Graal (Perceval)*. Houve, ainda, um *Roman du roi Marc et d'Iseut la Blonde*, infelizmente perdido, em torno dos amores trágicos de Tristão e Isolda. Exímio narrador, dono de uma linguagem sedutora, atento às contradições de sua época, Chrétien cria heróis vivendo quase sempre situações-limite, entre suas obrigações guerreiras e o amor da dama ou a fidelidade vassálica devida ao rei. Os embates nunca são superados sem densos conflitos internos, o que credita ao autor também os esboços de uma psicologia individual,[3] daquilo que se chamará mais tarde personagem, no âmbito estrito da criação literária.

Nesse belo rol, é preciso distinguir o *Perceval ou o Conto do Graal*, por duas razões: não só Chrétien morre antes de concluir o texto que propõe um enigma, como também adiciona ao arturiano outro mito não menos poderoso, o do Graal. No primeiro caso, apareceram depois numerosas "continuações", todas procurando ou propondo uma "resposta" à pergunta que Perceval deixou de fazer quando, ao adentrar o castelo do Rei Pescador, viu o cortejo solene: "A quem serve o Graal?"; no segundo, a tradição céltica de um "caldeirão ou vaso da abundância", essencialmente ligado à ideia de fartura e de alimentação, ou seja, o Graal (de *gradalis*, prato), veio para ficar na mitologia de Arthur, ense-

---

3. Tal como a entendemos hoje, a noção de "indivíduo" é posterior à Idade Média. (Ver, dentre outros, Aron J. Gourevitch, *La naissance de l'individu dans l'Europe médiévale*, Paris, Seuil, 1997.)

jando o motivo da "busca" – talvez a mais duradoura e simbólica das heranças cavaleirescas. Como se não bastasse, Chrétien ainda capta e funde uma antiquíssima lição do folclore universal, com presença marcante nos contos de fadas, sobre o rapaz ingênuo que sai pelo mundo e que não pode deixar escapar a(s) oportunidade(s) de amadurecimento, sob pena de amargar pelo resto da vida as consequências de sua insensatez.[4]

A cristianização do mito

A essa altura, segunda metade do século XII, a lenda de Arthur já ganhara mundo e já se disseminara pela lírica trovadoresca, pelas crônicas, pela pintura, pela tapeçaria, pela iconografia e pela música – sempre em versões diferenciadas e nunca sem o atrativo pagão dos amores que transcendem as normas sociais. Estamos em pleno coração da Idade Média Central (séculos XI a XIII), e num momento em que a Igreja aplica todos os seus esforços na moralização dos costumes, papado e realeza rivalizando em sua eficácia na conquista do poder e tentando estabelecer os limites entre a esfera espiritual e a terrena. O sinal mais evidente dessa disputa é a chamada Reforma Gregoriana,[5] que propõe o retorno a uma Igreja primitiva, inspirada no modelo do próprio Cristo, e que pune com severidade qualquer espécie de heresia. Revê a legislação do casamento, da confissão, do batismo, prega o apostolado e a Paz de Deus[6] – as Cruzadas (1095-1280) são uma de suas versões –, promovendo o surgimento da Ordem de Cister (1098), com seu interesse pelas guerras em favor da cristandade, e das "ordens mendicantes" (a Franciscana, em 1209; a Dominicana, em 1216), advogando em prol da pobreza.

Ao mesmo tempo, o êxodo do campo para a cidade, mudando o estilo de vida agrário para o urbano (com todas as consequências que daí adviriam), estimulou o crescimento de vilas e burgos, favorecendo o comércio interno e externo e

---

4. Esta obra de Chrétien de Troyes fez pelo menos dois herdeiros famosos: *Parzival*, do bardo alemão Wolfram von Eschenbach, composta de 25 mil versos e 857 estrofes, escrita na primeira metade do século XIII; e o não menos célebre *Parsifal*, de Richard Wagner, ópera pela primeira vez produzida em 1882.

5. Deve-se o nome ao papa Gregório VII (1073-85), que deu impulso ao movimento, embora não seja o seu idealizador.

6. "Paz de Deus" é como ficaram conhecidas as assembleias que, a partir do ano mil, se disseminaram por toda a Europa, convidando os povos às práticas penitenciais e à devoção aos relicários.

dando início a novas formas de enriquecimento. São criadas as universidades e, simultaneamente a elas, as línguas ditas "vulgares", na expressão de Dante Alighieri, competindo com o latim na divulgação de um saber até então restrito aos clérigos letrados. A redescoberta de Aristóteles obriga a rever o império até então indiscutível do platonismo, relido por santo Agostinho para todo o Ocidente cristão. Nas cortes e nas grandes casas senhoriais, festas e saraus suntuosos põem em cena jogos, torneios, danças e cantos animados por trovadores e jograis, no intuito de divertir uma nobreza e uma "burguesia" ávidas por entretenimento.

Nesse contexto, de apelos fortemente antagônicos como se pode depreender, a "matéria de Bretanha" envereda por outros rumos – atingindo o ápice de sua desenvoltura e consagrando certos componentes que deitarão raízes pelos séculos afora. Mais especificamente, pelo menos até o século XVIII, contrariando aqueles que pensam ter Miguel de Cervantes encerrado a trajetória da ficção cavaleiresca com o seu *Dom Quixote de la Mancha*.[7] Na passagem do século XII ao XIII, a lenda céltica e pagã do Graal como caldeirão mágico cristianiza-se e transforma-se no Cálice Sagrado, no Santo Vaso da Última Ceia no qual foi recolhido o Sangue de Cristo.

Tantos são os frutos dessas mudanças, criando ligações entre elementos de proveniências diversas, que a literatura arturiana vai se constituir em ciclos mais vastos, assinalando inclusive a passagem do verso à prosa – lembrando que é esta a linguagem da Bíblia, num evidente esforço dos autores (muitos deles anônimos) de conferir credibilidade a enredos tão fantasiosos e tão fluidos. Desse ângulo, é Robert de Boron (Howard Pyle cita-o como uma de suas fontes) o autor de uma trilogia em versos (entre 1191 e 1212) – *Li livres dou Graal* – composta por *Joseph*, *Merlin* (fragmentado) e *Perceval*, este último conhecido apenas por versões em prosa. Na sequência dos três, parte-se das aventuras de José de Arimateia como guardião do Graal até a destruição do reino de Arthur, que não soube honrar o Cálice Santo. Está pronta para germinar a semente de uma cavalaria de espécie agora celestial, sem perder suas matrizes pagãs.

Entre 1215 e 1235, surge o admirável ciclo cuja versão mais conhecida foi denominada *Vulgata*, composto de cinco títulos que passaram à posteridade também como *Lancelot-Graal*, sugerindo a evidente articulação entre o Graal e a história dos amores proibidos de Lancelot e Guinevere. São eles: *Estoire del*

---

7. O leitor interessado no assunto pode consultar o importante levantamento feito por Aurelio Vargas Díaz-Toledo com respeito a Portugal: *Os livros de cavalarias portugueses dos séculos XVI-XVIII*, Ilha da Madeira, Pearlbooks, 2012.

Saint Graal (retoma o *Joseph* de Boron); *Estoire de Merlin* (também assentada em Boron); *Lancelot du Lac* – núcleo e parte mais ampla do ciclo; *Queste del Saint Graal* (confere a Galaaz, e não mais a Perceval, o papel de herói do Graal); *Mort Artu* (é descoberta a traição de Lancelot, dissolve-se a cavalaria arturiana e extermina-se o reino). Da condensação dessas obras nasce um novo ciclo (antes de 1250), a *Post-Vulgata*, composto de três títulos (*Estoire del Saint Graal, Merlin, Queste del Saint Graal*), sendo que de uma versão tardia deste último deriva a *Demanda do Santo Graal*, em português – que conhecemos através de um pergaminho já do século XV. Aqui, neste ciclo, que ainda amalgama temas do *Tristan en prose* (século XII), dominam o rigor do ascetismo, a condenação dos pecados da carne e as promessas de salvação.

Uma vez que, conforme apontamos, o Renascimento dos séculos XV e XVI não pôs fim ao interesse pelas narrativas arturianas e cavaleirescas – muito pelo contrário, apropriou-se delas para ilustrar seus sonhos expansionistas de heroísmo e de glória no período dos Descobrimentos –, convém lembrar *A morte d'Arthur*, do inglês Sir Thomas Malory (outra leitura indiscutível de Howard Pyle), impressa em 1485 para o rei Henrique VII da Inglaterra; e também o *Memorial das proezas da segunda Távola Redonda*, do português Jorge Ferreira de Vasconcelos, de 1567, dedicada, laudatoriamente, ao futuro D. João III, num momento em que Portugal domina os mares.

Cavalaria e feudalismo

Se, portanto, no trato com a "matéria de Bretanha" é necessário estar atento a essa evolução para situar o mito de Arthur nos parâmetros temporais, geográficos e textuais que lhe são devidos, o que dizer da Cavalaria? Qual a relação dela com a era feudal, cujo modelo "clássico" vem à luz justamente na Idade Média Central, entre os séculos XI e XII? As perguntas têm sua razão de ser, porque aqui, mais do que nunca, realidade e ficção se entrelaçam, fazendo com que a simples menção da palavra "cavalaria" traga à memória imagens de combatentes modelares como Arthur – hoje grandemente influenciadas pelos épicos do cinema.

Em sua origem, "cavalaria" (e não ainda "Cavalaria", como estamento social) tem sentido puramente militar: indica guerreiros armados, admitidos geralmente por um senhor de terras, com vistas à proteção de seus domínios, pela qual o contratante se obriga ao sustento do contratado e este, ao cumprimento fiel de seu serviço. Os textos latinos chamam *milites* a esses recrutas que são, antes de tudo, soldados (mais tarde, a literatura românica os tratará por *chevaliers*). Por isso, é impensável falar em "cavaleiros" sem referir implicitamente o exercício das armas e a destreza no manejo do cavalo, pois os *milites* passaram a *equites* (cavaleiros) na composição dos exércitos, conforme também crescia o poderio dos grandes – ou, seria melhor dizer, dos castelões, dos senhores feudais.[8]

Muitos historiadores apontam o reinado de Carlos Magno (c.742-814) como um divisor de águas no fortalecimento da cavalaria e no seu encaminhamento para a aristocratização, até que, lá pelo fim do século XII, a Cavalaria, já institucionalizada, apareça como expressão militar da nobreza, que lhe empresta sua ideologia – inclusive por força da conjuntura vivida pela Igreja em sua incansável luta contra o infiel e na proteção dos lugares sagrados de Jerusalém. Desde o século X, vai ficando difícil entrar para a corporação, e até reis e príncipes são filtrados em um rigoroso processo de admissão, com regras específicas para uso do complicado armamento e da montaria nos combates, bem como rituais de verdadeira "iniciação" do neófito.[9] Cite-se, por exemplo, a cerimônia do "adubamento" ou "investidura" (também mutável ao longo dos tempos), quando eram entregues oficialmente a indumentária das armas e o equipamento que fazia de alguém cavaleiro, pressupondo a noite de vigília e o juramento de fidelidade, feito sobre uma *res sacra*, em geral a Bíblia.

Por volta dos séculos XII e XIII – justamente no apogeu da cristianização do mito arturiano – um cavaleiro não é pois apenas um guerreiro a cavalo, mas membro reconhecido da aristocracia, envolvendo inclusive questões de "linhagem". Pertence a um *ordo militum*, com deveres de proteção e defesa da Igreja e do rei, aos quais está ligado por laços ritualísticos de "vassalidade", ou seja, de fidelidade e obediência. Curiosamente – e agora já no plano da ficção – a poesia dos trovadores medievais (que floresceu também entre os séculos XII e XIII) está impregnada desse imaginário feudalizante: a dama substitui o senhor nas obrigações impostas ao súdito/amante, o qual tem que "provar" a ela, a todo instante, a "sinceridade" e a extensão de seu amor. Conforme testemunham principalmente as cantigas de amor,[10] essa complicada relação amorosa é do

---

8. Depois da era carolíngia, estabeleceu-se no Ocidente uma nova sociedade, denominada feudal, caracterizada pelo declínio do poder central, sobretudo na França, e pelo desenvolvimento dos principados e das castelanias.

9. O leitor interessado no assunto pode consultar um importante documento de época, escrito entre 1279 e 1283: Ramon Llull (Raimundo Lúlio), *O livro da Ordem de Cavalaria*, São Paulo, Giordano, 2000.

10. Cantiga de amor: uma das formas de expressão mais típicas do lirismo medieval galego-português. Derivada da *cansó* occitânica, mas mais condensada (poemas de três ou quatro

tipo regido pela cortesia[11] – termo caro a Howard Pyle –, derivação ampliada do assim chamado "amor cortês":[12] mais do que uma expressão de afetos entre duas pessoas que se gostam, a cortesia tem profundos vínculos morais e pressupõe a elevação espiritual do par através de laços que, por isso mesmo, estão além da vida e da morte.

II. DO PASSADO AO PRESENTE

Pode-se dizer que Howard Pyle esteve de olho na polissemia do mito arturiano e na amplitude de suas vertentes. Também ele escreveu, a seu modo, uma espécie de tetralogia cíclica, cujo primeiro título é este que o leitor tem em mãos: *A história do rei Arthur e seus cavaleiros* (1903), *A história da Liga dos Cavaleiros da Távola Redonda* (1905), *A história de Sir Lancelot e seus companheiros* (1907), *A história do Graal e a morte de Arthur* (1910). Sendo assim, obrigamo-nos às mesmas perguntas que atrás propusemos, sob pena de avaliarmos mal o nosso texto: quem é esse autor? A que público se destina? De que Arthur ele fala?

Informações biográficas

Howard Pyle nasceu em Wilmington, no estado americano de Delaware, em 5 de março de 1853, e morreu em Florença, Itália, em 9 de novembro de 1911. Desde 1682, seus ancestrais haviam se estabelecido em Brandywine Valley, como imigrantes quacres[13] vindos da Inglaterra. A casa dos Pyle era no campo, fora da então pequena cidade, cercada por idílica paisagem e por jardim florido, muito presentes em sua imaginação infantil. Acrescente-se o incentivo da mãe, desde cedo, para as boas leituras: foi ela quem lhe apresentou os contos de fadas dos irmãos Grimm, as *Mil e uma noites*, *Robinson Crusoé*, os poemas sobre Robin

---

estrofes, em versos redondilhos), expressa o amor quase nunca correspondido do trovador por sua Senhora.

11. "Cortesia" é, na Idade Média, o derivado mais amplo do chamado "amor cortês" (ver nota seguinte): indica severas regras de comportamento social, baseadas em princípios éticos e morais. Modernamente, "cavalheirismo", "gentileza", "boa educação" são sinônimos de "cortesia".

12. A expressão mais adequada seria "amor cortesão" (i.e., "da corte"), já que o sentimento referido se desenvolveu e tomou forma nos meios aristocráticos.

13. Movimento protestante britânico do século XVII, também conhecido por Sociedade Religiosa dos Amigos. Prega o pacifismo e a simplicidade.

Hood e outras obras do mesmo quilate, todas elas muito bem ilustradas. Começava aí, segundo seus biógrafos, o gosto de Pyle por criar quadros extraídos de fontes literárias.

Porque é preciso enfatizar: Howard Pyle tornou-se célebre, na América do Norte e fora dela, muito mais como ilustrador de livros infantojuvenis do que como escritor. Especificamente, ele escrevia para poder ilustrar seus próprios textos. Ainda nos primeiros anos escolares, a família percebeu o desinteresse do rapaz pelos estudos ("passava as horas desenhando em classe"[14]) e, quando o pai resolveu suspender seu aprendizado, a mãe sugeriu que ele fosse estudar arte. Então, aos dezesseis anos, principiou uma etapa de três anos na Filadélfia com o artista belga Van der Weilen – na verdade, o único, mas sólido, treinamento sistemático que ele recebeu sobre a técnica do desenho. Foi quanto bastou para que montasse um pequeno estúdio em casa, em Wilmington, trabalhando nos negócios de couro do pai até decidir-se por uma carreira. Assim esteve pelos próximos cinco anos, sempre se exercitando com lápis, tinta, guache e óleo, dentre outros recursos.

Na primavera de 1876, fato marcante, Pyle fez uma viagem à costa da Virgínia, a Chincoteague Island, para assistir a um famoso rodeio anual de potros selvagens. Tão vivamente impressionado ficou com tudo o que viu, que tomou notas, fez vários desenhos e projetos de artigos, já em casa, submetendo-os mais tarde, junto com outros trabalhos em prosa e em verso, a diferentes jornais e periódicos especializados em publicações para crianças, como o *St. Nicholas*. Foram aceitos, apareceram os primeiros pagamentos, e os editores, entusiasmados, aconselharam a família a investir no rapaz.

Foi o que se fez, e no mesmo ano de 1876 Pyle partiu para Nova York, onde ingressou na Art Students' League, buscando aperfeiçoar seus desenhos de figuras humanas. Ao mesmo tempo, continuou produzindo textos e pinturas para diferentes casas editoriais, até que o encontro com a Harper and Brothers, então uma das maiores editoras do país, deu início à carreira verdadeiramente profissional do artista, num suceder de numerosos trabalhos. Quando, em 1879, seus amigos começaram a debandar, Pyle decidiu retornar a seu estúdio doméstico em Wilmington, certo de que o contato com a Harper não o deixaria sem encomendas, como de fato aconteceu. Em 1881, o autor e ilustrador casou-se com Anne Poole.

Durante várias férias de verão os Pyle foram para perto do mar, em Rehoboth Beach, Delaware, onde, segundo consta, ambos imergiam na leitura de lendas

---

14. Henry C. Pitz, *The Brandywine Tradition*, Boston, Houghton, Mifflin, 1969, p.42.

sobre piratas e tesouros enterrados, de que resultaram algumas obras-primas ilustrando o tema (Merle Johnson reuniu artigos, narrativas e ilustrações em *Howard Pyle's Book of Pirates*). Tão belos e cheios de detalhes são esses retratos, tão precisos imageticamente, que chegaram a inspirar a caracterização do Capitão Jack Sparrow, personagem vivido pelo ator Johnny Depp em *Piratas do Caribe*.

Em 1894, aos 41 anos, Pyle ingressa no Drexel Institute of Arts and Sciences, na Filadélfia, agora como professor de ilustração, enveredando por este novo caminho que o absorveria até o fim da vida. Suas aulas tiveram enorme sucesso, porque propiciavam exercícios ao ar livre e estimulavam a imaginação, contra as práticas puramente imitativas. Quando, por força dessa rica experiência, funda sua própria escola em Wilmington – a Howard Pyle School of Art –, baseia-se em princípios estéticos muito claros, que expõe em carta ao amigo editor da Harper: "Não aceitarei estudantes com deficiências em um dos três critérios: primeiro, imaginação; segundo, habilidade artística; terceiro, cor e desenho." Resultado desse alto nível de exigências é a numerosa lista de ilustradores e pintores talentosos formados pela escola de Pyle, como Stanley Arthurs, Clifford Ashley, William Aylward, Elizabeth Shippen e tantos outros.

Mas o incansável e inquieto professor resolveu, em 1905, dedicar-se à pintura mural, como forma de ilustrar edifícios públicos (em Minnesota, em Nova Jersey). Por conta desse novo interesse, Pyle embarcou para a Itália, em 1910, a fim de estudar ali, berço da Renascença, com os grandes mestres do desenho. Já não estava muito bem de saúde e passou mal durante maior parte da viagem. Insatisfeito com Roma, ele e a mulher foram para Florença, onde veio a falecer, de uma infecção renal.

Intensamente produtivo, Howard Pyle ilustrou cerca de 3.500 publicações, muitas das quais de sua própria autoria, duzentos artigos de revistas e jornais e dezenove livros. O seu texto mais famoso, para além da série arturiana, é *As aventuras de Robin Hood* (1883), glosado para diversas faixas etárias ao longo dos anos e transformado em animação infantil pelos Estúdios Disney. Citem-se, ainda, *Otto da mão de prata* (1888) e *Homens de ferro*, que também virou filme, em 1954.

Um olhar para cada tempo

Muito elucidativa é a afirmação de Pyle, em uma carta ao diretor do Drexel Institute: "Não conheço melhor legado que um homem possa deixar ao mundo do que ter ajudado outros a trabalhar em uma arte tão bela como esta [a ilustração], à qual devotei minha vida." Nessa confissão, que expõe abertamente uma paixão manifesta desde a infância, temos uma das indicações importantes para compreender o complexo mito arturiano segundo a óptica de Howard Pyle.

Em primeiro lugar, a "matéria de Bretanha", à qual ele dedicou quatro volumes, oferecia riquíssimas sugestões à sua imaginação pictórica[15] – a ele, que tanto a defendeu: cavaleiros com esplêndidas armaduras, escudos de armas bem timbrados, damas suntuosamente trajadas, fadas de uma beleza irreal, festas e torneios reunindo multidões, paisagens exuberantes e natureza paradisíaca, castelos majestosos e submersos em lagos misteriosos, animais soberbos, criando um mundo literário de tipo idealizado (da mesma forma que o era, em outro contexto, o da Idade Média) muito mais afeito ao universo da criança ou do jovem que ao do adulto. Suas personagens são aquelas que a crítica literária moderna convencionou chamar "planas", ou porque não evoluem em sua complexidade interior ou porque esta se resolve sem maiores complicações – aqui no caso, em uma "justa" de corpo a corpo com o adversário, por um empecilho passageiro como o desafeto do contendor, ou a "birra" da mulher amada por não ter sido "servida" conforme o esperado. Desse ângulo, em muitas passagens o poderoso Rei Arthur comporta-se, por exemplo, como o alegre e irreverente herói-bandoleiro Robin Hood, em suas tramoias na floresta de Sherwood contra o maldoso xerife de Nottingham. É o que acontece em uma das aventuras com os quatro gloriosos cavaleiros da Távola Redonda (como os Três Mosqueteiros?) – Sir Geraint, Sir Gawaine, Sir Ewaine e Sir Pellias (cf. cap. IV) – obrigados pelo rei, então oculto por um disfarce e divertindo-se a valer, a uma série de deveres e compromissos considerados desonrosos para a Cavalaria.

Não só o teor metafórico e fantasista desse imaginário, cultivado ao longo de séculos, atraiu Pyle; as implicações morais dele falaram de muito perto aos objetivos pedagógicos do educador – do mesmo modo que, na Idade Média, as "histórias de proveitos e exemplo" visavam a corrigir o comportamento do ouvinte e a fazê-lo merecer a graça de Deus. O livro está todo recheado de aforismos e conselhos de inspiração cristã, sendo comum – como também nas novelas de cavalaria quinhentistas – concluir partes e capítulos da seguinte maneira:

Assim termina a história da conquista de Excalibur, e que Deus permita que nas suas vidas vocês tenham a verdade Dele para auxiliá-los, como uma espada re-

---

15. Não se percam de vista as iluminuras que ilustravam os textos medievais, principalmente aqueles dedicados ao papado e à nobreza ou por ambos subvencionados.

luzente com que possam derrotar seus inimigos. E que Ele lhes dê Fé (pois a Fé comporta a Verdade da mesma forma como a bainha comporta sua espada), e que essa Fé cure todas as feridas do sofrimento como a bainha de Excalibur curava todas as feridas daquele que usasse essa excelente espada. Pois com a Verdade e a Fé afiveladas ao corpo, vocês poderão travar todas as suas lutas como aquele antigo herói que os homens chamaram de Rei Arthur.

Em segundo lugar, embora tenha morrido na primeira década do século XX, Howard Pyle é um escritor do século XIX. Viveu, portanto, as tendências literárias de romantismo/realismo/simbolismo – quaisquer que sejam as especificidades dos três movimentos em seu país. Se, de um lado, a poesia e a ficção oitocentistas se caracterizam pela subjetividade, pelo confessionalismo, pelo escapismo de fundo naturalista, pelo gosto do horror e do macabro, pelo uso de uma linguagem simbólica e evanescente – todos indícios de sua pretensa oposição às tendências classicizantes dos períodos anteriores, não há que esquecer, por outro lado, o panorama político que lhes serve de pano de fundo: a passagem do século XVIII ao XIX é o momento das grandes revoluções libertárias (na França, na Inglaterra, na Península Ibérica, nos Estados Unidos, no Brasil), das declarações de independência (a americana é de 1776), da afirmação de individualismos vários e da ascensão de uma classe nova de burgueses, trazendo consigo profundas transformações sociais. Na imaginação de todos explodem os heroísmos e os sonhos de uma nova era, em que a igualdade entre os homens deixará de ser utopia (quem não se lembra do emblemático quadro de Eugène Delacroix, *A Liberdade conduzindo o povo*, de 1830?).

É o século do romance histórico – tão compatível com a infância de Pyle – a que os americanos Washington Irving (1783-1859), James Fenimore Cooper (1789-1851), Nathaniel Hawthorne (1804-1864), Herman Melville (1819-1891) e o célebre inglês Walter Scott (1771-1832) deram sua forma mais acabada. A eles e aos românticos em geral se deve uma visão muito própria de uma certa Idade Média, que foram resgatar das falsas "trevas" às quais a condenara o racionalismo cientificista posto em moda com o Expansionismo Marítimo e seu orgulho já de feição "moderna". Se, por um lado, prestaram ao medievalismo o serviço da credibilidade numa existência pujante de pelo menos dez séculos que obrigatoriamente deviam ser revistos, por outro, reduziram a Idade Média a estereótipos, por isso mesmo unilaterais – o do guerreiro nobre que dá a vida por uma causa; o da amada que o manipula a seu bel-prazer; o do inimigo que é sempre contrário à fé católica; o de uma Igreja imersa em interesses puramente materiais; o de uma população ignorante conduzida para lá e para cá, à mercê dos desmandos de senhores prepotentes; o de uma disputa sem tréguas pelo poder; o de entes sobrenaturais que aliviam as misérias dos homens. Matéria fascinante para o cinema, que seria inventado justamente no fim do século XIX (é de 1895 a primeira projeção de um filme em Paris, feita pelos irmãos Lumière).

Finalmente, o texto

Temos, portanto, que do século XX Howard Pyle olha para os séculos XII e XIII e faz deles a leitura que lhe ditam as suas inclinações pessoais, a sua formação intelectual e os interesses de seu tempo. O tema escolhido para esse "deslocamento" de sete séculos foi a mitologia arturiana, cujo centro irradiador está localizado na Idade Média Central.

Impossível delimitar com precisão suas fontes. Ele próprio cita apenas duas: além de Robert de Boron, conforme apontamos, fala igualmente de "um certo livro em francês e chamado *Ogier Le Danois*", poema em doze cantos que faz parte da "matéria de França", referente ao "ciclo carolíngio", narrativas em torno de Carlos Magno. Porém, basta atentar para os títulos de sua tetralogia e verificar que Pyle acompanhou Arthur do nascimento à morte e à destruição de seu reino – indício claro de que ele teve em mãos, se não os textos de Chrétien de Troyes ou os da *Vulgata*, as reescrituras deles, como o anônimo *Perlesvaus, li hauz livre du Graal* (*Perlesvaus ou O alto livro do Graal*) do século XIII, e principalmente Sir Thomas Malory, dentre outros.

Para o primeiro livro de sua saga arturiana, Pyle restringiu-se ao nascimento, sagração e casamento de Arthur com Guinevere (Livro I), o que inclui a importante participação do mago Merlin, trajetória que ele resolveu em seguida rechear com a descrição das façanhas de alguns "notáveis" da Távola Redonda (Livro II). A estrutura desse conjunto, em que os episódios se vão somando – e podem estender-se desmesuradamente – ligados pelo fio do enredo central, é possível porque se trata do gênero novelesco, firmado justamente com a ficção cavaleiresca medieval, das canções de gesta aos romances. Foi isto que atraiu Howard Pyle: a multiplicidade de aventuras vividas pelos guerreiros de Arthur, cada uma com princípio, meio e fim em si própria, como se fossem contos singulares. Neste sentido, compreende-se perfeitamente a promessa que ele faz na Conclusão deste volume: "E agora, se Deus me der essa graça, daqui a algum tempo, mas não muito, escreverei o resto da história de vários outros cavaleiros notáveis de quem ainda não falei." Donde se deduz que ele poderia contar os feitos de outros 150 "grandes homens" – porque esse é o número, na maioria das versões, dado como "oficial" de membros da Távola famosa.

Por isso, o leitor mais familiarizado com a "matéria de Bretanha" pode sentir falta, aqui, de nomes exponenciais como os de Percival, Lancelot, Boorz ou Galaaz, ou mesmo do mito do Graal: estão reservados para mais tarde, para os outros livros da série. Por agora, importam as origens do reino arturiano, concebido sob as tramoias de feiticeiros e fadas. Dramas cruciais – como o de Lancelot, apaixonado por sua rainha e duas vezes traidor de seu rei; como o de Galaaz, tentado na carne pela filha de Brutus e sendo obrigado a preservar sua pureza angélica; como o de Percival, que quase sucumbe às artimanhas do Demônio; ou como o de Boorz, que peca por não ter resistido – rol de paradoxos que metaforiza dualidades e contradições de uma Idade Média dividida entre o Bem e o Mal – ainda não estão nos horizontes de Howard Pyle.

Mas ele conhece muito bem, aficionado pelo assunto, o valor de uma aventura, o sentido que lhe dava o homem do medievo. "Aventurar-se" é bem mais do que sair sem rumo – daí vem a expressão "cavaleiro andante" – atrás de acontecimentos que possam acrescentar honra e glória ao combatente; na verdade, cada obstáculo é uma "prova", um teste de valor, que julga não apenas a força física, como também as qualidades morais do guerreiro. É dessa perspectiva que a "busca do Graal" se tornou um dos mais poderosos símbolos da espiritualidade medieval: as dificuldades são de tal ordem que os luxuriosos cavaleiros de Arthur passam por verdadeiras "provações", nelas condenando-se ou por elas salvando-se na mira do inatingível Vaso Sagrado. Não importa a identidade do inimigo – real ou fantástico –, desde que permita ao adversário testar-se e à própria capacidade de resistência. É o que faz dele um herói.

O lugar ideal para a realização desses grandes feitos é sempre o interior de uma floresta, a beira de um lago, o alto de uma montanha ou algum castelo inacessível – espaços de recolhimento e meditação, propícios a rituais de iniciação no exercício da valentia ou na aquisição de conhecimento.[16] Observe-se, aqui, que as lutas com o Cavaleiro Negro, as perseguições ao cervo branco ou a revelação dos segredos de Merlin a Vivien acontecem em alguma clareira perdida no interior de algum bosque longínquo; à saída, ninguém volta como entrou,

---

16. Convém observar que, como em qualquer novela de cavalaria, Pyle trabalha com uma ampla geografia, que inclui referências a espaços reais – Londres, Cornualha, País de Gales, Escócia, Nortúmbria, Caerleon etc. – e a espaços fictícios – Camelot, Tintagalon, Vale das Delícias, Floresta da Aventura, Avalon etc.

porque sai modificado, para melhor ou para pior. O modelo é também bíblico: não foi na solidão do deserto que Cristo passou por uma de suas mais terríveis tentações, assediado pelo Demônio?[17]

Pyle está mais interessado na horizontalidade e na multiplicidade dessas aventuras do que na verticalização delas, o que parece coerente com a natureza e os objetivos de sua escrita. Procura reconstituir a Idade Média através de uma linguagem de teor arcaizante (difícil de transpor para outra língua), a qual serve, no entanto, a personagens que falam não raras vezes como homens e mulheres do século XX: estão nesse caso, de maneira muito nítida, certas reações de Lady Guinevere (por exemplo, ao sentir-se desrespeitada por Sir Gawaine), de Sir Pellias (ao submeter-se a uma série de humilhações para defender a Rainha) ou mesmo de Arthur (no comando de alguns de seus subordinados). Nesses instantes, Pyle ignora a rigorosa hierarquia das relações nobiliárquicas medievais e privilegia puramente a ação, como nas narrativas românticas "de capa e espada".

Dois motivos da "matéria de Bretanha", estreitamente entrelaçados e distribuídos ao sabor das "aventuras", compõem o enredo: a história de Arthur até seu casamento com Guinevere e a história de Merlin e seu amor por Vivien. De um lado, o rei e o feiticeiro têm uma trajetória comum, já que a este aquele deve o seu nascimento e a constante proteção de seu reino; de outro, a biografia individual do próprio Merlin, com a sua dramática e polissêmica paixão. Entre as duas facetas, o mundo das fadas – para onde Pyle parece fazer convergir seu olhar mais cobiçoso. E uma vez que ele focaliza a formação da corte arturiana nos seus primórdios, escolhendo apenas os primeiros cinquenta membros da Távola Redonda, esses cavaleiros formam como que uma grande família, com a qual o leitor vai se sentindo à vontade e não estranha, portanto, quando Merlin, Pellias e Gawaine são beneficiados como exemplos de "notáveis", a falar pelos demais. Tampouco estranha, ainda, quando aparecem certas confusões de nomes, de caráter das personagens, de identificação das armaduras – apontando um narrador que a crítica moderna convencionou chamar de "suspeito".

Reconheçamos que esse narrador apaixonado escolheu esplendidamente, nos interstícios do mito, os núcleos dramáticos de que iria tratar. São importantes, no nascimento e ascensão de Arthur, todas as artimanhas "mágicas" que marcaram sua vinda ao mundo e a constituição de seu reino: o amor proibido de Uther-Pendragon por Igraine, mulher e depois viúva do Duque Gerlois, vassalo do rei, graças ao antiquíssimo estratagema de troca de personalidades por efeito

---

17. Luc, 4, 1-13.

de magia;[18] a meio-irmandade de Morgana, fada má que perseguirá o irmão por despeito, por sentir-se preterida; a infância incógnita – recurso clássico dos contos de fadas – criado por Sir Ector como filho, sem saber de sua ascendência nobre; as circunstâncias que levaram o jovem ingênuo – como o Perceval de Chrétien de Troyes – a retirar da pedra a espada nela enterrada e a sagrar-se rei por meio desse feito miraculoso; a aquisição espetacular de Excalibur, a espada oferecida pela Dama do Lago; a ocupação do "assento perigoso", mostrando, dentre os demais assentos, uma corte de eleitos.

Todos estes temas estarão muito vivos e serão recriados pela literatura novelesca posterior à Idade Média. Mas importa enfatizar que o que faz de Arthur o rei ungido, o rei "escolhido" é o seu vínculo inquebrantável com Merlin e o maravilhoso[19] domínio das fadas, comandado por Nymue, a principal Dama do Lago. Ou seja, ele é "predestinado" a rei, com uma missão específica; uma vez cumprida, é recolhido de volta ao lago misterioso, em uma barca, e conduzido à ilha de Avalon. Este é o fundamento de um dos afluentes mais ricos do mito arturiano: sua feição "messiânica", a ideia de que, tal qual o Messias bíblico e as promessas apocalípticas, um dia ele há de retornar para reocupar o seu lugar. Que lugar seria este? À frente de um povo carente de sua bravura indômita, de seu heroísmo – ou seja, a serviço de quaisquer causas que impliquem espera (ou esperança), em qualquer tempo, mas sempre plantado na História. Por isso é mito.

O segundo núcleo dramático é o *affair* entre Merlin e Vivien – casal que, ao lado de Lancelot/Guinevere e Tristão/Isolda, representa a tragédia do amor insolúvel, obrigatoriamente conduzindo à morte. Cantado por poetas como Dante Alighieri, que atribuiu ao mau exemplo adulterino de Lancelot e Guinevere o fim desgraçado de Francesca da Rimini e seu amante Paolo Malatesta (1286), esse tipo de "amor impossível" trouxe a derrota para um mago como Merlin, senhor do passado e do futuro, com poderes simultaneamente demoníacos e angélicos. Pyle soube avaliar a dimensão desse sentimento: capaz de moldar as diretrizes de um reino e de eleger um rei; capaz de interferir no curso dos acontecimentos, por saber de antemão o desfecho deles; capaz de se fazer respeitar e ouvir por todos os poderosos inclusive de condados vizinhos – Merlin sucumbiu, no entanto, aos artifícios de uma

---

18. Recorde-se, na comédia de Plauto (255-184 a.C.), que Alcmena, mulher de Anfitrião, dorme com Júpiter, que tomara a forma de seu marido.
19. O termo está sendo tomado no sentido medieval de *mirabilia*, conforme estudado por Jacques Le Goff, *O maravilhoso e o quotidiano no Ocidente medieval*, Lisboa, Edições 70, 1985, p.19-37.

bela menina de apenas quinze anos, perfeita encarnação da Mulher perigosa contra a qual a misoginia medieval tanto vociferou. E o pior é que, ironicamente, foi ele próprio que cedeu a ela os instrumentos para derrotá-lo, ao confiar-lhe segredos ancestrais, há séculos em mãos dos druidas[20] célticos e transmitidos apenas por via oral. Enterrado vivo – porque o único futuro que não lhe fora dado prever era o seu –, Merlin ainda implora a Vivien que cerceie os planos maléficos de Morgana e impeça a iminente queda de Arthur. Ainda um gesto de grandeza coroa o epílogo miserável.

Diante desses homens extraordinários, cabe indagar: por que Howard Pyle incluiu entre eles Sir Pellias e Sir Gawaine, para além do fato óbvio de serem também membros da Távola Redonda? O primeiro tem seu nome entroncado na família do Rei Pescador – portanto, da nobre linhagem do Graal –,[21] e o segundo é o mais famoso sobrinho de Arthur, com lugar de destaque na *História* de Geoffrey de Monmouth.[22] Contudo, o que parece ter atraído a óptica muito específica de Pyle – conforme vimos demonstrando – é o fato de ambos, Pellias e Gawaine, estarem tão próximos do mundo das fadas ou de com ele se comunicarem com facilidade. Desse ângulo, os dois vivem saborosas "aventuras", cheias de intercorrências fantasiosas, de largo parentesco com outras formas de linguagem artística.

Tudo o que acontece com Sir Pellias, o Cavaleiro Gentil, decorre do colar mágico que lhe deu uma Dama do Lago: disposto a defender a beleza de Lady Guinevere contra outra não menos decantada, a de Lady Ettard, Sir Pellias trava várias lutas, vence o Cavaleiro Vermelho – Sir Adresack –, liberta 22 prisioneiros de um castelo, vence o Cavaleiro das Mangas Verdes – Sir Engamore –, mas não resiste aos apelos de Lady Ettard e cede-lhe o colar mágico (mais uma versão de Merlin/Vivien?). Foi quanto bastou para ser submetido a uma série de humilhações, das quais quis salvá-lo Gawaine (os enredos encontram-se), mas também cai sob o mesmo feitiço e fica a um passo da traição. Só quando a Dama do Lago toma de volta o colar mágico é que cessa o feitiço, e o desfecho da aventura é completamente inesperado: Pellias e a Dama apaixonam-se um pelo outro, entram no lago a cavalo e desaparecem nas águas, possibilidade antes experimentada apenas por Lancelot, deixando às margens um Gawaine em

---

20. Antigos membros de classe sacerdotal na Bretanha, na Irlanda e na Europa céltica.

21. O assunto é vasto e foge aos moldes desta Apresentação; o leitor interessado pode consultar Carlos Alvar (org.), *Diccionario Espasa de leyendas artúricas*, Madri, Espasa-Calpe, 2004.

22. Convém assinalar que Howard Pyle hesita no traçado do caráter de Gawaine, ora um cavaleiro cheio de soberba e vaidade, ora um fiel vassalo de Arthur. Tal oscilação tem sua razão de ser, dependendo da fonte de que se serviu o autor para recriar a personagem.

prantos. Ou seja, o cavalheiro Sir Pellias transformou-se em fada: "estava branco como mármore e seus olhos brilhavam como joias incrustadas em mármore, e havia um sorriso nos seus lábios que não aumentava nem diminuía, mas ficava sempre igual." É a descrição etérea que Pyle faz da bela população feminina habitante das profundezas aquáticas.

Na Parte III, relativa a Gawaine, as peripécias dizem respeito muito mais ao Rei Arthur do que a seu sobrinho, um desafeto de Guinevere e por ela expulso da Corte. Perdido na floresta, Arthur cai em mãos de um feiticeiro, que tem sua cabeça cortada pelo adversário, mas que a recoloca no lugar e, em réplica, propõe ao rei um desafio: sua vida será mantida por mais um ano, desde que, ao término desse prazo, ele retorne e dê ao feiticeiro a resposta a um enigma – "O que é que as mulheres mais querem neste mundo?" A resposta lhe é fornecida quando, em suas andanças e quase na data estabelecida, ele encontra uma senhora muito velha e feiíssima, que lhe dá a solução – "O que as mulheres querem é que façam as suas vontades" – mas exige em troca uma recompensa: deseja casar-se com o cavaleiro da Távola Redonda que ela escolher por marido. O rei concede, vence a batalha e mata o feiticeiro; a dívida é então cobrada e a "velha" escolhe unir-se a Gawaine, que se torna alvo de chacotas, até que, ao fim, ele descobre, feliz, ter-se casado com outra belíssima Dama do Lago, disfarçada em velha andrajosa.

Os leitores habituados às narrativas dos contos de fadas e ao repertório de tradições folclóricas terão reconhecido alguns estereótipos inseridos por Howard Pyle na matéria arturiana: 1) o mistério do cavaleiro sem cabeça talvez tenha sido extraído de um conto de Washington Irving, "A lenda da caverna adormecida" (1820), dos mais antigos da ficção norte-americana e oriundo, segundo se acredita, do folclore germânico;[23] 2) a velha feia que, à beira da estrada, aborda o transeunte e oferece-lhe a solução de suas aflições corresponde à chamada "figura tutelar" – aquela que protege o protagonista e garante seu sucesso pela vida afora (recordem-se as fábulas dos irmãos Grimm); 3) a recompensa do herói que aceita casar-se com uma espécie de monstro, vencendo a própria repulsa, concordando em humilhar-se ou mesmo apaixonando-se ("A princesa e o sapo", "A Bela e a Fera" etc.), é a de ser feliz para sempre ao lado do príncipe ou princesa antes camuflado(a) sob a máscara horrível; 4) quando Gawaine, já casado, é testado novamente – a "velha" só poderá aparecer "bela" em um dos períodos, ou o dia ou a noite – e ele tem que fazer uma "escolha", lá somos de

---

23. Sob direção de Tim Burton, o mesmo Johnny Depp estrela, em 1999, o filme *A lenda do cavaleiro sem cabeça.*

novo reenviados para uma lenda do século XII, de que o filme *O feitiço de Águila* (1985) apresenta aliciante versão: o bispo de Águila fica sabendo que sua amada, Isabeau, está apaixonada pelo cavaleiro Etienne Navarre, e lança sobre o casal a cruel maldição: de dia, ela será um falcão; à noite, ele será um lobo, impedidos, portanto, de encontrar-se, pelo risco da mútua destruição.

Para encerrar, essa pujante imaginação, que Howard Pyle revelou como a sua mais acalentada qualidade intelectual, criou uma obra antes de tudo "visual", cuja plasticidade não se circunscreve apenas aos desenhos que a ilustram ou à pompa das vestimentas de galhardos cavaleiros, ou, ainda, ao inigualável esplendor do séquito feminino. Alma romântica, Pyle inventou cenários de sonhos, em que a natureza por onde transita, dispersa, a gloriosa milícia arturiana, simula o Paraíso:

> É de fato muito agradável cavalgar na aurora de um dia de primavera, pois é nessa hora que os passarinhos cantam seu canto mais doce, todos juntos numa mistura tão alegre que quase não se consegue separar um pio do outro naquela sinfonia de piados tão belos. Nessa hora tudo o que cresce da terra cheira mais doce com o frescor da manhã – as belas flores, os arbustos, os brotos nas árvores. E o orvalho pontilha a relva, como se espalhasse uma imensidão de joias multicoloridas. É nessa hora que o mundo todo é doce e limpo e novo, como se tivesse sido criado naquele mesmo instante só para o viajante que vem passando pelas estradas tão cedo de manhã.

LÊNIA MÁRCIA MONGELLI

Lênia Márcia Mongelli é professora titular do Departamento de Letras Clássicas e Vernáculas da USP. Além da carreira docente, é crítica literária, especializada em literatura portuguesa e brasileira, com interesse central pela Idade Média. É sócia-fundadora da Abrem – Associação Brasileira de Estudos Medievais e membro da Associación Hispánica de Literatura Medieval. Publicou *Por quem peregrinam os cavaleiros de Artur*, *Fremosos cantares: Antologia da lírica medieval galego-portuguesa*; organizou *E fizerom taes maravilhas... Histórias de cavaleiros e cavalarias*, dentre outros livros.

Rei Arthur da Bretanha

Prefácio

FINALMENTE, depois de muitos anos considerando e pensando sobre o assunto aqui contido, acabei conseguindo, com a graça de Deus, escrever este livro com tanto prazer que, se por acaso ele puder proporcionar aos leitores pelo menos uma parte da alegria que deu a mim, ficarei por demais satisfeito com o que fiz.

Pois que, ao pesquisar sobre esta história, pude ver o espírito de profunda nobreza que inspirou esses homens excelentes a agirem como agiram, e percebi que serviam como um tal exemplo de coragem e humildade, que todos fariam muitíssimo bem em seguir seu comportamento o máximo que puderem.

Pois acredito que o Rei Arthur foi o Cavaleiro mais honrado e gentil que já viveu em todo o mundo, e aqueles que eram seus companheiros na Távola Redonda – tomando-o como o seu modelo de cavalaria – formavam, juntos, um grupo de cavaleiros tão nobres que dificilmente voltará a haver neste mundo outros como eles. É por isso que tive tanto prazer em observar como esses famosos cavaleiros se portavam quando as circunstâncias exigiam que mostrassem seu empenho.

Assim, no ano da graça de mil novecentos e dois, comecei a escrever esta história do Rei Arthur e os cavaleiros da Távola Redonda e, se puder, empenhar-me-ei com todo o amor em terminá-la algum outro momento em outro livro e para o prazer daqueles que se interessarem em lê-la.

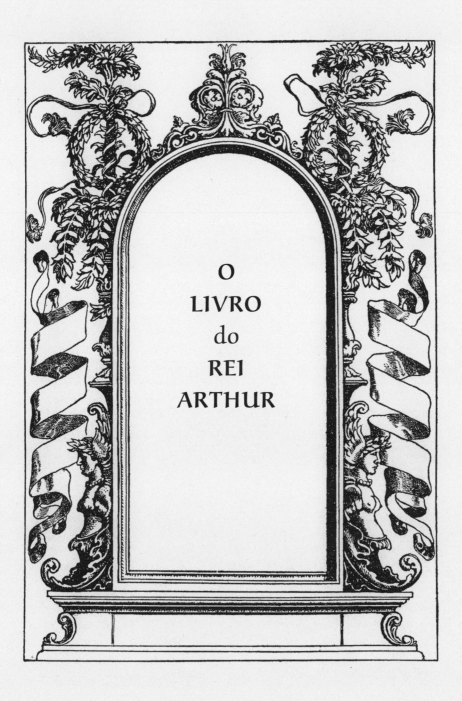

Sumário

Prólogo *35*

PARTE I
A CONQUISTA DA COROA

Capítulo Primeiro
Como Sir Kay lutou em um grande torneio na cidade de Londres e como
partiu sua espada. Também como Arthur encontrou uma nova espada para ele *43*

Capítulo Segundo
Como Arthur realizou duas vezes o milagre da espada perante
Sir Ector e como seu direito de nascença lhe foi revelado *54*

Capítulo Terceiro
Como diversos reis e grão-duques tentaram retirar a espada da
bigorna e como falharam. E também como Arthur tentou e conseguiu *61*

PARTE II
A CONQUISTA DE UMA ESPADA

Capítulo Primeiro
Como chegou na Corte do Rei Arthur um certo cavaleiro ferido,
como um jovem cavaleiro da Corte do Rei tentou vingá-lo
e falhou, e como o Rei então assumiu ele próprio este desafio *73*

Capítulo Segundo
Como o Rei Arthur lutou contra o Cavaleiro Negro e ficou gravemente ferido.
Também como Merlin retirou-o em segurança do campo de batalha *83*

Capítulo Terceiro
Como o Rei Arthur encontrou uma nobre espada
de uma forma inacreditável, e como lutou
novamente com ela e venceu aquela batalha *93*

PARTE III
A CONQUISTA DE UMA RAINHA

Capítulo Primeiro
Como o Rei Arthur foi até Tintagalon com quatro dos de
sua Corte, e como se disfarçou com um determinado propósito *109*

Capítulo Segundo
Como o Rei Ryence veio até Cameliard e como o
Rei Arthur lutou contra o Duque da Nortúmbria *119*

Capítulo Terceiro
Como o Rei Arthur encontrou quatro
cavaleiros e o que então aconteceu *127*

Capítulo Quarto
Como os quatro cavaleiros serviram a Lady Guinevere *137*

Capítulo Quinto
Como o Rei Arthur venceu os inimigos do
Rei Leodegrance e como sua realeza foi revelada *147*

Capítulo Sexto
Como o Rei Arthur casou-se com honras de rei
e como se instituiu a Távola Redonda *160*

Conclusão *168*

Prólogo

Nos tempos antigos vivia um Rei muito nobre, chamado Uther-Pendragon, que se tornou Soberano de toda a Bretanha.[1] Este Rei foi ajudado na conquista do título de Pendragon[2] por dois homens, que o auxiliavam em tudo o que fazia. O primeiro desses homens era um certo mago deveras poderoso e por vezes capaz de antever o futuro, conhecido dos homens como Merlin, o Sábio, e ele dava muitos bons conselhos a Uther-Pendragon. O outro era um nobre valoroso e cavaleiro renomado, chamado Ulfius (tido por muitos como o maior líder nas guerras entre os homens que viviam naqueles tempos); e era ele quem dava a Uther-Pendragon auxílio e conselho nas batalhas. Assim, com a ajuda de Merlin e de Sir Ulfius, Uther-Pendragon pôde vencer todos os seus inimigos e tornar-se Soberano de todo o reino.

Após ter reinado por vários anos, Uther-Pendragon tomou por esposa uma certa dama linda e gentil, chamada Igraine. Essa nobre dama era viúva de Gerlois, o Duque de Tintegal, e com esse príncipe tivera duas filhas – uma das quais chamou-se Margaise e a outra Morgana, a Fada. Morgana, a Fada era uma feiticeira famosa. Essas filhas a Rainha trouxe consigo para a Corte de Uther-Pendragon depois que se casou com o

Uther-Pendragon toma por esposa Lady Igraine.

---

1. Por "Bretanha", no contexto arturiano, entende-se o reino de Arthur. Pode designar tanto a Grã-Bretanha como a Inglaterra, mas nem sempre esta identificação é evidente, porque há situações em que a referência se confunde com a chamada "Bretanha Menor" ou "Bretanha Armoricana", região a noroeste da França. Depois da conquista da Inglaterra pelos normandos, em 1066, estreitaram-se os laços entre um e outro lado do Canal da Mancha, o que ajuda a entender a oscilação toponímica.

2. "Pendragon" é o título dado ao rei que ficou conhecido como Uther-Pendragon. Este personagem aparece citado pela primeira vez, e ainda sem qualquer relação com Arthur, em um poema galês, o de nº XXXI, do *Livro negro de Camarthen*, anterior à *Historia regum Britanniae* de Geoffrey de Monmouth. Foi este escritor, e nesta obra, que identificou Uther como o pai de Arthur, por razões até hoje desconhecidas.

Uther e Aurélio Ambrósio são filhos do rei Constantino, da Ilha da Bretanha. Quando Vortiger usurpa o trono, os dois irmãos são ainda pequenos, mas Merlin vaticina que eles acabarão com o domínio dos saxões, chefiados pelo usurpador. De fato, ambos tornam-se valorosos guerreiros e Aurélio retoma o trono; mas é assassinado, e Uther substitui o irmão morto. É Merlin quem o faz coroar, após ter visto no céu uma fantástica estrela em forma de cabeça de dragão. A partir deste instante, o nome do novo rei passou a ser Uther-Pendragon, ou seja, "Uther, cabeça de dragão".

O Rei Uther-Pendragon

poderoso Rei, e lá Margaise casou-se com o Rei Urien de Gore, e Morgana, a Fada casou-se com o Rei Lot de Orkney.³

Pois bem, passado algum tempo, Uther-Pendragon e a Rainha Igraine tiveram um filho, que era uma criança linda, grande em tamanho e de ossos fortes. Mas enquanto a criança ainda jazia embrulhada nos cueiros, deitada num berço de ouro e ultramarino, Merlin, imbuído do espírito profético que o dominava (pois tal frequentemente lhe acontecia), foi até Uther-Pendragon e disse:

---

3. Como se verá ao longo do livro, além do brasão de família e das armas, as personagens identificam-se também por seu lugar de origem, fictício ou não – Tintegal, Gore, Orkney...

– Senhor, coube-me prever que dentro em pouco o senhor cairá doente de uma febre e talvez morrerá do intenso suadouro que ela trará. Então, caso algo assim tão doloroso recaia sobre nós, esta jovem criança, que é, em verdade, a esperança de todo este reino, passará a correr enorme perigo de vida; pois muitos inimigos por certo se levantarão com o intuito de raptá-la para tomar sua herança, e ela ou será morta ou mantida em cativeiro do qual não terá quase esperança de escapar. Portanto rogo-lhe, Senhor, que permita que Sir Ulfius e eu levemos a criança imediatamente para longe em segredo até um refúgio seguro, onde poderá permanecer escondida até que cresça e se faça homem e seja capaz de proteger-se destes perigos que a ameaçam.

Sobre o nascimento e perigos da jovem criança.

Quando Merlin terminou de falar, Uther-Pendragon respondeu com o semblante muito sério:

– Merlin, com relação à minha morte, quando chegar a minha hora de morrer creio que Deus me dará a graça de enfrentar meu fim com absoluta alegria; pois com certeza a parte que me cabe não será em nada diferente do que a de qualquer outro homem nascido do ventre de uma mulher. Mas em relação a esta jovem criança, se tua profecia é verdadeira, então o perigo que corre é muito grande, e o melhor é que seja levada daqui a algum abrigo seguro como tu aconselhaste. Portanto, peço que faças como quiseres neste caso, guardando em teu coração a memória de que a criança é o legado mais precioso que deixo nesta terra.

Tudo isso, como foi mencionado, falou Uther-Pendragon com grande calma e equanimidade. Então Merlin fez como tinha aconselhado, e ele e Sir Ulfius saíram com a criança durante a noite, e ninguém exceto eles sabia para onde o bebê tinha sido levado. Pouco depois Uther-Pendragon foi atacado pela doença que Merlin tinha previsto, e morreu exatamente como Merlin temia; portanto foi muito bom que a criança tivesse sido conduzida para um lugar seguro.

O Rei Uther morre, conforme a profecia de Merlin.

E depois que Uther-Pendragon partiu desta vida, também o resto aconteceu conforme Merlin tinha temido, pois todo o reino caiu em enorme desordem. Pois cada rei menor passou a lutar contra o seu rival por poder, e cavaleiros e barões cruéis assaltavam as estradas livremente, cobrando com muita crueldade pedágio de passantes indefesos. E faziam alguns desses viajantes prisioneiros e pediam resgate, enquanto a outros matavam porque não tinham como pagar o resgate. Assim, se alguém se arriscasse a viajar por um motivo qualquer, era comum ver homens mortos pelas estradas. Portanto aconteceu que, depois de um tempo, toda aquela terra sofrida gemia com o tormento que a assolava.

Assim se passaram quase dezoito anos em tamanha aflição, e então um dia o Arcebispo de Canterbury[4] chamou Merlin até a sua presença e falou-lhe assim:

– Merlin, todos dizem que és o homem mais sábio do mundo todo. Será que não podes achar algum meio de curar as cisões deste miserável reino? Usa tua sabedoria neste assunto e escolhe um rei que possa reinar sobre nós todos, para que possamos mais uma vez encontrar alegria na vida como tínhamos na época de Uther-Pendragon.

Então Merlin ergueu os olhos para o Arcebispo e disse assim:

– Meu senhor, o espírito profético que às vezes me toma me faz agora dizer que sei que esta terra logo terá um rei que será mais sábio e poderoso e ainda mais digno de louvor que Uther-Pendragon. Ele trará ordem e paz onde agora há desordem e guerra. Além disso, posso dizer-lhe que esse Rei terá o mesmo sangue puro e real do próprio Uther-Pendragon.

Em resposta, o Arcebispo disse:

– O que me diz, Merlin, é algo estranho demais. Mas nesse espírito profético

O Arcebispo de Canterbury se aconselha com Merlin.

não és capaz de porventura prever quando virá este Rei? E podes dizer também como o reconheceremos quando ele surgir entre nós? Pois há diversos reis menores que se arvorariam a ser soberanos desta terra, e muitos que se consideram eles próprios dignos de reinar sobre todos os outros. Como então saberemos distinguir o verdadeiro Rei daqueles que possam vir a se proclamar como o legítimo rei?

– Senhor Arcebispo – disse Merlin –, se me der permissão para executar minha mágica, proporei um desafio que, se algum homem conseguir cumprir, todo o mundo saberá imediatamente que é ele o legítimo Rei e soberano deste reino.

E a isso o Arcebispo disse:

– Merlin, peço que faças o que nesse caso te parecer mais certo.

E Merlin disse:

– Assim o farei.

Portanto, Merlin, por meio de uma mágica, fez com que uma pedra de mármore imensa e quadrada de repente aparecesse na praça, em frente à porta da catedral. E sobre esse bloco de mármore ele fez com que surgisse uma bigorna, e na bigorna fez com que surgisse uma enorme espada com a lâmina nela enfiada até a metade. E esta espada era a mais incrível que qualquer um jamais

---

4. O arcebispo de Canterbury, ou Cantuária, era o primaz da Igreja da Inglaterra, e depois da Igreja anglicana. Foi santo Agostinho da Cantuária, monge beneditino italiano, quem fundou uma sé episcopal na cidade (após 597), tornando-se o primeiro arcebispo da Cantuária. Por razões como essas, Canterbury, no sudeste da Inglaterra, é um dos principais centros religiosos do Reino Unido.

tinha visto, pois a lâmina era de aço azulado e extraordinaria- Merlin prepara um
mente brilhante. O cabo era de ouro, trabalhado e esculpido teste para encontrar
o verdadeiro Rei.
com maravilhosa artesania e incrustado com uma quantidade
enorme de pedras preciosas, de modo que reluzia com fantástico brilho sob
o sol. E ao redor da espada foram escritas em ouro as seguintes palavras:

AQUELE QUE ESTA ESPADA DA BIGORNA ARRANCAR
VERDADEIRO REI-NATO[5] DA INGLATERRA SERÁ.

Assim, uma multidão veio e contemplou a espada e se maravilhou com ela,
pois nunca se tinha visto antes nada assim no mundo.

Depois de realizar este milagre, Merlin pediu ao Arcebispo que reunisse todos os homens mais importantes da região quando chegasse a época do Natal; e
pediu ao Arcebispo que mandasse que cada homem tentasse arrancar a espada,
pois aquele que conseguisse retirá-la da bigorna seria o legítimo Rei da Bretanha.

Então o Arcebispo fez como tinha dito Merlin; e esse foi o prodígio da pedra
de mármore e da bigorna, que qualquer um pode facilmente ler por si num livro
escrito há muito tempo por Robert de Boron,[6] chamado *Le roman de Merlin*.

ENTÃO QUANDO A ORDEM do Senhor Arcebispo foi passada, convocando todos
os homens importantes da região a tentar o milagre (pois de fato era um milagre
retirar uma lâmina de espada de uma bigorna de ferro sólido), todo o reino ficou
imediatamente tomado de grande comoção, tanto que cada homem perguntava
para o seu companheiro:

– Quem conseguirá retirar a espada, e quem será o nosso Rei?

Alguns achavam que seria o Rei Lot e outros achavam que seria o Rei Urien
de Gore (já que eram os genros de Uther-Pendragon). Alguns achavam que seria
o Rei Leodegrance de Cameliard, e outros que seria o Rei Ryence de Gales do

---

5. Refere-se ao direito e à legitimidade da realeza transmitida por hereditariedade de sangue.
No caso de Arthur, o seu direito é confirmado também por magia, em virtude da interferência
de Merlin e das fadas.

6. Não se conhece com certeza a identidade de Robert de Boron. As conjecturas que dela se
fazem decorrem de informações dadas por ele próprio no epílogo de seu *Roman de l'estoire
de Joseph*, composto ao fim do séc.XII ou início do séc.XIII. Ali ele se diz cavaleiro a serviço
do Conde de Montbéliard, donde se deduziu que ele talvez tenha acompanhado seu senhor
na terceira ou quarta Cruzada. Teria nascido na pequena vila de Boron, a 24 quilômetros de
Montbéliard, no leste da França, próximo à fronteira com a Suíça. Ver também a Apresentação
a este volume.

Norte; alguns achavam que seria esse rei, outros achavam que seria aquele, pois o mundo todo estava dividido em diferentes grupos que pensavam de acordo com suas próprias vontades.

Então, quando se aproximou o Natal, parecia que o mundo inteiro ia se dirigindo à Cidade de Londres,[7] pois as estradas e os caminhos ficaram cheios de viajantes – reis e lordes e cavaleiros e damas e nobres e pajens e soldados –, todos indo até onde seria feita a tentativa de retirada da espada na bigorna. Todas as hospedarias e todos os castelos estavam tão cheios de viajantes que era espantoso ver como dentro deles podia caber tanta gente, e por toda parte havia barracas e tendas armadas pelos caminhos para acomodar aqueles que não tinham conseguido hospedagem.

Mas quando o Arcebispo viu a multidão que vinha se aglomerando, disse a Merlin:

– De fato, Merlin, seria algo muito único se entre todos estes grandes reis e nobres e lordes honrosos não encontrássemos alguém digno de ser o Rei desta terra.

Ao que Merlin sorriu e disse:

– Não se espante, meu senhor, se entre todos os que parecem ser tão extraordinariamente dignos não se achar um só digno; e não se espante se, entre todos os desconhecidos, erguer-se um que provará ser inteiramente digno.

E o Arcebispo ponderou sobre as palavras de Merlin, e assim começa esta história.

---

7. No que diz respeito à geografia real, Pyle distribui suas narrativas entre o sul da Inglaterra – no perímetro em torno de Londres e da Cornualha – e o País de Gales.

PARTE I

A Conquista da Coroa

Aqui se inicia a história da espada, da bigorna e da pedra de mármore, e de como essa espada foi primeiro conquistada por um jovem desconhecido, até então sem qualquer renome, fosse em armas ou em posses.

Então prestem atenção no que vem aqui escrito.

Capítulo Primeiro

Como Sir Kay lutou em um grande torneio na cidade
de Londres e como partiu sua espada. Também como
Arthur encontrou uma nova espada para ele

Aconteceu que entre aqueles dignitários que tinham sido convocados à cidade de Londres pela ordem do Arcebispo, como foi narrado acima, havia um certo cavaleiro, muito honrado e de grandes posses, chamado Sir Ector de Bonmaison – apelidado de o Cavaleiro Confiável, por causa da fidelidade com que guardava todo segredo que lhe confiavam, e porque sempre cumpria aquilo que prometia a qualquer homem, fosse de classe alta ou baixa, sem jamais faltar a ninguém. Assim esse excelente e nobre cavaleiro era tido em alta conta por todos aqueles que o conheciam, pois não somente era de conduta honrosa como também era homem de grandes posses, dono de sete castelos em Gales e nas terras que confinavam ao norte, além de certos terrenos férteis onde havia vilarejos, e também várias florestas de enorme extensão, tanto nas regiões do norte quanto a oeste. Este cavaleiro tão nobre tinha dois filhos: o mais velho deles era Sir Kay, um jovem cavaleiro de grande valor e promessa e já renomado nas Cortes de Cavalaria[8] por causa de vários feitos muito honrosos de justa façanha em armas que tinha realizado; o outro era um rapaz jovem de dezoito anos de idade chamado Arthur, que àquele tempo vinha servindo com boa reputação a Sir Kay como escudeiro.[9]

De Sir Ector, o Cavaleiro Confiável.

---

8. Na Idade Média, corte é o nome que se dá ao grupo que acompanha o príncipe ou o rei, em sua vida privada ou pública, a fim de auxiliá-lo com conselhos particulares, na administração de seus domínios, nas decisões jurídicas e políticas, nas comemorações. Nos sécs.XI e XII, no Ocidente, essas cortes formam um conjunto itinerante. No séc.XIII, o serviço especializa-se e restringe-se a interesses de estado, criando-se os conselheiros do príncipe ou do rei. Talvez por analogia a essas cortes, no célebre *Tratado do amor cortês* (c.1186), André Capelão fala nas "cortes de amor" – nunca comprovadas historicamente –, tribunais que julgavam o grau de fidelidade dos amantes entre si, dentre outros quesitos. Do mesmo modo, as "cortes de Cavalaria" reuniam-se por ocasião de festejos em que se praticavam os jogos cavaleirescos.
9. Também chamado de "escudeiro de armas". Moço que se iniciava nas armas a serviço de um cavaleiro, atendendo-o nos trabalhos domésticos e carregando-lhe o escudo durante as jornadas. Era uma etapa educativa antes de seu ingresso na Cavalaria. "Escudeiro" podia funcionar também como título honorífico, designando o grau mais baixo da nobreza.

Pois bem, quando Sir Ector de Bonmaison recebeu por um emissário a ordem do Arcebispo, chamou imediatamente os dois filhos até onde estava e ordenou-lhes que se preparassem imediatamente para seguir com ele para a cidade de Londres, e assim fizeram. E da mesma maneira ele ordenou a um número enorme de atendentes, escudeiros e pajens para que se aprontassem, e também eles assim fizeram. Então, com uma quantidade considerável de armas e grandes cerimônias, Sir Ector de Bonmaison tomou a estrada até a cidade de Londres em obediência aos desígnios do Arcebispo.

E assim, quando lá chegou, acomodou-se num certo campo onde muitos outros nobres cavaleiros e poderosos lordes já tinham se estabelecido, e lá montou uma tenda muito bonita de seda verde, e hasteou o estandarte com o emblema de sua família,[10] ou seja, um grifo[11] negro contra um campo verde.

E naquele campo havia uma infinidade de outras tendas de muitas cores diferentes, e sobre cada tenda havia a flâmula e o estandarte daquele poderoso lorde ao qual a tenda pertencia, de modo que a infinidade destas flâmulas e estandartes fazia com que, em alguns lugares, o céu ficasse quase escondido pelas vistosas cores das bandeiras esvoaçantes.

Entre os grandes lordes que tinham vindo em resposta ao chamado do Arcebispo havia muitos reis e rainhas famosos e nobres de alto grau. Pois lá estava o Rei Lot de Orkney, que tinha tomado por esposa uma enteada de Uther-Pendragon, e lá estava o Rei Urien de Gore, que tinha tomado por esposa uma outra enteada daquele grande rei, e lá estavam o Rei Ban e o Rei Bors e o Rei Ryance, e o Rei Leodegrance e muitos outros de semelhante grau, pois havia não menos que doze reis e sete duques, juntamente com seu séquito de nobres, damas, escudeiros e pajens, de modo que a cidade de Londres nunca tinha visto algo semelhante até aquele dia.

Pois bem, o Arcebispo de Canterbury, tendo em mente o estado extraordinário daquela ocasião que tinha trazido tantos reis e duques e altos nobres para

---

10. Quando, a partir do séc.XIII, é regulamentado o uso de atributos simbólicos (objetos, animais, cores) e a hereditariedade para definir graus de nobreza, desenvolve-se a heráldica ou a arte do brasão. Visando, de início, à identificação pessoal do guerreiro (principalmente pelo escudo de armas), a prática logo se estende para um grupo, uma família, uma comunidade.
11. Animal fabuloso e elemento comum em heráldica, geralmente com cabeça, bico e asas de águia e corpo de leão, simbolizando a sabedoria e a força, além de uma natureza simultaneamente divina e terrestre. No célebre poema *Mensagem*, de Fernando Pessoa, em que ele alegoriza a história de Portugal a partir do escudo de armas nacional, o timbre – lugar de honra do brasão – é ocupado justamente por um grifo: a cabeça é o infante d. Henrique, o Navegador; uma asa é d. João II e a outra é Afonso de Albuquerque, todos personagens fundamentais para a Era dos Descobrimentos portuguesa, ao longo dos sécs.XV e XVI.

aquela prova da espada e da bigorna, ordenou que se proclamasse um torneio[12] muito nobre e grandioso. E também ordenou que essa competição de armas acontecesse num campo próximo da grande catedral, três dias antes que se tentasse retirar a espada da bigorna (que era para acontecer, como já foi dito, no dia de Natal). Para esse torneio foram convocados todos os cavaleiros de suficiente estirpe, condição e qualidade que os fizessem adequados a participar. Portanto, muitos famosos cavaleiros queriam participar, e eram tantos que três arautos[13] foram empregados para verificar se faziam jus ao direito de lutar. Pois que estes arautos examinavam os brasões e os títulos de linhagem[14] de todos os candidatos com grande cuidado e atenção.

O Arcebispo declara um torneio.

Ao receber as novas do torneio, Sir Kay foi até seu pai e, parado diante dele, falou assim:

– Senhor, sendo seu filho e de alta condição, tanto de nascença quanto das posses que herdei do senhor, eu diria que tenho um extraordinário desejo de arriscar meu corpo neste torneio. Portanto, caso eu consiga provar minha qualidade de cavaleiro perante este grupo de arautos, será talvez para sua grande honra e crédito, e para a honra e crédito de nossa família que eu possa participar deste desafio. Assim rogo-lhe permissão para seguir com meu intento.

Sir Kay pede permissão para participar do torneio.

Ao que Sir Ector retrucou:

– Filho meu, tens permissão para participar desta honrosa competição, e espero sinceramente que Deus te dê uma boa dose de força assim como tal graça de espírito que te permita alcançar honra para ti mesmo e crédito para nós que somos do mesmo sangue.

E então Sir Kay partiu com enorme alegria e imediatamente dirigiu-se ao grupo de arautos e apresentou-lhes suas intenções. E, depois de terem devida-

---

12. Prática surgida no séc.XI, constitui, ao fim da Idade Média, um modo fundamental de representação da aristocracia. Inicialmente, consistia no enfrentamento de dois grupos em um campo de batalha, munidos de lança, com o objetivo de capturar homens e cavalos uns dos outros. Praticado por jovens, servia como uma espécie de rito de passagem, marcando a entrada deles na maioridade nobre. A partir do séc.XIII, o torneio é teatralizado e acontece em campo fechado, com grande sofisticação de detalhes (à moda das justas, em que dois homens a cavalo duelam com lanças, sem distinção de idade, num espaço alegre e colorido).
13. Oficiais encarregados de proclamações solenes, de anúncios de guerra ou de paz, além de informar os principais sucessos nas batalhas.
14. É nos nobiliários, ou livros de linhagem, que se oferece a lista dos antecedentes de determinadas famílias aristocráticas. Essas genealogias serviam a diferentes fins: desde a nobilitação de toda uma descendência a partir da honra de seus ancestrais, até a legislação sobre questões de herança ou sobre graus de parentesco, importantes para eventuais casamentos dentro do grupo.

mente examinado seu título de cavaleiro, incluíram seu nome como combatente conforme sua vontade, o que deixou Sir Kay muito satisfeito e com o coração cheio de alegria.

Assim, quando seu nome foi incluído na lista de combatentes, Sir Kay escolheu seu irmão mais novo, Arthur, para ser seu escudeiro e para carregar sua lança e flâmula à sua frente no campo de batalha, e Arthur também ficou incrivelmente feliz com a honra que coube a ele e a seu irmão.

Pois bem, chegado o dia em que o torneio ia acontecer, uma multidão enorme reuniu-se para testemunhar aquela luta armada nobre e cortês.[15] Pois naquela ocasião, como já foi dito, Londres estava extraordinariamente cheia de nobres e cavaleiros, de modo que devia haver não menos que vinte mil lordes e damas (além daqueles doze reis e seus séquitos e os sete duques e seus séquitos) reunidos nas arenas ao redor do campo de batalha para assistir ao desempenho dos cavaleiros escolhidos. E aquela gente nobre sentou-se tão junta e de tal forma ocupou os assentos e os bancos que lhes tinham sido reservados, que era como se uma parede toda sólida de almas humanas circundasse o prado onde a luta seria travada. E, de fato, qualquer cavaleiro fatalmente se sentiria premido a se empenhar ao máximo numa ocasião tão grandiosa, com os olhos de tantas lindas damas e altos nobres que lhes observavam o desempenho. Assim os corações de todos os cavaleiros participantes estavam cheios de vontade de derrubar seus inimigos na poeira do chão.

No centro deste maravilhoso séquito de nobres e damas tinha sido erguida a baia com o trono do próprio Arcebispo. Sobre o trono havia um dossel de pano púrpura adornado com lírios prateados, e em volta do trono pendiam panos de veludo púrpura bordado, alternando a figura de São Jorge em dourado com cruzes de São Jorge prateadas envoltas em halos dourados. Ali ficava sentado o próprio Arcebispo em grande pompa e circunstância, rodeado por um séquito de clérigos[16] de alto escalão e também de cavaleiros de condição honrosa, de modo que todo o centro do campo brilhava com o esplendor dos bordados de ouro e

---

15. O adjetivo pertence ao núcleo da "cortesia", um dos termos centrais da civilização e da literatura medievais, difundido a partir do séc.XII. Derivado do substantivo "corte", refere o cortesão e seus hábitos palacianos de requintada educação. Por extensão, conjunto de qualidades humanas, morais e sociais. (Desse ângulo, descortesia é a negação ou ausência desses valores.) Em alguns momentos, nobreza de maneiras valia tanto ou mais do que nobreza de raça.

16. Dentro da comunidade cristã medieval, clérigos e leigos não se confundiam: aqueles eram os eleitos tonsurados que não podiam se casar, ao contrário destes, imersos na vida secular. Mais tarde, a partir do séc.XIII, os clérigos opuseram-se aos iletrados e designavam também os detentores do saber, os homens de letras.

prata e enfeitava-se com as várias cores dos trajes ricos e vistosos e reluzia com as finas armaduras feitas à excelência. E, realmente, era tal a imponência de tudo isso que só alguns poucos dos que lá estavam jamais tinham visto preparativos para luta tão nobres quanto aqueles.

Pois bem, quando todo esse grande grupo estava nos seus lugares e tudo tinha sido preparado conforme o esperado, um arauto veio e se prostrou diante do trono do Arcebispo e soou a trombeta bem forte e alto. Seguindo ao sinal, imediatamente dois caminhos se abriram e dois grupos de competidores entraram por eles – um grupo pela extremidade norte do prado da batalha e o outro grupo pela extremidade sul do mesmo. Então, imediatamente todo aquele campo vazio se acendeu com o esplendor reluzente do sol batendo nas armaduras e armas polidas. Assim os dois grupos se posicionaram, cada um no lugar que lhe tinha sido designado – um ao norte e o outro ao sul.

O grupo que coube a Sir Kay ficava ao norte do campo, e contava ao todo com noventa e três pessoas; e o outro grupo ficava no extremo sul do campo, e contava com noventa e seis pessoas. Mas, embora tivesse três pessoas a menos do que o adversário, o grupo do qual Sir Kay fazia parte era ainda assim de certa forma mais forte, porque havia nele muitos cavaleiros de incrível força e renome. De fato deve aqui ser mencionado que dois daqueles cavaleiros depois se tornaram companheiros muito valorizados da Távola Redonda – eram eles Sir Mador de la Porte e Sir Bedevere, o último que viu o Rei Arthur com vida neste mundo.

Sir Kay se posiciona em torno do campo.

Assim, quando tudo estava pronto de acordo com os regulamentos do torneio, e quando os combatentes tinham se preparado de todos os modos necessários, e quando tinham empunhado suas lanças e seus escudos ao modo de cavaleiros prestes a entrar em lutas de verdade, o arauto levou a trombeta aos lábios uma segunda vez e soprou nela com toda força. Depois deste primeiro toque esperou um pouco e então soprou novamente.

A esse toque, cada grupo de cavaleiros deixou seu lugar e avançou em enorme tumulto contra o outro grupo, e de um jeito tão ruidoso e enfurecido que a terra toda rugiu sob os pés dos corcéis, e tremeu e sacudiu como se fosse um terremoto.

Assim os dois grupos se encontraram, chocando-se uns contra outros no meio do campo, e o estrondo das lanças se partindo era tão terrível que aqueles que ouviam ficavam atordoados e assustados com o barulho. Pois várias belas damas desmaiaram, aterrorizadas pelo barulho, e outras gemiam alto, pois não só havia grande gritaria, mas o ar estava cheio de farpas que voavam para todos os lados.

Naquele famoso embate setenta cavaleiros muito nobres e honrados foram derrubados, vários deles sendo pisoteados pelas ferraduras dos cavalos, tanto que, quando os dois grupos se retiraram cada qual para seu lugar, podia-se ver o chão todo coberto com fragmentos partidos de lanças e pedaços de armadura, e muitos cavaleiros miseravelmente caídos no meio de toda aquela destruição. E alguns desses campeões tentavam se levantar e não conseguiam, enquanto outros estavam tão imóveis que pareciam mortos. Para esses acudiram vários escudeiros e pajens em quantidade, e ergueram os homens caídos e levaram-nos a locais seguros. Da mesma forma alguns atendentes correram e recolheram os pedaços de armadura e as lanças partidas, e levaram-nos até as arenas para que, aos poucos, o campo se esvaziasse uma vez mais.

Foi então que todos os que observavam o prado aclamaram bem alto com enorme alegria, pois nunca antes naquele reino fora vista uma luta amistosa tão valente e gloriosa.

Voltemos agora a Sir Kay. Pois neste embate ele tinha se portado com tal coragem que nenhum cavaleiro tinha se saído melhor que ele, e talvez nenhum tenha se saído tão bem. Pois, ainda que dois oponentes tivessem apontado ao mesmo tempo suas lanças contra ele, ele tinha conseguido reagir ao ataque. E tinha golpeado um dos dois com tamanha violência ao se defender que o ergueu da garupa do cavalo e o atirou à distância de meia lança de sua montaria, de modo que o cavaleiro derrotado tinha rolado ainda três vezes na poeira do chão.

> Sir Kay se sai bem no embate.

E quando os do grupo de Sir Kay que estavam perto dele viram o que tinha feito, aclamaram-no tão alto e tão forte que o deixaram incrivelmente satisfeito e feliz.

Pois de fato é preciso ser dito que, naquele tempo, em todo o mundo, dificilmente havia outro cavaleiro tão valoroso em feitos de armas quanto Sir Kay. E ainda que depois tenham vindo cavaleiros de maior renome e de façanhas mais gloriosas (como ficará registrado aqui quando for a hora), naquele tempo Sir Kay era tido por muitos como o cavaleiro (fosse andante ou em batalha)[17] mais incrivelmente forte entre todos os daquele reino.

Assim correu o combate para enorme prazer e satisfação de todos os que o assistiam, e mais especificamente de Sir Kay e seu amigos. E depois que terminou, os dois grupos em bando retornaram para seus lugares mais uma vez.

---

17. O cavaleiro deve sempre exercitar-se: ou por meio de suas andanças em busca de "aventura" ou no campo de batalha, oficialmente a serviço de um senhor.

Ao chegar lá, cada cavaleiro entregou a lança para seu escudeiro. Pois o embate que viria agora era para ser travado com espadas, de modo que todas as lanças e demais armas deviam ser guardadas, tal era o regulamento daquela gentil e cortês peleja armada.

Assim, quando o arauto tocou sua trombeta novamente, cada cavaleiro tirou sua arma com tanta prontidão para a luta que houve um grande clarão de lâminas, todas faiscando no ar ao mesmo tempo. E quando o arauto tocou uma segunda vez, cada grupo avançou para o embate com grande nobreza no coração e impetuosidade de espírito, cada cavaleiro movido do intento de comprometer seu oponente com toda a força e poder que tinha em si.

Do embate com espadas.

Então imediatamente começou uma batalha tão feroz que, fossem aqueles cavaleiros inimigos de longa data em vez de combatentes amistosos, os golpes que davam uns nos outros não seriam menos veementes em termos de força nem mais impressionantes de se ver.

Também neste caso Sir Kay provou ser um campeão[18] tão extraordinário que não havia outro como ele em todo aquele campo, pois ele derrubou violentamente cinco cavaleiros, um após o outro, antes que bloqueassem seu avanço.

Isto porque, vendo como lutava, vários cavaleiros do outro grupo tentaram se lançar contra ele, desejando confrontá-lo em sua investida.

Entre eles estava um certo cavaleiro, conhecido como Sir Balamorgineas, que era de porte tão enorme que cavalgava uma boa cabeça e ombros acima de qualquer outro cavaleiro. E possuía uma força tão extraordinária que achava-se que poderia aguentar o assédio de três cavaleiros comuns ao mesmo tempo. Assim, quando esse cavaleiro viu o que Sir Kay vinha fazendo, gritou-lhe:

– Ora, ora! Senhor Cavaleiro do grifo negro, vire para cá e lute comigo!

Pois bem, quando Sir Kay viu Sir Balamorgineas disposto a vir contra ele daquela forma – muito ameaçadoramente e decidido a envolvê-lo na luta –, virou-se muito exaltado para seu adversário. Pois naquele tempo Sir Kay era muito cheio do fogo juvenil e não se importava em atacar qualquer inimigo que viesse propor-lhe luta.

Sir Kay luta com Sir Balamorgineas.

(Assim era naquele tempo. Mas depois aconteceu que, quando se tornou senescal[19] e quando outros cavaleiros mais poderosos apareceram na Corte do

---

18. Embora aqui se trate de combate amistoso, "campeão" era o cavaleiro designado para lutar em defesa de uma causa ou pela honra de alguém, geralmente em campo ou terreno delimitado.
19. Cargo de alta responsabilidade, designa o mordomo-mor, o superintendente ou o vedor de certas casas reais. Em alguns casos, juiz supremo ou governador-geral.

Rei, às vezes evitava um embate com cavaleiros como Sir Lancelot, ou Sir Pellias, ou Sir Marhaus, ou Sir Gawaine, se pudesse fazê-lo sem diminuir sua honra.)

Deste modo, estando prenhe do espírito da juventude, voltou-se para ele com grande ímpeto de coração, todo inflamado pela ânsia e fúria da batalha. E bradou com voz troante:

– Muito bem, lutarei e lançá-lo-ei ao chão como a seus companheiros!

Dito isso, golpeou Sir Balamorgineas com incrível ferocidade, usando toda a sua força. Sir Balamorgineas recebeu o golpe no elmo[20] e ficou completamente atordoado com essa fúria, pois nunca antes havia recebido um golpe como aquele. Sua cabeça ficou tão aturdida que ele precisou segurar no arção para não cair.

Mas foi uma grande lástima para Sir Kay que, com a ferocidade do golpe, a lâmina de sua espada tivesse partido desde o cabo, voando tão alto no ar que parecia passar por cima das torres da catedral. No entanto isso aconteceu, e com isso Sir Kay ficou sem nenhuma arma. No entanto, achou-se que, por causa daquela pancada, ele tinha Sir Balamorgineas à sua inteira mercê, e que se desse mais um golpe com sua espada ele o teria facilmente derrotado.

Sir Kay quebra sua espada.

Entretanto, Sir Balamorgineas logo se recuperou e percebeu que seu adversário estava inteiramente indefeso. Portanto, enchendo-se além da conta de ódio do golpe que tinha recebido, investiu contra Sir Kay com a intenção de derrubá-lo num ataque violento.

Nesta investida Sir Kay poderia ter tido grande prejuízo, não fossem três companheiros seus de armas que, percebendo o enorme perigo em que se achava, interpuseram-se entre ele e Sir Balamorgineas com a intenção de se oferecerem ao ataque daquele cavaleiro e assim evitar que Sir Kay fosse atingido. Isto fizeram com tal sucesso que Sir Kay pôde se livrar do aperto e fugir até as barreiras sem sofrer mais qualquer perigo nas mãos de seus adversários.

Pois bem, quando alcançou a barreira, seu escudeiro, o jovem Arthur, veio correndo até ele com um cálice de vinho quente.[21] Sir Kay abriu a portinhola

---

20. Nas armaduras antigas, o elmo era uma espécie de capacete que protegia a cabeça do guerreiro. Ao longo dos tempos, apresentou vários formatos e modelos, como por exemplo o elmo cônico, com protetor para o nariz, o elmo com viseira móvel ou o elmo de uma só peça, cobrindo o crânio como uma calota esferoide. Entre os sécs.XII e XIII, desenvolveu-se o "grande" elmo, com cimeira e penacho, facilitando a identificação à distância.

21. O vinho era uma das bebidas bastante consumidas na Idade Média, principalmente nas regiões onde se produzia uva. Desde a Antiguidade e visando a uma dieta saudável, os gêneros alimentícios eram classificados em uma escala do frio ao quente e do úmido ao seco, de acordo com a teoria dos "quatro humores" (quente, frio, úmido, seco) proposta por Galeno, médico grego morto no ano de 200. Um dos modos de se conseguir o "vinho quente" era misturá-lo,

Sir Kay quebra sua espada no embate.

do elmo para beber, pois tinha uma sede desmedida. Mas – ora vejam! – seu rosto estava todo coberto de sangue e suor, e ele vinha tão sedento da luta que sua língua grudava no céu da boca e ele nem conseguia falar. Mas quando acabou de beber do tanto que Arthur tinha lhe dado, sua língua se soltou e ele gritou para o jovem com uma voz alta e violenta:

<small>Sir Kay pede a Arthur que lhe busque uma espada.</small>

– Ora, ora, irmão! Apanha-me outra espada para a luta, pois com certeza conquistarei muitas glórias hoje para nossa família!

E Arthur disse:

– Onde poderei conseguir outra espada?

E Kay disse:

---

em infusão, à fragrância de certas especiarias como gengibre, noz-moscada, cravo, pimenta, açúcar, produzindo uma bebida aromatizada que podia ser aquecida.

– Corre até a tenda de nosso pai e lá apanha outra espada, pois a que tenho está partida.

E Arthur disse:

– Assim farei com toda pressa – e logo saltou sobre a barreira direto no caminho que havia além dela. Correu pelo caminho tão rápido quanto podia, desejando cumprir a tarefa pedida por seu irmão. E com a mesma pressa correu para a tenda que seu pai tinha montado no prado.

Mas quando chegou na tenda de Sir Ector, não encontrou lá ninguém, pois todos tinham ido para o torneio. Também não conseguiu encontrar espada alguma adequada à empunhadura de seu irmão, de modo que se viu em grande aperto enquanto decidia o que fazer.

No meio dessa aflição lembrou-se da espada que estava fincada na bigorna em frente à catedral e pareceu-lhe que uma espada assim serviria muito bem ao seu irmão. Assim, disse a si mesmo: "Vou lá e, se conseguir, pego aquela espada, pois ela certamente servirá muito bem para que meu irmão termine a luta."

Em seguida correu com toda pressa até a catedral. E quando chegou lá viu que não havia ninguém montando guarda junto do bloco de mármore, como até então tinha sido o caso, pois todos os que vinham montando guarda tinham ido até a luta que acontecia lá perto. E a bigorna e a espada estavam ali ao seu alcance. Então, não havendo ninguém que o impedisse, o jovem Arthur saltou sobre a pedra de mármore e colocou as mãos em torno do cabo da espada. Então inclinou o corpo e puxou com toda força e – ora vejam! – ela deslizou da bigorna com incrível facilidade e ele segurou a espada nas mãos, e era sua.

Arthur retira a espada da bigorna.

Depois de ter assim conseguido a espada, embrulhou-a em sua capa para que ninguém a visse (pois brilhava com uma luminosidade e um esplendor intensos), saltou do bloco de mármore e correu com ela até o campo de batalha.

Pois bem, ao entrar novamente no prado, Arthur encontrou Sir Kay, que esperava seu retorno com grande impaciência. E quando Sir Kay o viu, exclamou enfático:

– Conseguiste uma espada?

E Arthur disse:

– Sim, tenho uma aqui – e abriu sua capa, mostrando a Sir Kay a espada que tinha trazido.

Quando viu a espada, Sir Kay reconheceu-a imediatamente, e não sabia o que pensar ou dizer, de modo que ficou parado algum tempo, como se tivesse se transformado em pedra, enquanto olhava a espada. Depois de um tempo ele disse, com uma voz muito estranha:

– Onde foi que achaste essa espada?

Arthur olhou para seu irmão e viu sua expressão muito alterada e que seu rosto estava branco como cera. Então disse:

– Irmão, o que te perturba a ponto de fazer-te parecer tão estranho? Contarei toda a verdade. Não consegui encontrar espada alguma na tenda de nosso pai, então lembrei-me daquela que estava fincada na bigorna sobre o bloco de mármore em frente à catedral. Fui até lá e tentei puxá-la, e ela saiu com enorme facilidade. Portanto, quando a havia tirado, embrulhei-a em minha capa e trouxe-a aqui para ti, como podes ver.

Então Sir Kay pensou consigo mesmo e assim achou: "Ora! Meu irmão Arthur quase não passa de uma criança. Além disso, é incrivelmente ingênuo. Assim, não tem ideia do que fez nem do que isso significa. Mas já que obteve essa espada, por que não devo eu mesmo assumir a façanha, e assim assumir a glória que ela traz?" Portanto, imediatamente se levantou e disse a Arthur: *Sir Kay toma a espada para si.*

– Dá-me a espada e a capa – e Arthur obedeceu. E feito isto, Sir Kay disse a ele: – Não conta a ninguém sobre isso e mantém segredo em teu coração. Enquanto isso vai até onde o nosso pai está sentado na arena e pede que ele venha imediatamente até a tenda onde estamos acampados.

E Arthur fez conforme Sir Kay tinha mandado, bastante intrigado que seu irmão estivesse com o espírito tão alterado como parecia estar. A verdade é que não tinha se dado conta do que tinha feito ao retirar a espada da bigorna, e nem sabia que grandes acontecimentos viriam daquele evento tão pequeno, pois assim é neste mundo, que um homem às vezes prove ser digno de uma confiança tão grande como aquela, e no entanto, tenha o espírito tão humilde, que nem mesmo saiba ser digno dela. E assim foi com o jovem Arthur naquela ocasião.

Capítulo Segundo

Como Arthur realizou duas vezes o milagre da espada perante
Sir Ector e como seu direito de nascença lhe foi revelado

Então Arthur correu até a parte da arena onde Sir Ector estava sentado com os membros de sua família. Prostrou-se diante de seu pai e disse:

– Senhor, meu irmão Kay mandou-me aqui para pedir-lhe que venha imediatamente até a tenda onde estamos acampados. Na verdade, creio que algo realmente extraordinário tenha acontecido, pois meu irmão Kay tem uma expressão no rosto que nunca vi antes.

Então Sir Ector ficou muito intrigado com o que poderia ter feito Sir Kay deixar a luta e chamá-lo naquele momento, de modo que se levantou de onde estava e acompanhou Arthur. E foram até a tenda, e quando lá chegaram – vejam! –, Sir Kay estava em pé parado bem no meio dela. E Sir Ector percebeu que seu rosto estava pálido como cinzas na lareira e que seus olhos brilhavam com um brilho incrível. Então Sir Ector disse:

– Meu filho, o que te aflige?

Ao que Sir Kay respondeu:

– Senhor, algo incrível aconteceu – e tomou seu pai pela mão, levando-o até a mesa que havia na tenda. E sobre a mesa havia uma capa e dentro da capa havia algo. Então Sir Kay abriu a capa, e – ora vejam! – lá estava a espada da bigorna, e o cabo e a lâmina faiscavam com enorme fulgor.

Sir Ector imediatamente entendeu que espada era aquela e de onde vinha, de modo que ficou tão cheio de espanto que não sabia o que fazer. E por algum tempo sua língua recusou-se a falar, mas depois de algum tempo, quando conseguiu falar, exclamou bem alto:

Sir Ector vê a espada.

– O que é isto que os meus olhos veem?

Sir Kay então respondeu:

– Senhor, tenho agora aquela espada que ficava enfiada na bigorna que está sobre a pedra de mármore em frente à grande catedral. De modo que lhe peço que me diga o que isto significa.

Então Sir Ector disse:

– Como conseguiste a espada?

Sir Kay mostra a espada mística a Sir Ector.

E por algum tempo Sir Kay ficou em silêncio, mas depois de um tempo disse:
– Senhor, parti minha espada na luta que vinha travando, de modo que achei esta espada para substituir aquela.

Então Sir Ector ficou completamente perplexo e não sabia se acreditava no que havia ouvido. Depois de algum tempo disse:
– Se foste tu que retiraste a espada da bigorna, então deves ser tu também que és o legítimo Rei da Bretanha, pois assim proclamam as palavras da espada. Mas se de fato retiraste a espada da bigorna, então será igualmente fácil recolocá-la de volta lá de onde a retiraste.

Ao ouvir isso Sir Kay ficou tomado de preocupação, e exclamou bem alto:
– Quem conseguiria fazer algo tão difícil e milagroso como enfiar a espada em ferro sólido?

Ao que Sir Ector respondeu:

– Esse milagre não é maior do que o milagre que fizeste ao retirá-la. Pois quem jamais ouviu falar que um homem pudesse puxar uma espada de um lugar e, no entanto, não conseguir colocá-la de volta?

Então Sir Kay não sabia o que responder a seu pai, e teve muito medo de não conseguir realizar aquele milagre. No entanto, procurou se confortar dizendo para si mesmo: "Se meu irmão mais novo, Arthur, conseguiu realizar este milagre, por que eu não poderia realizar um milagre semelhante? Pois decerto não sou menos digno do que ele. Portanto, se ele retirou a espada com tanta facilidade, pode ser que eu com igual facilidade consiga enfiá-la de volta em seu lugar." Assim, buscou como pôde se acalmar com tais pensamentos.

Então embrulhou a espada na capa novamente, e depois disso, ele e Sir Ector saíram da tenda e dirigiram-se para onde ficavam a pedra de mármore e a bigorna em frente à catedral. E Arthur foi com seu pai e seu irmão e eles não o proibiram. E quando chegaram ao lugar onde a espada tinha estado, Sir Kay subiu no bloco de mármore e olhou para a bigorna, e – ora vejam! – a bigorna estava totalmente lisa, sem um arranhão ou qualquer outra marca. Então Sir Kay disse para si mesmo: "O que é isso que meu pai quer que eu faça? Que homem nesta vida poderia enfiar a lâmina de uma espada numa bigorna de ferro sólido?" No entanto, não podia se furtar daquela impossível tarefa, estando forçado a tentar aquele milagre; assim apoiou a ponta da espada no ferro e pressionou-a com toda a sua força. Mas era impossível que conseguisse aquilo, e embora tentasse com toda a força, pressionando a espada contra a superfície da bigorna, ela não deixava no ferro nem um arranhão da espessura de um fio de cabelo.

Sir Kay tenta recolocar a espada de volta, mas falha.

Então, depois de tentar por muito tempo, finalmente parou e desceu de onde estava. E disse a seu pai:

– Senhor, nenhum homem nesta vida pode realizar tal milagre.

Ao que Sir Ector respondeu:

– Como é então possível que tivesses retirado essa espada, como disseste, e, no entanto, não consigas recolocá-la no lugar?

Então o jovem Arthur levantou a voz e disse:

– Meu pai, tenho sua permissão para falar?

E Sir Ector disse:

– Fala, meu filho.

E Arthur disse:

– Gostaria de tentar empunhar a espada.

Ao que Sir Ector respondeu:

– Com que autoridade quererias empunhar a espada?

E Arthur disse:

– Fui eu quem retirou a espada da bigorna para meu irmão. E como disseste que retirá-la não é mais difícil do que recolocá-la no lugar novamente, acredito que poderei recolocá-la no ferro de onde a retirei.

Então Sir Ector olhou o jovem Arthur de um jeito tão estranho que Arthur não entendeu. De modo que exclamou:

– Senhor, por que me olhas de um modo tão estranho? Estás zangado comigo?

Ao que Sir Ector respondeu:

– Perante os olhos de Deus, meu filho, não estou zangado contigo.

E então disse:

– Se queres empunhar a espada, podes seguramente tentar realizar esse milagre.

Então Arthur tomou a espada de seu irmão Kay e saltou sobre a pedra de mármore. E colocou a ponta da espada sobre a bigorna, firmou-a com força e – ora vejam! –, a espada entrou suavemente na bigorna até que ficou enterrada pela metade, e lá ficou presa. E depois de realizar esse milagre, ele retirou a espada novamente com rapidez e facilidade, e depois tornou a recolocá-la mais uma vez, como tinha feito antes.

Arthur realiza o milagre da espada na bigorna.

Mas quando Sir Ector viu o que Arthur tinha feito, exclamou em voz bem alta:

– Senhor! Senhor! Que milagre é esse que estou vendo com os meus olhos!

E quando Arthur desceu do bloco de mármore, Sir Ector ajoelhou-se diante dele e uniu as mãos, palma com palma.

Porém, quando Arthur viu o que seu pai fazia, exclamou como se sentisse uma dor imensa e disse:

– Meu pai! Meu pai! Por que se ajoelha diante de mim?

Sir Ector respondeu a ele:

– Não sou teu pai, e agora ficou evidente que tu és com certeza de uma raça muito nobre e que o sangue de reis corre em tuas veias, caso contrário não terias podido empunhar essa espada como fizeste.

Então Arthur começou a chorar sem parar e exclamava como que com grande agonia:

– Pai! Pai! O que é que o senhor diz? Peço-lhe que se levante e não se ajoelhe diante de mim.

Então Sir Ector se levantou e encarou Arthur, e disse:

– Arthur, por que choras?

E Arthur disse:

– Porque estou com medo.

Acontece que durante todo esse tempo Sir Kay tinha ficado ali do lado sem conseguir se mover nem falar, mas parecendo estar num êxtase, e dizia a si mesmo: "O que é isto? O meu irmão é Rei?"

Então Sir Ector tomou a palavra, e disse:

– Arthur, chegou a hora de saberes quem és, pois as reais circunstâncias da tua vida estiveram até agora escondidas de ti.

"Confesso-te tudo da seguinte forma: dezoito anos atrás veio até mim um certo homem muito sábio e muito próximo do rei Uther-Pendragon, e esse homem era

Sir Ector conta para Arthur os detalhes de sua infância. o Mago Merlin. E Merlin me mostrou um anel com o selo de Uther-Pendragon e mandou-me, em obediência àquele anel, ir até um determinado lugar a uma determinada hora que ele escolheu. E o lugar que ele escolheu era o portão dos fundos do castelo de Uther-Pendragon. E a hora que ele escolheu era a meia-noite daquele mesmo dia.

"E pediu-me que não contasse a ninguém nada sobre o que havia me dito, e assim mantive segredo conforme me pediu.

"Então fui até aquele portão dos fundos à meia-noite como Merlin tinha mandado, e lá vieram Merlin e um outro homem, e o outro homem era Sir Ulfius, que era o chefe dos cavaleiros da casa de Uther-Pendragon. E conto-te que esses dois homens notáveis eram mais próximos de Uther-Pendragon do que qualquer um neste mundo. Quando os dois se aproximaram, percebi que Merlin trazia nos braços algo embrulhado em um manto vermelho de fina textura. Ele então abriu as abas do manto e, ora!, pude ver uma criança recém-nascida embrulhada nos cueiros. E vi a criança sob a luz de uma lanterna que Sir Ulfius trazia, e percebi que tinha um rosto muito bonito e os ossos grandes. Tu eras aquela criança.

"Então Merlin ordenou-me o seguinte: que eu deveria levar aquela criança e criá-la como minha; e ele disse que a criança deveria ser chamada pelo nome de Arthur; e disse que ninguém em todo o mundo deveria saber que aquela criança não era minha. Eu disse a Merlin que faria conforme ele desejava, de modo que tomei a criança e levei-a embora comigo. Avisei que a criança era minha e todos acreditaram nas minhas palavras, de modo que nunca ninguém desconfiou que tu não fosses meu próprio filho. E a senhora que era minha esposa levou com ela quando morreu aquele segredo para o Paraíso, e desde então até agora ninguém no mundo todo sabia nada deste assunto, exceto eu e aqueles dois grandes homens de que já falei.

"Tampouco soube eu até hoje quem era teu pai, mas agora tenho um palpite sobre quem ele foi e que tu tens em tuas veias sangue de alta realeza. E acredito que talvez teu pai fosse o próprio Uther-Pendragon. Pois quem senão o filho de Uther-Pendragon poderia ter retirado a espada da bigorna como fizeste?"

Então, quando Arthur ouviu aquilo tudo sobre seu pai, exclamou numa voz muito alta e veemente:

– Ai de mim, ai de mim, ai de mim! – repetindo três vezes.

E Sir Ector disse:

– Arthur, por que sofres?

E Arthur disse:

– Porque perdi meu pai, pois preferiria ter meu pai a ser Rei!

Enquanto tudo isso se passava, chegaram ali dois homens, muito altos e de um porte incrivelmente nobre e altivo. E quando estes dois homens se aproximaram de onde eles estavam, Arthur, Sir Ector e Sir Kay perceberam que um deles era o Mago Merlin e que o outro era Sir Ulfius – pois os dois eram homens deveras famosos e conhecidos de todos. E quando os dois chegaram até onde estavam os outros três, Merlin falou, dizendo:

Merlin e Sir Ulfius aparecem para os três.

– O que está havendo?

E Sir Ector respondeu:

– Está havendo aqui algo muito incrível, pois vê, Merlin, esta é aquela criança que trouxeste para mim dezoito anos atrás e, ora!, podes ver como cresceu e tornou-se homem.

Então Merlin disse:

– Sir Ector, sei bastante bem quem é esse jovem, pois tenho-lhe mantido dedicada vigilância durante todo esse tempo, e sei que sobre ele recai a esperança da Bretanha. Além disso, digo-lhe que hoje mesmo num espelho mágico vi tudo o que ele fez desde a manhã e sei como retirou a espada da bigorna, e como a recolocou de volta. E sei como ele a retirou e a recolocou uma segunda vez. Também sei de tudo o que o senhor lhe disse agora há pouco, de modo que agora eu também confirmo que lhe disse toda a verdade. E, ora vejam só!, o espírito profético recai sobre mim e posso prever que no futuro tu, Arthur, te tornarás o rei maior e mais famoso que jamais viveu na Bretanha. E posso prever que muitos cavaleiros de extraordinária excelência irão se reunir ao teu redor e que os homens contarão de seus maravilhosos feitos enquanto esta terra existir, e posso prever que por meio desses cavaleiros teu reino será repleto de esplendor e glória. E posso prever que a aventura mais incrível do Santo Graal[22] será

_____

22. Sobre o Santo Graal, ver a Apresentação ao presente volume.

empreendida por três dos cavaleiros da tua Corte, o que te dará eterno renome, pois serás o rei em cujo reino a taça sagrada será obtida. Tudo isso posso prever, mas, vê!, chega agora o momento quando a glória de tua Casa novamente se manifestará para o mundo, e toda a gente desta terra alegrar-se-á contigo e com teu reino. Portanto, Sir Ector, ordeno-lhe que nos próximos três dias tome conta deste jovem como a sua joia mais preciosa, pois sobre ele recaem a esperança e a salvação de todo este reino.

Então Sir Ector alteou a voz e gritou para Arthur:

– Um favor! Um favor!

E Arthur disse:

– Ai de mim, como pode isso? Como, meu pai, me pede um favor se posso lhe dar tudo o que tenho no mundo? Peça o que quiser e será seu!

Sir Ector pede um favor a Arthur. Então Sir Ector disse:

– Peço-te isto: que quando fores rei teu irmão Kay possa ser senescal de todo este reino.

E Arthur disse:

– Assim será.

E acrescentou:

– E quanto ao senhor, será ainda melhor, pois será meu pai até o fim! – e assim dizendo, tomou a cabeça de Sir Ector em suas mãos e beijou-o na testa e no rosto, selando sua promessa.

Mas durante tudo isso Sir Kay tinha ficado ali parado, como alguém atingido por um raio, sem saber se devia subir nas alturas ou lançar-se nas profundezas, pois seu irmão mais novo tinha-o ultrapassado e alcançado uma sorte tão extraordinária.[23] De modo que ficou ali como alguém sem vida ou ação.

E que fique aqui dito que Arthur cumpriu tudo aquilo que prometeu ao pai. Pois, posteriormente, fez de Sir Kay seu senescal, e Sir Ector foi para ele um pai até o dia de sua morte, que ocorreu cinco anos depois.

Assim contei como a realeza de Arthur foi primeiro revelada. E agora, se quiserem escutar, ouvirão como isso se confirmou para o mundo todo.

---

23. Segundo a tradição jurídica medieval da hereditariedade linhagística, a sucessão ao trono é patrilinear e contempla o filho mais velho.

Capítulo Terceiro

Como diversos reis e grão-duques tentaram
retirar a espada da bigorna e como falharam.
E também como Arthur tentou e conseguiu

Então, quando a manhã do dia de Natal chegou, muitos milhares de pessoas de todo tipo, tanto nobres quanto plebeus, reuniram-se diante da catedral para assistir à tentativa de retirada da espada.

Pois bem, havia um dossel de pano bordado de muitas cores cobrindo a espada e a bigorna, e uma plataforma tinha sido construída em torno do bloco de mármore. E perto dali fora colocado um trono para o Arcebispo, pois cabia a ele supervisionar a tentativa para garantir que todos os detalhes fossem cumpridos com a justiça e a seriedade esperadas.

Então, metade da manhã já tendo passado, o próprio Arcebispo chegou com grandes pompas e tomou seu lugar no alto trono que lhe tinha sido erguido, e todo o seu séquito de clérigos e cavaleiros reuniu-se à sua volta, de modo que ele ostentava uma elegante e gloriosa aparência de realeza.

Para aquela tentativa haviam-se reunido dezenove reis e dezesseis duques, e cada um deles era de tal nobre e elevada estirpe que nutria grandes esperanças de naquele dia ser confirmado diante de todos como legítimo rei e soberano de toda a Bretanha. Assim, depois que o Arcebispo tinha se acomodado em seu trono, vários deles vieram e pediram para passar imediatamente à prova. Então o Arcebispo ordenou que seu arauto soasse a trombeta e pedisse a todos os que tinham o direito de tentar retirar a espada que viessem para o desafio, e o arauto fez conforme o Arcebispo ordenou.

Logo que o arauto soou a trombeta apareceu o primeiro dos reis a tentar retirar a espada, e quem veio foi o Rei Lot de Orkney e das Ilhas. Com o Rei Lot vieram onze cavaleiros e cinco escudeiros, o que o fez parecer muito nobre e poderoso aos olhos de todos. E quando o Rei Lot chegou ali, subiu na plataforma. E primeiro cumprimentou o Arcebispo, então colocou as mãos no punho da espada à vista de todos. E dobrou seu corpo, puxando-a com enorme força, porém a lâmina dentro da bigorna não se moveu nem um fio de cabelo, mas continuou firme como o ferro onde estava

O Rei Lot de Orkney tenta junto à espada e falha.

enfiada. E depois daquela primeira tentativa, tentou três vezes mais, mas ainda assim foi completamente incapaz de mover a lâmina dentro do ferro. Então, depois de quatro tentativas, desistiu e desceu da plataforma. E encheu-se de grande raiva e indignação por nada ter logrado com seus esforços.

E depois do Rei Lot veio seu concunhado, o Rei Urien de Gore, e ele também tentou da mesma forma como o Rei Lot havia feito. Mas não teve melhor sorte do que o outro rei. E depois do Rei Urien veio o Rei Fion da Escócia, e depois do Rei Fion veio o Rei Mark da Cornualha, e depois do Rei Mark veio o Rei Ryence de Gales do Norte, e depois do Rei Ryence veio o Rei Leodegrance de Cameliard, e depois dele vieram todos os outros reis e duques antes mencionados, mas nenhum deles foi capaz de mover a lâmina. E alguns desses altos e poderosos cavaleiros encheram-se de raiva e indignação por não terem conseguido, e outros ficaram envergonhados por terem falhado naquela empresa diante de todos os que lhes assistiam. Mas nem raiva nem vergonha pôde ajudá-los naquela situação.

Vários outros fazem a tentativa e falham.

Pois bem, quando todos os reis e duques tinham falhado assim no desafio, o povo que estava ali ficou bastante surpreso, e uns diziam aos outros:

– Como pode ser? Se todos esses reis e duques de tão alta estirpe falharam nesse desafio, quem então pode esperar conseguir? Pois por aqui já passaram todos os mais dignos de tal alta honra, e todos tentaram retirar a espada e todos falharam. Quem, então, haverá agora que virá depois deles e esperará conseguir?

E também os próprios reis e duques falavam entre si do mesmo modo. Até que, passado um tempo, vieram seis dos homens mais notáveis – o Rei Lot, o Rei Urien, o Rei Pellinore, o Rei Ban, o Rei Ryence e o Duque Clarence da Nortúmbria – e se postaram diante do trono do Arcebispo e lhe disseram assim:

– Senhor, aqui se esforçaram diante do senhor todos os reis e duques deste reino para retirar aquela espada, e, veja!, nem um só de todos os que tentaram foi bem-sucedido. O que, portanto, podemos compreender senão que o mago Merlin propôs este desafio para envergonhar e desacreditar a todos que vieram aqui e ao senhor, que é o chefe da Igreja neste reino? Pois quem no mundo todo pode esperar arrancar do ferro sólido uma lâmina de espada? Veja! Está além do poder de qualquer homem. Então não está claro que Merlin nos fez todos de tolos? Pois então, para que todos aqui reunidos não tenham vindo em vão, pedimos ao senhor que, em sua sabedoria, escolha agora um dentre os reis aqui reunidos que seja o mais adequado para ser soberano deste reino. E quando o tiver escolhido, prometemos obedecer-lhe em tudo o que ordenar. Na verdade, tal escolha será melhor do que passar o tempo nessa

Os reis e duques ficam descontentes.

tarefa tola de lutar para retirar uma espada de uma bigorna, o que nenhum homem no mundo todo poderá fazer.

O Arcebispo então viu-se muito confuso, pois dizia a si mesmo: "Será possível que Merlin tenha me enganado e feito a mim e a todos estes reis e nobres de tolos? Certamente isto não pode ser. Pois Merlin é por demais sábio, e não faria pouco de todo o reino por uma piada de tão mau gosto como esta seria. Com certeza ele tem com isso alguma intenção da qual nada sabemos, já que temos menos sabedoria que ele. Portanto serei ainda um pouco mais paciente." E assim, depois de ter confabulado dessa forma consigo mesmo, declarou o seguinte aos sete poderosos senhores:

– Senhores – disse ele –, tenho fé de que Merlin não nos enganou, portanto peço-lhes somente mais um pouco de paciência. Pois que, se até que um homem conte duas vezes até quinhentos ninguém aparecer que possa realizar essa tarefa, então irei, conforme pediram, escolher um dentre os senhores e o proclamarei Rei e Soberano de todos.

Pois o Arcebispo tinha fé que Merlin estava prestes a declarar um rei perante todos.

VAMOS AGORA DEIXÁ-LOS e voltemos para Arthur, seu pai e seu irmão.

Pois Merlin tinha mandado que os três ficassem em sua tenda até o momento que ele achasse propício para que de lá saíssem. E chegado este momento, Merlin e Sir Ulfius vieram até a tenda de Sir Ector, e Merlin disse:

– Arthur, ergue-te e vem, pois chegou a hora de tentares perante todos aquele milagre que realizaste há pouco sozinho.

Então Arthur fez como Merlin mandou e saiu da tenda com seu pai e seu irmão e – ora vejam! – era como se estivesse sonhando.

Os cinco desceram de lá até a catedral e até o lugar da prova. E quando chegaram aonde a multidão estava reunida, as pessoas abriram caminho para eles, espantadas e dizendo umas para as outras: *Merlin leva Arthur para a prova.*

– Quem são esses com o Mago Merlin e Sir Ulfius, e de onde vêm? – pois todos conheciam Merlin e Sir Ulfius, e percebiam que algo muito extraordinário estava para acontecer. E Arthur estava vestido com um traje cor de fogo e bordado com linha prateada, de modo que outra gente do povo dizia:

– Que rapaz bonito de se ver, mas quem será?

Mas Merlin nada disse a ninguém, simplesmente trouxe Arthur pela multidão até onde o Arcebispo estava sentado. E a multidão abria espaço para ele sem atrapalhar seu caminho. E quando o Arcebispo viu Merlin vindo com os outros, levantou-se e disse:

– Merlin, quem são estes que trazes aqui, e o que fazem aqui?

E Merlin disse:

– Senhor, um deles veio tentar retirar a espada.

E o Arcebispo disse:

– Qual deles?

E Merlin disse:

– Este aqui – e pousou a mão sobre Arthur.

Então o Arcebispo olhou Arthur e viu que o jovem tinha um rosto muito gracioso, de modo que ficou torcendo por ele e teve por ele bastante simpatia. E o Arcebispo disse:

– Merlin, com que direito esse jovem vem aqui?

E Merlin respondeu:

– Senhor, ele vem pelo melhor direito que há neste mundo, pois esse que está diante do senhor coberto de vermelho é o verdadeiro filho de Uther-Pendragon e de sua legítima esposa, a Rainha Igraine.

Então o Arcebispo soltou um grito de espanto, e aqueles que estavam perto e escutaram o que Merlin tinha dito ficaram tão perplexos que não sabiam o que pensar. E o Arcebispo disse:

– Merlin, o que é isso que me dizes? Pois quem até hoje no mundo todo jamais soube que Uther-Pendragon tinha um filho?

A isso Merlin respondeu:

– Ninguém jamais soube disso até agora, somente alguns poucos. Pois foi assim: quando essa criança nasceu, o espírito profético me tomou e previ que Uther-Pendragon morreria dali a algum tempo. De modo que temi que os inimigos do Rei usassem de violência contra a jovem criança por causa de sua herança. Então, a pedido do Rei, eu e um outro tomamos a jovem criança de sua mãe e a demos para um outro, e aquele homem recebeu a criança real e criou-a desde então como se fosse sua. E quanto à verdade desses fatos há outros aqui que podem confirmá-la, pois aquele que estava comigo quando a criança foi tirada de sua mãe era Sir Ulfius, e aquele a quem a entregamos era Sir Ector de Bonmaison, e essas duas testemunhas, que estão acima de qualquer suspeita, confirmarão a veracidade do que acabei de contar, pois estão aqui diante do senhor para garantir o que eu disse.

E Sir Ulfius e Sir Ector falaram:

– Tudo o que Merlin disse é verdadeiro, juramos com a nossa palavra de honra mais fiel e sagrada.

Então o Arcebispo disse:

– Quem poderia duvidar da palavra de testemunhas tão honradas? – e olhou para Arthur e sorriu para ele.

Então Arthur disse:

– Tenho então sua permissão, senhor, para empunhar a espada que ali está?

E o Arcebispo disse:

– Tens minha permissão, e que a graça de Deus te acompanhe nessa tua tentativa.

Então Arthur foi até o bloco de mármore e colocou as mãos no cabo da espada que estava enfiada na bigorna. Em seguida dobrou o corpo e puxou com força e – ora vejam! – a espada deslizou com grande facilidade. E quando estava com a espada nas mãos, agitou-a sobre a cabeça fazendo-a brilhar como um raio. E depois de tê-la agitado assim três vezes sobre a cabeça, firmou a ponta sobre a superfície da bigorna, empurrou-a com força, e – vejam! – a espada deslizou suavemente de volta para o lugar onde tinha estado até então, e enfiada assim até o meio, ficou presa. Assim Arthur conseguiu realizar aquele maravilhoso milagre da espada diante de todos.

Arthur retira a espada.

Como Arthur retirou a espada.

E quando as pessoas que estavam ali reunidas viram esse milagre sendo realizado na sua frente, todas juntas ergueram a voz, gritando com tanta veemência e causando um estardalhaço tão grande, que era como se a terra toda sacudisse e tremesse com o som daqueles gritos.

E enquanto gritavam, Arthur tomou a espada novamente e retirou-a e balançou-a de novo, e de novo a recolocou na bigorna. E tendo feito isso, retirou-a uma terceira vez e fez o mesmo que antes. Assim foi que todos aqueles que lá estavam viram aquele milagre realizado três vezes.

E todos os reis e duques que lá estavam ficaram cheios de espanto, e não sabiam o que pensar ou dizer ao verem alguém que não era mais que um menino realizando um feito que nem o melhor deles tinha conseguido. E alguns deles, vendo aquele milagre, queriam reconhecer Arthur por causa disso, mas outros não queriam aceitá-lo. Esses se afastaram e ficaram à distância. E estando assim separados, falavam entre si:

– O que é isso e quem pode garantir uma coisa dessas, que um menino imberbe deva ser colocado perante nós todos e feito Rei e soberano deste reino para nos governar. Não! Não! Não o queremos de modo algum como nosso Rei.

E outros diziam:

– Não é óbvio que Merlin e Sir Ulfius estão enaltecendo este garoto desconhecido para que possam com ele também se promover?

Muitos dos reis e duques ficam zangados. Assim esses reis descontentes falavam entre si, e os mais amargos eram o Rei Lot e o Rei Urien, ambos cunhados de Arthur por casamento.

Mas quando o Arcebispo percebeu o descontentamento desses reis e duques, disse a eles:

– Ora, ora, senhores! Não estão satisfeitos?

E eles disseram:

– Não estamos satisfeitos.

E o Arcebispo disse:

– O que querem?

E eles disseram:

– Queremos um rei para a Bretanha que não seja um menino imberbe que ninguém conhece e cujo direito de nascença só três homens podem garantir.

E o Arcebispo disse:

– E que mal há nisso? Por acaso ele não realizou o milagre que vocês próprios tentaram e não conseguiram?

Mas esses nobres importantes e poderosos não se contentavam, então saíram dali desviando os rostos zangados, cheios de raiva e indignação.

No entanto, outros reis e duques vieram e saudaram Arthur e prestaram reverências, enchendo-o de alegria com o que tinha feito. E o principal entre aqueles que foram até ele com amizade foi o Rei Leodegrance de Cameliard. E toda a multidão o reconheceu e se aglomerou ali gritando tão alto como se fosse um trovão.

Alguns reis e duques aceitam Arthur.

Pois bem, durante todo esse tempo Sir Ector e Sir Kay tinham ficado ali ao lado. E estavam assaz tristes e cabisbaixos, pois parecia-lhes que Arthur, de repente, tinha sido alçado a um nível tão mais alto que o deles que nunca mais conseguiriam se aproximar dele novamente. Pois agora ele era de linhagem real e eles, simples cavaleiros. E depois de algum tempo, Arthur os avistou em seu canto, cabisbaixos, e imediatamente foi até eles e tomou primeiro um e depois o outro pela mão e beijou cada um no rosto. De modo que ficaram de novo felizes por ele os ter trazido para perto de si.

E quando Arthur saiu dali, grandes aglomerações de gente o seguiram, de modo que as ruas ficaram cheias daquela multidão. E o povo o tempo todo o aclamava como o Rei escolhido da Inglaterra, e os que estavam mais perto dele tentavam tocar a bainha de suas roupas. Assim o coração de Arthur se iluminou de tanta alegria e satisfação, e sua alma tomou asas, voando como um pássaro até o céu.

Assim naquele dia Arthur venceu a prova da espada e assumiu seu direito de nascença à realeza. Portanto, que Deus conceda Sua graça a todos vocês, para que igualmente tenham sucesso nos seus propósitos. Pois qualquer homem pode ser um rei na vida em que foi colocado desde que seja ele que retire a espada do sucesso do ferro das circunstâncias. De modo que, quando vier a sua vez de tentar, espero que aconteça com vocês como aconteceu com Arthur naquele dia, e que vocês também tenham sucesso, ficando totalmente satisfeitos consigo mesmos, para sua grande glória e completa felicidade. Amém.

Conclusão

POIS BEM, depois que isso tudo aconteceu, começaram a circular rumores entre os homens causando grande confusão e tumulto. Pois enquanto alguns dos reis e quase toda a multidão diziam "Vejam! Eis aqui um rei que veio a nós, por assim dizer, caído dos céus, para trazer paz a esta nossa terra atormentada", outros reis (e eles eram em maior número) diziam "Quem é este menino imberbe que chega dizendo-se Poderoso Rei da Bretanha? Quem já ouviu falar dele antes? Não o aceitaremos, a menos que haja mais provas e garantias melhores". Assim, em nome da paz, o Arcebispo ordenou que uma outra tentativa com a espada fosse feita no Dia da Purificação. Mas também daquela vez todos os que tentaram retirar a espada fracassaram, enquanto Arthur a retirou várias vezes com muita facilidade, à vista de todos. Depois disso uma terceira tentativa foi feita na Páscoa, e uma quarta foi feita em Pentecostes.[24] E em todas essas tentativas Arthur retirou a espada repetidas vezes da bigorna, e ninguém fora ele conseguiu fazê-lo.

Arthur faz várias outras tentativas com a espada e é bem-sucedido em todas elas.

Assim, depois da quarta tentativa, muitos dos reis e muitos dos pequenos nobres e cavaleiros e todos os comuns gritaram que já bastava de provas, e que Arthur tinha seguramente provado ser o Rei legítimo. Portanto demandaram que ele fosse feito Rei de fato para que pudesse governá-los. Pois acontecia que, aonde quer que Arthur fosse, multidões enormes o seguiam aclamando-o como verdadeiro filho de Uther-Pendragon, e legítimo soberano da Bretanha. Assim, o Arcebispo (vendo como todos amavam Arthur e como desejavam que ele fosse seu Rei) ordenou que ele fosse ungido[25] e coroado com pompas reais, o que foi feito na grande Catedral, que alguns creem ser a Catedral de São Paulo[26] e outros não.

Arthur é coroado Rei da Bretanha.

---

24. A espiritualidade medieval fazia coincidir os grandes acontecimentos com as principais festas religiosas cristãs, como a Páscoa e o Pentecostes. A Festa da Purificação de Nossa Senhora, por exemplo, comemorada em 2 de fevereiro, marca o comparecimento da Virgem ao templo, quarenta dias após o nascimento de Jesus.

25. A unção do rei precedia sua coroação. Oriunda de antigas práticas germânicas não cristianizadas, assinalava o teor sagrado da realeza, sendo o rei visto como mediador entre seu povo e Deus. (Em várias culturas, a figura do rei equivale à do herói e à do sábio.)

26. Considerada a primeira igreja da Inglaterra, situa-se em Londres e foi várias vezes reformada ao longo dos séculos, até a estrutura atual. Construída inicialmente em madeira, em 604 d.C.

Mas depois que Arthur foi coroado, todos aqueles que se opunham ao seu reinado foram embora com muita raiva, e imediatamente começaram a armar uma guerra contra ele, embora o povo estivesse do lado de Arthur, bem como vários Reis e muitos da baixa nobreza e dos cavaleiros. E, seguindo o conselho de Merlin, Arthur fez amizade e aliança com vários outros reis, de modo que juntos lutaram duas grandes guerras contra seus inimigos e venceram-nas ambas. E na segunda guerra travou-se uma batalha muito famosa perto da Floresta de Bedegraine (donde foi chamada de a Batalha de Bedegraine), na qual Arthur derrotou seus inimigos de tal forma que não puderam nem mesmo tentar se unir contra ele novamente.

E, do Rei Lot, seu cunhado, Arthur trouxe dois filhos para a Corte, para dali por diante lá viverem e servirem de reféns de paz. Esses dois eram Gawaine e Gaheris, que se tornaram, depois de algum tempo, cavaleiros de imenso renome e sucesso. E, do Rei Urien, seu outro cunhado, trouxe também para a Corte como refém de paz seu filho único, Ewaine. Ele também com o tempo se tornou um cavaleiro de imenso renome e sucesso. E por causa desses reféns dali em diante houve sempre paz entre os três cunhados reais. E um certo rei e cavaleiro muito famoso chamado Rei Pellinore (que era um dos seus inimigos) Arthur expulsou de seus domínios, mandando-o viver na floresta e longe da convivência dos homens. E expulsou o Rei Ryence (que era outro dos seus inimigos) para as montanhas de Gales do Norte. E subjugou outros reis que eram seus inimigos, de modo que houve paz em toda aquela terra como não havia desde os dias de Uther-Pendragon.

Arthur traz seus sobrinhos para a corte.

E o Rei Arthur fez de Sir Kay seu senescal como tinha prometido; e fez de Sir Ulfius seu camareiro real; de Merlin, seu conselheiro; e de Sir Bodwain da Bretanha ele fez seu condestável.[27] Eram homens de tal grandeza que somaram à glória e ao renome do seu reinado e garantiram-no em segurança no trono.

Pois bem, quando o reinado de Arthur estava assim completamente estabelecido e a fama de sua grandeza começou a se espalhar pelo mundo, muitos bravos cavaleiros de alma nobre, espírito elevado e autores de grandes proezas – homens que desejavam acima de tudo obter glória em armas nas Cortes de Cavalaria – perceberam que poderiam alcançar prestígio e promoção a serviço de um rei desses. Foi assim que, aos poucos, uma Corte de cavaleiros nobres e honrados, vindos de todos os cantos, foi se formando em torno do Rei Arthur como nunca se tinha visto antes, e dificilmente se verá um dia.

---

27. Oficial de alto posto, com a função de general do exército ou líder militar. No Portugal da Idade Média, entre os sécs.XIV e XV, Nun'Álvares Pereira foi um dos mais famosos condestáveis do reino, inspirando inclusive o rei d. Sebastião em suas aventuras cavaleirescas.

Pois até hoje a história desses nobres cavaleiros é conhecida pela maioria dos homens. Sim, embora os nomes de muitos reis e imperadores tenham se perdido no tempo e sido esquecidos, ainda são lembrados os nomes de Sir Galahad, Sir Lancelot do Lago, Sir Tristam de Lyonesse, Sir Percival de Gales, Sir Gawaine, Sir Ewaine, Sir Bors de Ganis e muitos outros daquele nobre grupo de companheiros tão valorosos e até hoje memoráveis. Portanto, acredito ser bem provável que, enquanto houver escrita, os feitos destes grandes homens serão lembrados.

Então nesta história que ainda será escrita, coloquei-me a tarefa de contar aos leitores deste livro sobre muitas dessas aventuras, e também as inúmeras circunstâncias que acredito não serem conhecidas de todos. Mais adiante, quando contar como foi criada a Távola Redonda, incluirei uma lista de vários desses homens notáveis que naquela época se reuniram na Corte de Arthur, escolhidos para fundar a ordem da Távola Redonda e que, por esse motivo, terá o título de "Os Primeiros e Honrosos Companheiros da Távola Redonda".

Pois, embora esta seja uma história sobre o Rei Arthur, o renome desses grandes cavaleiros foi também o seu, e o seu renome foi também o deles. Portanto não se pode contar dos feitos do Rei Arthur sem também contar dos feitos dos nobres cavalheiros já mencionados.

PARTE II

A Conquista de uma Espada

Aqui começa a história de algumas aventuras de Arthur depois que se tornou Rei, e será contado como, com enorme coragem e habilidade de cavaleiro, travou uma luta assaz violenta e sangrenta com um certo Cavaleiro Negro. Também será contado como conseguiu, em decorrência dessa luta, uma certa Espada tão famosa e gloriosa que seu renome durará enquanto se tenham palavras para contar. Pois espada como essa nunca tinha sido vista no mundo antes de então, e desde então nunca mais se soube de outra como ela. Seu nome era Excalibur.

Portanto, se quiserem ler esta história, creio que os divertirá imensamente, e com certeza a coragem que os dois famosos e grandes cavaleiros mostraram ao travar essa famosa luta os inspirará. Também se deslumbrarão ao ler sobre uma certa terra de fadas maravilhosa onde o Rei Arthur foi parar. Lá encontrou um Lago Encantado e conversou com uma dama gentil e bela daquela terra que lhe indicou como obter a famosa espada já mencionada.

Já que escrever tudo isso me agradou tanto que meu coração se encheu de pura alegria, tenho grandes esperanças de que vocês também se divirtam tanto como eu. Então peço-lhes que escutem o que vem a seguir.

Capítulo Primeiro

Como chegou na Corte do Rei Arthur um certo cavaleiro ferido,
como um jovem cavaleiro da Corte do Rei tentou vingá-lo
e falhou, e como o Rei então assumiu ele próprio este desafio

Pois bem, foi numa época agradável de primavera que o Rei Arthur e sua Corte viajavam por parte da Bretanha, próximo às florestas de Usk. Naquela ocasião o tempo estava bastante quente, então o Rei e sua Corte pararam na floresta debaixo das árvores na sombra agradável e fresca que ali havia. Lá o Rei descansou um pouco sobre um leito de folhas coberto por um pano escarlate.

Como o Rei Arthur se recolheu na floresta de Usk.

Os cavaleiros que lá estavam eram Sir Gawaine, Sir Ewaine, Sir Kay, Sir Pellias, Sir Bedevere, Sir Caradoc, Sir Geraint, Sir Bodwin da Bretanha, Sir Constantine da Cornualha, Sir Brandiles e Sir Mador de la Porte, de modo que não havia no mundo todo um outro grupo de cavaleiros tão nobres e valorosos.

Enquanto o Rei repousava e esses notáveis cavaleiros conversavam alegremente, começou de repente lá perto uma grande algazarra e agitação, logo revelando uma cena muito triste e aflitiva: vinha se aproximando um cavaleiro gravemente ferido, amparado em seu cavalo por um pajem de cabelos dourados, com um traje azul e branco. As roupas do cavaleiro também eram azuis e brancas, bem como os arreios de seu cavalo, e seu escudo ostentava um solitário lírio prateado contra um fundo de azul profundo.

O cavaleiro, porém, padecia terrivelmente; seu rosto estava pálido feito cera e pendia sobre o peito, enquanto seu olhar estava estranhamente fixo e não via nada que se passava em sua frente. Seus belos trajes azuis e brancos estavam manchados de sangue, que jorrava de uma enorme ferida no flanco, e, à medida que os dois prosseguiam, os lamentos do pajem eram tais que doía o coração só de ouvi-lo.

Como o cavaleiro ferido apareceu na floresta.

Pois bem, quando se aproximaram, o Rei Arthur levantou-se e exclamou:

– Que triste espetáculo é este que se me apresenta! Corram, meus caros nobres, e socorram este cavaleiro. E rápido, Sir Kay, corra e traga aqui aquele jovem pajem para que possamos ouvir de sua boca que desventura sofreu seu amo.

Então alguns dos cavaleiros apressaram-se a cumprir a ordem do Rei e deram todo o socorro ao cavaleiro ferido, conduzindo-o até a tenda do próprio Rei Arthur, que tinha sido erguida perto dali. E imediatamente o cirurgião do Rei lá pôs-se a atendê-lo, embora seus ferimentos fossem tais que não se esperava que vivesse por muito mais tempo.

Enquanto isso, Sir Kay trouxe o jovem pajem até onde o Rei estava sentado, e o Rei achou que jamais tinha visto um rosto tão formoso. E então disse:

– Rogo, Senhor Pajem, diga-me quem é o seu amo e como foi parar em situação tão triste e lamentável como essa que acabamos de testemunhar.

– Isto farei, Senhor – disse o jovem. – Saiba que meu amo se chama Sir Myles da Fonte Branca, e que ele vem das terras ao norte, que ficam a grande distância

O pajem conta a história do cavaleiro ferido. daqui. Lá ele é senhor de sete castelos e de várias nobres propriedades, de modo que, como pode ver, é homem de posses consideráveis. Duas semanas atrás, certamente movido pela luxúria da primavera, partiu, tendo somente a mim para servi-lo como escudeiro, pois tinha decidido sair em busca de aventuras como um bom cavaleiro andante. E de fato tivemos muitas aventuras, nas quais meu amo foi absoluto vencedor: ele derrotou seis cavaleiros em lugares diferentes e enviou-os todos para seu castelo para provar seu valor à sua dama.

"Finalmente, hoje pela manhã, chegando num local bem distante daqui, demos com um belo castelo na floresta, que ficava num vale rodeado por clareiras cobertas de relva onde brotam flores de vários tipos. Lá ele avistou três formosas damas que brincavam jogando uma bola dourada de uma para outra, e as damas estavam vestidas de cetim cor de fogo e tinham cabelos dourados. Quando ele se aproximou delas, elas interromperam a brincadeira, e aquela que parecia ser a líder chamou meu amo, perguntando-lhe aonde ia e com que missão.

"Meu amo respondeu-lhe que seguia em busca de aventuras, ao que as três damas riram, e a primeira então disse: 'Já que está em busca de aventuras, Senhor Cavaleiro, posso de bom grado ajudá-lo a encontrar alguém que lhe dará este prazer.'

"Ao que meu amo respondeu: 'Peço-te, ó bela donzela, diga-me que aventura é essa para que eu possa imediatamente me lançar nela.' Então a dama instruiu meu amo a tomar um certo caminho, e segui-lo por cerca de uma légua ou um pouco mais, que ele então chegaria a uma ponte de pedra que atravessava um rio caudaloso, e ela lhe garantiu que lá ele encontraria aventura o bastante para saciar qualquer homem.

"Assim, meu amo e eu nos dirigimos para lá, como a donzela havia orientado e, dali a pouco chegamos na ponte a que tinha se referido. E, ora!, do outro lado da ponte havia um castelo solitário com uma torre alta e reta, e em frente ao castelo um gramado largo e plano coberto de relva bem rente. Logo depois da ponte havia uma macieira onde pendiam inúmeros escudos. E no meio da ponte havia um único escudo todo preto. Ao lado dele estava encostado um malho de bronze e sob o escudo vinha inscrito o seguinte, em vermelho:

AQUELE QUE GOLPEAR ESTE ESCUDO
O FARÁ POR SUA PRÓPRIA CONTA E RISCO.

"Pois bem, meu amo, Sir Myles, ao ler essas palavras, foi imediatamente até onde estava o escudo e, tomando o malho que estava ali ao lado, deu nele um golpe tal que ressoou como um trovão.

"Naquele momento, como em resposta, a ponte levadiça do castelo se abriu e de lá imediatamente saiu um cavaleiro, coberto da cabeça aos pés numa armadura negra. E seus trajes, os arreios de seu cavalo e todo o equipamento eram também negros.

"Quando esse Cavaleiro Negro viu meu amo, cavalgou rapidamente através do prado até o outro lado da ponte. Chegando lá, deteve o passo, saudou meu amo e exclamou: 'Senhor cavaleiro, exijo saber por que golpeou aquele escudo. E digo-lhe: por causa de sua ousadia, tomarei seu próprio escudo e o pendurarei naquela macieira, onde pode ver todos aqueles outros escudos.' Meu amo então respondeu: 'Isso não fará a não ser que me vença: cavaleiro contra cavaleiro.' E imediatamente empunhou seu escudo e preparou-se para um duelo armado.

O pajem conta do Cavaleiro Negro.

"Então meu amo e esse Cavaleiro Negro, após se prepararem para o combate, lançaram-se um contra o outro com ímpeto e ousadia. E se chocaram no meio do caminho, onde a lança de meu amo se despedaçou. Mas a lança do Cavaleiro Negro ficou inteira e atingiu Sir Myles através do escudo, penetrando-o pelo flanco, de modo que tanto ele quanto seu cavalo foram derrubados violentamente na poeira do chão. Ele estava tão ferido que não conseguia levantar-se e ali ficou, no chão.

"Então o Cavaleiro Negro tomou o escudo do meu amo e o pendurou nos galhos da macieira, junto dos outros escudos, e, sem prestar mais atenção ao meu amo ou perguntar sobre seu ferimento, cavalgou de volta ao castelo, onde a ponte levadiça fechou-se imediatamente atrás dele.

"Depois que ele partiu, coloquei meu amo sobre o cavalo com grande dificuldade e logo levei-o embora dali, sem saber onde encontraria um local seguro para abrigá-lo, até que cheguei aqui. E essa, meu senhor Rei, é a verdadeira história de como meu amo recebeu essa ferida mortal."

– Ora, pela glória do Paraíso! – exclamou o Rei Arthur. – Considero um vexame enorme que em meu reino e tão próximo de minha Corte um estrangeiro seja tratado com tanta descortesia como foi Sir Myles.[28] Pois é certamente uma descortesia abandonar um cavaleiro caído no chão, sem procurar saber quão grave é o seu ferimento. E ainda mais descortês é tomar o escudo de um cavaleiro caído que lutou bravamente.

E todos os cavaleiros do séquito do Rei também reclamaram da descortesia do Cavaleiro Negro.

Griflet implora um favor.

Então aproximou-se um certo escudeiro que servia ao Rei, chamado Griflet, que era muito querido de seu Real Senhor. Ele se ajoelhou diante do Rei e exclamou bem alto:

– Quero suplicar-lhe um favor, meu senhor Rei! E lhe imploro que me faça essa mercê![29]

O Rei Arthur fitou o jovem ali ajoelhado e disse:

– Pede, Griflet, e teu pedido será concedido.

Ao que Griflet disse:

– Eis o que quero pedir: imploro-lhe que me faça agora cavaleiro e que me dê permissão para seguir e tentar punir esse cavaleiro injusto, derrotando-o, e assim recuperar aqueles escudos que ele fez pender na macieira.

Mas o Rei Arthur ficou por demais preocupado, pois Griflet era ainda somente um escudeiro e completamente inexperiente em armas. Então disse:

– Vê, és ainda jovem demais para envolver-te com um cavaleiro tão forte quanto deve ser esse campeão negro, que conseguiu derrotar tantos cavaleiros sem que ele próprio nada sofresse. Peço-te, caro Griflet, pensa e pede alguma outra coisa.

Mas o jovem Griflet só bradou mais alto:

– Um favor! Um favor! Que me conceda esse favor.

Com isso, o Rei Arthur falou:

– Terás o teu favor, embora eu pressinta que sofrerás grande mal e infortúnio nessa aventura.

---

28. A palavra latina *hospitalitas, atis* significa não só hospitalidade, como também a condição de estrangeiro – portanto, aquele que vem de fora e deve ser abrigado. Refere a necessidade que comerciantes e viajantes de várias partes do mundo tinham de repouso e segurança nos intervalos das andanças, desde a Antiguidade greco-romana.

29. Como o cavaleiro vivia na Corte, às expensas do rei ou do príncipe, ao seu senhor devia obediência e respeito, em regime de total submissão.

Então, naquela noite Griflet montou guarda ao lado de sua armadura numa capela na floresta e, de manhã, recebeu o sacramento e foi sagrado cavaleiro pelas mãos do próprio Rei Arthur – não havia maior honra para um cavaleiro. Então o Rei Arthur amarrou as esporas douradas nos pés de Sir Griflet com suas próprias mãos.

O Rei Arthur sagra Griflet cavaleiro.

Assim Griflet foi sagrado cavaleiro e, montado em seu corcel, partiu direto para sua aventura, muito alegre e cantando de puro deleite.[30]

E foi naquele instante que Sir Myles morreu de seus ferimentos, pois muitas vezes a morte e o sofrimento vêm a alguns ao mesmo tempo em que outros riem e cantam de pura esperança e alegria, como se coisas tão dolorosas como a tristeza e a morte jamais pudessem existir no mundo em que vivem.

Pois bem, naquela tarde o Rei Arthur sentou-se para aguardar com muita ansiedade notícias daquele jovem cavaleiro, mas nada se soube até a noite, quando chegaram correndo alguns atendentes, anunciando que Sir Griflet retornava, mas sem seu escudo e de tal forma que parecia que lhe havia acontecido uma grande desventura. Logo depois chegou o próprio Sir Griflet, amparado em seu cavalo de um lado por Sir Constantine e do outro por Sir Brandiles. E, ora!, a cabeça de Sir Griflet pendia sobre o peito, e sua bela e nova armadura estava toda amassada e manchada de sangue e poeira. Sua aparência era tão sofrida que o coração do Rei Arthur ficou apertado de pena ao ver aquele jovem cavaleiro em situação tão lamentável.

A pedido do Rei Arthur, conduziram Sir Griflet até a Tenda Real, e lá o depositaram sobre um leito macio. Então o cirurgião do rei examinou seus ferimentos e descobriu que a ponta e parte do cabo de uma lança ainda estavam enterradas em seu flanco, de modo que Sir Griflet sentia uma dor terrível e atroz.

Quando o Rei Arthur viu o estado preocupante em que Sir Griflet se achava, exclamou:

– Ai, meu pobre jovem cavaleiro, o que aconteceu que te deixou no terrível estado em que te vejo?

Então Sir Griflet, falando com voz bem fraca, contou ao Rei Arthur o que tinha se passado. E contou que tinha seguido pela floresta até encontrar as três belas damas que o pajem de Sir Myles tinha mencionado. E disse que essas damas mostraram-lhe de que maneira deveria buscar sua aventura. E contou

---

30. A cena retrata a sequência, simplificada, do ritual de sagração de um cavaleiro: o recebimento das armas, a vigília, o sacramento e o "batismo" – pelas mãos do rei ou de outro cavaleiro. Essas práticas foram realizadas em diferentes versões durante a Idade Média, dependendo do tempo e do lugar.

como encontrou a ponte onde estavam encostados o escudo e o malho de bronze, e que tinha avistado a macieira pesada de escudos. Contou então como golpeou o escudo do Cavaleiro Negro com o malho de bronze e como o Cavaleiro Negro veio em seguida galopando até ele. Contou que o cavaleiro parecia não desejar lutar com ele. Em vez disso, avisou-o com bastante gentileza que ele era muito jovem e inexperiente em armas para meter-se com um cavaleiro versado. E assim aconselhou Sir Griflet a se retirar daquela aventura antes que fosse tarde demais. Mas apesar do conselho, Sir Griflet não queria desistir e avisou que com certeza desejava confrontar aquele cavaleiro coberto de preto. Na primeira investida a lança de Sir Griflet se despedaçou, mas a lança do Cavaleiro Negro ficou firme e atravessou o escudo de Sir Griflet, penetrando-lhe o flanco e causando o terrível ferimento que agora carregava. E Sir Griflet contou como o Cavaleiro Negro então, muito cortesmente, colocou-o sobre seu cavalo (embora tomando-lhe o escudo e pendurando o mesmo na árvore, junto aos que lá estavam) e então mandou-o de volta pela estrada. Foi assim que conseguiu se aprumar para vir a cavalo até ali, embora sofrendo de muita dor e pesar.

Sir Griflet conta como foi ferido.

Então o Rei Arthur ficou muito penalizado e aflito, pois de fato tinha por Sir Griflet enorme afeição. Portanto afirmou então que ele próprio iria punir o Cavaleiro Negro e humilhá-lo com as próprias mãos. E embora os cavaleiros de seu séquito buscassem dissuadi-lo da aventura, ele afirmou que conseguiria humilhar aquele cavaleiro orgulhoso com suas próprias mãos, e que iria se lançar à aventura, com a graça de Deus, logo no dia seguinte.

O Rei Arthur fica com muita raiva.

E tão perturbado estava que mal conseguia comer sua comida. Tampouco deitou-se para dormir, mas, tendo perguntado a Sir Griflet minuciosamente como poderia encontrar aquele vale de flores e as três damas, passou a noite andando de um lado para o outro em sua tenda, esperando o dia amanhecer.

Pois bem, logo que os pássaros começaram a piar e o leste se iluminou com a chegada da aurora, o Rei Arthur mandou chamar seus dois escudeiros e, colocando com a ajuda deles sua armadura e montando um corcel alvo como a neve, ele imediatamente partiu para aquela aventura em que tinha decidido se lançar.

É de fato muito agradável cavalgar na aurora de um dia de primavera, pois é nessa hora que os passarinhos cantam seu canto mais doce, todos juntos numa mistura tão alegre que quase não se consegue separar um pio do outro naquela sinfonia de piados tão belos. Nessa hora tudo o que cresce da terra cheira mais doce com o frescor da manhã – as belas flores, os arbustos, os brotos nas árvores. E o orvalho pontilha a relva, como se espalhasse

O Rei Arthur parte para sua aventura.

uma imensidão de joias multicoloridas. É nessa hora que o mundo todo é doce e limpo e novo, como se tivesse sido criado naquele mesmo instante só para o viajante que vem passando pelas estradas tão cedo de manhã.

Assim vinha o Rei Arthur com o coração inflado de tanta felicidade, e vinha entoando uma canção especial enquanto cavalgava pela floresta em busca daquela aventura de cavalaria.

Então, por volta do meio-dia, ele chegou naquela parte da floresta sobre a qual já tinha ouvido falar muitas vezes. Pois que, de repente, deparou-se com um vale amplo e em suave declive, no fundo do qual passava um córrego brilhante como prata. E – ora! – o vale era coberto por toda parte com uma infinidade de flores de vários tipos, lindas e perfumadas. No meio do vale ficava um belo castelo, com telhados altos e vemelhos e muitas janelas iluminadas, *O Rei Arthur* que pareceu ao Rei Arthur um castelo realmente imponente. Sobre *chega ao Vale* um gramado verde e liso ele notou as três moças vestidas de cetim cor *do Deleite.* de fogo de quem tanto o pajem de Sir Myles quanto Sir Griflet tinham falado. Elas brincavam com uma bola dourada, e o cabelo de todas era da cor do ouro. Parecia ao Rei Arthur, quando se aproximou, que eram as moças mais lindas que ele jamais tinha visto em toda a vida.

Pois bem, quando o Rei Arthur se aproximou delas, as três pararam de jogar bola e a mais linda de todas perguntou aonde ele ia e com que missão seguia.

Então o Rei Arthur respondeu:

– Ah, bela dama! Aonde deveria ir um cavaleiro armado cavalgando num dia como este, e com que compromisso que não fosse buscar uma aventura digna de um cavaleiro andante de verdadeira determinação e solidez? *As damas* Então as três damas sorriram para o Rei, pois ele tinha um rosto *saúdam o* incrivelmente gracioso, e elas gostaram muito dele. *Rei Arthur.*

– Ora, senhor Cavaleiro! – disse aquela que havia antes falado. – Rogo-lhe, não se apresse em lançar-se em tão perigosa aventura. Em vez disso, fique aqui conosco por mais um, dois ou três dias, para banquetear e se divertir ao nosso lado. Pois que muita diversão expande o coração, e adoraríamos privar da companhia de um cavaleiro tão galante como parece ser. Aquele castelo é nosso, bem como todo este vale feliz, e aqueles que já o visitaram chamam-no, por causa de sua alegria, o Vale do Deleite. Então fique aqui conosco mais um pouco e não tenha tanta pressa em partir.

– Não – disse o Rei Arthur –, não posso ficar aqui com as senhoritas, belas damas, pois sigo para uma aventura da qual saberão muito bem, quando eu lhes disser que busco o Cavaleiro Negro, que derrotou tantos outros cavaleiros

O Vale do Deleite

e tomou-lhes seus escudos. Então peço-lhes com sua graça que me digam onde poderei encontrá-lo.

– Pela graça de Deus! – gritou aquela que falava por todas. – Essa é certamente uma lamentável aventura que o senhor busca, nobre Cavaleiro! Pois nestes últimos dois dias já dois cavaleiros tentaram lutar contra aquele e ambos foram derrotados, sofrendo grande dor e humilhação. De todo modo, se realmente quer correr esse perigo, não pode seguir adiante sem antes comer e descansar.

E assim dizendo, ela tomou de um pequeno apito de marfim pendurado em seu pescoço por uma corrente de ouro e soprou nele bem alto.

Em resposta a esse chamado, vieram do castelo três jovens pajens todos vestidos de roupas escarlate, trazendo uma mesa de prata coberta com uma toalha branca. E depois deles vieram mais cinco pajens vestidos da mesma forma, trazendo jarras de vinho branco e tinto, frutas secas e doces, além de delicioso pão branco.[31]

O Rei Arthur então desceu muito contente do seu corcel, pois estava com fome e sede, e, sentando-se à mesa com as moças ao seu lado, comeu com grande gosto enquanto conversava agradavelmente com as belas damas, que escutavam com grande contentamento. No entanto, não lhes revelou quem era, embora elas muito se admirassem em imaginar quem seria o nobre guerreiro que tinha vindo até ali.

O Rei Arthur come e bebe no Vale do Deleite.

Então, tendo satisfeito sua fome e sua sede, o Rei Arthur montou novamente no seu corcel, e as três damas conduziram-no através do vale por algum tempo – ele no cavalo e elas caminhando ao seu lado. Até que ele encontrou uma trilha escura que levava até o lado mais ermo da floresta, e quando lá chegou, a dama que tinha falado com ele antes disse-lhe:

– Lá adiante está o caminho que deve tomar se quiser seguir nessa aventura. Então até logo, e que a boa sorte o acompanhe, pois por certo há muito tempo que não passa por aqui um Cavaleiro de conversa tão agradável.

Com isso o Rei Arthur, tendo se despedido das damas de modo bem cortês, seguiu a cavalo muito contente com a agradável aventura que tinha acabado de ter.

Pois bem, tendo o Rei Arthur já cavalgado uma boa distância, começou a se aproximar aos poucos de um certo lugar onde havia carvoeiros praticando seu ofício. Pois ali viam-se vários montes de terra todos enfumaçados das toras que dentro deles ardiam, enquanto o ar se enchia do cheiro de fogueiras abafadas.

Quando o Rei se aproximou, logo notou ali algo de muito errado. Pois, na clareira aberta, avistou três sujeitos cobertos de fuligem que brandiam facas compridas e corriam atrás de um velho de barba branca feito neve. Percebeu que o venerável ancião, ricamente vestido de preto e cujo cavalo havia ficado a uma pequena distância dali, corria de um lado para o outro como se tentasse escapar daqueles homens cruéis, parecendo estar em grande apuro e sofrendo enorme perigo de vida.

---

31. O pão era o alimento-base da sociedade medieval, sendo que cada pessoa consumia pelo menos meio quilo por dia, principalmente a população camponesa. Os ricos usavam-no em quantidade mais moderada, como suporte da carne. A força desse hábito, um indicativo civilizacional, está registrada na oração do "Pai-Nosso": "dai-nos hoje o pão de cada dia", ou em expressões como "ganhar seu pão". Recorde-se, ainda, que um dos gestos mais significativos da caridade cristã ensinava a "repartir o pão".

– Valha-me Deus! – disse o jovem Rei para si mesmo. – Eis aqui alguém que com certeza está em grande necessidade de socorro.

Então exclamou em voz bem alta:

– Parem já, seus vilões! O que pensam que estão fazendo?

E logo esporeou seu cavalo, empunhou a lança e precipitou-se sobre eles com um ruído tão alto como um trovão.

Mas quando os três sujeitos malvados viram o cavaleiro armado lançando-se sobre eles, imediatamente deixaram cair suas facas e, com grandes brados de medo, correram de um lado para outro até que sumiram nos arbustos da floresta, onde a cavalo ele não podia persegui-los.

Uma vez tendo afugentado os malvados homens, o Rei Arthur cavalgou *O Rei Arthur* até o ancião a quem tinha socorrido, buscando oferecer-lhe consolo. *resgata Merlin* Mas – ora vejam só! – quando chegou perto percebeu que ele era o *dos três vilões.* Mago Merlin. O Rei não conseguia de modo algum entender como Merlin tinha chegado ali tão rápido – pois pouco tempo antes estava na Corte do Rei em Carleon – e o que fazia naquele lugar. Então falou com o Mago assim:

– Ah! Merlin, parece-me que salvei tua vida. Pois por certo não terias escapado das mãos daqueles homens maus se por sorte eu não estivesse passando por aqui naquele momento.

– Acha mesmo, senhor? – perguntou Merlin. – Agora deixe-me dizer-lhe que talvez eu parecesse estar em perigo, mas poderia ter-me salvado facilmente se assim o quisesse. Mas, da mesma forma como me viu naquele aparente aperto, saiba que um perigo verdadeiro e muito maior o aguarda, e não haverá cavaleiro andante para socorrê-lo. Portanto, peço-lhe que me leve consigo nessa aventura que decidiu realizar, pois digo-lhe que certamente sofrerá nela grande aflição e dor.

– Merlin – disse o Rei Arthur –, mesmo que eu fosse encarar a própria morte, não desistiria de tal aventura. Mas seguindo o conselho que me dás, creio que será muito bom levar-te comigo se tal perigo me aguarda conforme disseste.

E Merlin disse:

– Sim, é melhor que assim faça.

Então Merlin montou seu palafrém,[32] e juntos seguiram para longe dali em busca da aventura que o Rei tinha se determinado a realizar.

---

32. O palafrém era, segundo uma acepção específica, o animal adestrado para ser usado principalmente pelas senhoras, enquanto o cavalo ou o corcel, mais velozes, serviam para o torneio e para a guerra. Dentro da rigorosa hierarquia cavaleiresca, em que cavalo e armas identificavam o cavaleiro, não se devia usar um pelo outro.

Capítulo Segundo

Como o Rei Arthur lutou contra o Cavaleiro Negro
e ficou gravemente ferido. Também como Merlin
retirou-o em segurança do campo de batalha

Então o Rei Arthur e Merlin cavalgaram juntos através da floresta por bastante tempo, até que perceberam que deviam estar próximos do local onde morava o Cavaleiro Negro que o Rei buscava com tanto empenho. Pois a floresta, que até então era um ermo muito denso e escuro, foi ficando mais rarefeita e aberta, como se não fosse tardar a aparecer alguma moradia de alguma gente.

E dali a pouco se depararam com um riacho caudaloso, que corria através de um vale escuro e lúgubre. Também notaram que, atravessando esse riacho, havia uma ponte de pedra, e que do outro lado da ponte havia um gramado verde, liso e plano, onde os oponentes poderiam lutar muito bem. E além desse gramado viram um castelo alto e imponente, com paredes lisas e uma torre reta; e esse castelo erguia-se sobre um rochedo de tal modo que parecia ser parte da rocha. Então tiveram certeza de que deveria ser aquele o castelo do qual o pajem e Sir Griflet haviam falado.

De fato, no meio da ponte viram um escudo negro e um malho de bronze encostados contra ela exatamente como o pajem e Sir Griflet haviam dito; e ao longo do riacho mais adiante havia uma macieira entre cujas folhas viam-se pendurados muitos escudos com vários emblemas, exatamente como os dois haviam descrito. E perceberam que alguns dos escudos estavam limpos e brilhantes, e outros sujos e manchados de sangue, e outros ainda estavam lisos e inteiros enquanto outros estavam amassados como se tivessem saído de uma luta de cavaleiro contra cavaleiro. E todos eram escudos de cavaleiros diferentes que o Cavaleiro Negro, que morava naquele castelo, tinha derrotado lutando com as próprias mãos.

O Rei Arthur chega ao castelo do Cavaleiro Negro.

– Esplendor do paraíso! – disse o Rei Arthur. – Esse com certeza deve ser um cavaleiro verdadeiramente valoroso, que somente com a própria força conseguiu vencer e derrubar tantos outros cavaleiros. Pois, realmente, Merlin, deve haver uns cem escudos pendurados naquela árvore.

A isso Merlin respondeu:

– E o senhor deve ficar muito feliz se o seu escudo lá não estiver pendurado antes que o sol se ponha logo mais.

– Isso – disse o Rei Arthur, com um rosto muito sério – caberá a Deus decidir. Pois por certo nunca estive tão determinado a usar minha força contra aquele cavaleiro. Imagine quanta honra me caberia se eu derrotasse um guerreiro tão valente como esse Campeão Negro parece ser, já que ele foi vitorioso sobre tantos outros bons cavaleiros.

Assim, após emitir sua opinião, o Rei Arthur imediatamente avançou com seu cavalo e, chegando na ponte, leu o desafio claramente escrito em letras vermelhas sob o escudo:

AQUELE QUE GOLPEAR ESTE ESCUDO
O FARÁ POR SUA PRÓPRIA CONTA E RISCO.

Tendo lido essas palavras, o Rei tomou o malho de bronze e golpeou o escudo com tanta força que o estrondo ecoou nas paredes lisas do castelo, no rochedo de onde ele se erguia e nas bordas da floresta em torno, como se doze outros escudos tivessem sido golpeados em todos aqueles lugares.

O Rei Arthur desafia o Cavaleiro Negro. E, em resposta àquele som, a ponte levadiça do castelo imediatamente baixou, e de lá avançou um cavaleiro de imensa estatura, coberto com uma armadura inteiramente negra. E todo o seu equipamento e os arreios de seu cavalo eram também pretos, de tal modo que seu aspecto era incrivelmente severo e intimidador. O Cavaleiro Negro atravessou o prado de relva lisa com um trote majestoso e nobre, pois não cavalgava nem depressa nem devagar, mas sim com um porte muito orgulhoso e altivo, como cabia a um campeão que por felicidade ainda nunca havia perdido uma luta. Então, chegando na extremidade da ponte, puxou as rédeas e saudou o Rei Arthur com grande dignidade e também altivez:

– Ah, Senhor Cavaleiro! – ele disse. – Por que, tendo lido aquelas palavras inscritas lá adiante, golpeou meu escudo? Afirmo-lhe agora que, por essa descortesia, tomarei seu escudo e o pendurarei naquela macieira onde pode ver pendendo todos aqueles outros escudos. Portanto, ou bem me entrega seu escudo sem mais delongas ou então prepare-se para defendê-lo com a sua pessoa, em cujo caso certamente sofrerá no corpo grande dor e desconforto.

– Fico muito agradecido da escolha que me concede – disse o Rei Arthur –, mas quanto a tirar de mim o meu escudo creio que isso cabe a Deus decidir e não ao seu desejo. Fique sabendo, cavaleiro ingrato, que não vim aqui por nenhum outro motivo exceto o de lutar consigo e assim buscar recuperar pessoalmente todos os escudos pendurados naquela macieira. Portanto prepare-se agora para que eu possa confrontá-lo, talvez para sua grande desvantagem.

– Isto farei – respondeu o Cavaleiro Negro.

Em seguida deu meia-volta em seu cavalo e, cavalgando uma certa distância sobre a relva plana, postou-se no local que lhe pareceu conveniente. Então também o Rei Arthur cavalgou até aquela relva e se posicionou do modo que lhe pareceu conveniente.

Em seguida, cada cavaleiro empunhou a lança e o escudo para o ataque e, estando prontos para a investida, cada um gritou para seu corcel e o esporeou com toda força.

Os dois nobres corcéis avançaram como relâmpagos, cruzando o chão com um ímpeto tão violento que a terra tremia e sacudia sob suas patas como se fosse um terremoto. Os dois cavaleiros se encontraram mais ou menos no meio do campo, e chocaram-se como um trovão. Bateram-se com tamanha violência que as lanças se despedaçaram até a altura do guarda-mão e do cabo, e os cavalos retrocederam daquele ataque cambaleantes; somente a extraordinária habilidade no manejo de seus cavaleiros impediu que caíssem durante o choque do encontro.

O Rei Arthur luta com o Cavaleiro Negro.

Mas, com grande ímpeto, cada cavaleiro reanimou seu cavalo, infundindo-lhe seu próprio vigor, e assim os dois conseguiram completar o percurso em segurança.

O Rei Arthur estava realmente muito impressionado de não ter derrotado seu oponente, pois naquela época, como já foi dito, ele era considerado o melhor cavaleiro e o mais admirado em feitos de armas que existia em toda a Bretanha. Portanto admirou-se com o poder da investida daquele cavaleiro contra o qual estava lutando, e com o fato de não ter sido derrubado pela força do golpe que lhe tinha sido dado. Então, quando novamente se encontraram no meio do campo, o Rei Arthur saudou o cavaleiro, e falou-lhe com grande cortesia, da seguinte forma:

– Senhor Cavaleiro, desconheço quem é, mas dou-lhe minha palavra de cavaleiro[33] que é o cavaleiro mais forte que jamais encontrei em toda a minha vida. Agora peço-lhe que desça do seu cavalo para que possamos travar essa luta a pé com espadas, pois seria pena terminá-la assim.

– De modo algum – disse o Cavaleiro Negro –, de modo algum aceitarei uma luta a pé até que um de nós dois seja derrotado.

---

33. São tantas as obrigações morais e sociais do cavaleiro quando ingressa no que Raimundo Lúlio chamou a Ordem de Cavalaria, que basta a sua palavra para validar um compromisso. Romper com a palavra dada é tornar-se perjuro e arriscar-se a ser acusado de traidor.

A batalha com o Cavaleiro Negro

E então gritou:
– Ei! Ei! – numa voz muito alta, e imediatamente os portões do castelo se abriram e vieram correndo dois escudeiros altos todos vestidos de preto e carmesim. Cada um deles trazia na mão uma grande lança de freixo, nova e bem seca, e ainda nunca usada em batalha.

Então o Rei Arthur escolheu uma dessas lanças e o Cavaleiro Negro tomou a outra, e em seguida cada um retornou para o local de onde tinha partido para o primeiro embate.

Novamente cada cavaleiro avançou com seu corcel para o ataque, e mais uma vez cada um golpeou de forma tão certeira no meio das de- *Os cavaleiros* fesas do outro que as lanças se despedaçaram, de modo que só os *quebram as lanças* guarda-mãos e os cabos permaneceram na mão de cada cavaleiro. *uma segunda vez.*

Então, como antes, o Rei Arthur pediu para lutar a pé e com espadas, mas mais uma vez o Cavaleiro Negro não aceitou. Em vez disso, chamou novamente para que viessem do castelo, e prontamente vieram dois outros escudeiros com lanças de freixo novas e frescas. Então cada cavaleiro novamente tomou de uma lança, e tendo se armado com ela, voltou, cada um ao seu posto naquela relva bela e plana.

E agora, pela terceira vez, tendo se preparado para o embate, os dois excelentes cavaleiros lançaram-se furiosamente ao ataque. Dessa vez, como nas duas vezes anteriores, o Rei Arthur investiu contra o Cavaleiro Negro de tal forma no meio das suas defesas que a lança que usava se despedaçou. Mas dessa vez, a lança do Cavaleiro Negro não se partiu, mantendo-se inteira. E o *O Rei Arthur* golpe que desferiu sobre o escudo do Rei Arthur foi tal que o atravessou *é derrubado.* pelo meio. Então a cinta da sela do Rei Arthur arrebentou com aquele golpe tremendo e poderoso, e ele junto com seu corcel foram lançados violentamente para trás. De modo que o Rei Arthur teria tombado, não fosse ter-se livrado de sua sela com extraordinária habilidade e manejo de cavaleiro, assim que, embora seu cavalo tivesse sido derrubado, ele se manteve de pé e não caiu na poeira do chão. Entretanto, o golpe tinha sido tal que, por algum tempo, deixou-o atordoado, de modo que via tudo girando.

Entretanto, quando recuperou a visão, foi tomado de uma raiva tão extrema que lhe parecia como se o sangue de seu coração tivesse todo corrido para o cérebro, pois tudo o que conseguia ver era vermelho como sangue. E quando isso também passou ele viu que o Cavaleiro Negro estava montado em seu cavalo não muito distante dali. Então imediatamente o Rei Arthur correu até ele e, agarrando as rédeas do cavalo, gritou com enorme violência:

– Desça daí, Cavaleiro Negro! E lute comigo a pé e com a sua espada.

– Isso não farei – disse o Cavaleiro Negro –, pois, veja, derrubei-o. Portanto entregue-me seu escudo para que eu o pendure naquela macieira, e vá embora como os outros que vieram antes.

– Isto é que não faço! – exclamou o Rei Arthur, enfurecido. – Nem cederei nem partirei até que um de nós derrote o outro definitivamente – e puxou para trás as rédeas do cavalo do Cavaleiro Negro com tanto ímpeto que o outro não teve escolha a não ser saltar da sela para evitar ser derrubado.

A essa altura cada cavaleiro estava tão furioso com o outro que cada um empunhou a espada e o escudo, e correram juntos como dois touros bravos na batalha. Estocavam, investiam, volteavam, desviavam, atacavam sem parar, e o som dos golpes, chocando-se e estourando um contra o outro, encheu todo o espaço em torno de um estrondo extraordinário. Ninguém pode imaginar a intensidade da fúria daquele ataque pois, por causa da violência dos golpes que um desferia contra o outro, pedaços inteiros de armadura eram arrancados de seus corpos e muitas feridas profundas e dolorosas eram causadas e sofridas, de modo que as armaduras dos dois estavam manchadas de vermelho de tanto sangue que corria.

Os cavaleiros a pé lutam com espadas.

Por fim, enchendo-se, por assim dizer, de completa loucura, o Rei Arthur lançou um golpe tão feroz que armadura nenhuma resistiria tivesse ele atingido o lugar certo. Mas aconteceu que o golpe fez com que sua espada se partisse no cabo e a lâmina voou em três pedaços pelos ares. Mesmo assim a pancada tinha sido tão poderosa que o Cavaleiro Negro gemeu e cambaleou, e ficou correndo em círculos como se estivesse cego e não soubesse onde pisar.

Contudo, logo se recompôs e, percebendo que o Rei Arthur estava ali perto, mas sem saber que o seu inimigo agora não dispunha de espada para se defender, jogou seu escudo para o lado, tomou de sua espada com as duas mãos e desferiu um golpe tão doloroso que penetrou através do escudo do Rei Arthur e perfurou seu elmo até o osso do crânio.

Foi aí que o Rei Arthur acreditou ter recebido uma ferida mortal, pois começou a perder os sentidos, suas pernas tremiam sem parar, até que caiu de joelhos, enquanto o sangue e o suor, misturados na escuridão de seu elmo, escorriam espumando sobre seus olhos, cegando-o. Vendo-o assim tão gravemente ferido, o Cavaleiro Negro instou-o violentamente a ceder e entregar-lhe seu escudo, pois estava agora ferido demais para continuar lutando.

O Rei Arthur é gravemente ferido.

Mas o Rei Arthur não queria se render, e segurando o outro pelo cinturão da espada, levantou-se do chão. Então, tendo de certa forma recuperado os sentidos, lançou os dois braços em torno do outro e, colocando o joelho atrás da coxa do Cavaleiro Negro, derrubou-o para trás no chão tão violentamente que o som da queda foi espantoso de ouvir. E com aquela queda o Cavaleiro Negro ficou, por algum tempo, inteiramente desacordado. Então o Rei Arthur imediatamente desamarrou o elmo do Cavaleiro Negro e olhou-o no rosto. Reconheceu-o apesar do sangue que ainda corria em quantidade pelo próprio rosto, e viu que aquele cavaleiro era o Rei Pellinore, já mencionado nesta história, que tinha lutado duas vezes contra ele, Rei Arthur. (Já foi contado como o Rei Arthur tinha expulsado aquele outro rei da convivência dos homens, mandando-o para a floresta, de modo que ele agora vivia naquele pobre e lúgubre castelo de onde lutava contra todos os cavaleiros que chegavam ali.)

Pois bem, quando o Rei Arthur viu com quem tinha lutado, gritou bem alto:

– Ah! Pellinore, és tu então? Agora entrega-te, pois estás à minha inteira mercê. – E com isso sacou sua arma de misericórdia[34] e encostou-lhe a ponta na garganta do Rei Pellinore.

Mas a essa altura o Rei Pellinore tinha se recomposto o suficiente da queda e, percebendo que o sangue escorria em enorme quantidade do elmo de seu inimigo, notou que o outro devia estar gravemente ferido do golpe que tinha acabado de receber. Assim, agarrou o punho do Rei Arthur com a mão e afastou a ponta da adaga de sua própria garganta de modo a evitar qualquer perigo maior.

De fato, fosse por sua enorme ferida ou pela perda de sangue, o Rei Arthur agora tinha começado a se sentir incrivelmente fraco e indisposto, de modo que lhe parecia estar perto de morrer. E assim, não custou muito ao Rei Pellinore levantar-se de súbito do chão e subjugar de tal forma seu inimigo que o Rei Arthur estava agora sob seus joelhos.

O Rei Pellinore a essa altura estava completamente louco com a fúria da dura batalha que tinha lutado. Pois estava tão enfurecido que seus olhos estavam injetados como os olhos de um javali selvagem, e uma espuma, como a baba de um javali selvagem, formava-se na barba ao redor dos lábios. Naquele momento ele arrancou a adaga da mão do inimigo e imediatamente começou a desamarrar-lhe seu elmo, com a intenção de matálo ali mesmo, deitado. Mas nesse instante, Merlin chegou correndo, gritando:

O Rei Pellinore tenta matar o Rei Arthur.

– Pare! Pare, Sir Pellinore! O que pretende fazer? Segure essa mão sacrílega![35] Pois este que jaz sob si é ninguém menos do que Arthur, o Rei de todo este reino!

Com isso o Rei Pellinore ficou completamente estarrecido. E durante algum tempo esteve em silêncio, e então exclamou bem alto:

– É mesmo assim, ancião? Então com certeza tuas palavras condenaram esse homem à morte. Pois ninguém mais em todo este mundo sofreu tanta injustiça e mal quanto eu nas suas mãos. Pois, vê!, ele tomou de mim poder, realeza, honrarias e posses, e deixou-me somente esse castelo tristonho e lúgubre na floresta para me servir de moradia. Portanto, vendo que está assim sob meu poder, ele

---

34. Referência a uma adaga, de lâmina fina e cortante, com a qual se desferia o ferimento mortal – ou "golpe de misericórdia"– sobre o adversário caído, para aliviar-lhe o sofrimento.
35. Uma vez ungido para ocupar o trono (v. nota 25), a pessoa do rei torna-se sagrada e feri-lo é cometer sacrilégio, por atentar contra o representante de Deus na terra.

agora morrerá, ainda que fosse pela simples razão de que, se eu o deixasse partir, ele certamente se vingaria de mim quando se recuperasse de todo o mal que sofreu nas minhas mãos.

Então Merlin disse:

– De jeito nenhum! Ele não morrerá pelas suas mãos pois eu próprio o salvarei.

Merlin lança um feitiço sobre o Rei Pellinore. E então ergueu seu bastão e bateu no ombro do Rei Pellinore de forma que no mesmo instante o Rei Pellinore caiu deitado, com o rosto contra o chão, como se estivesse morto.

Em seguida, o Rei Arthur ergueu-se sobre os cotovelos e viu o inimigo ali deitado como morto e gritou:

– Ah, Merlin! O que foi que fizeste? Lamento muito pois percebo que tu, com tua magia, mataste um dos melhores cavaleiros deste mundo.

– De jeito nenhum, meu senhor Rei! – disse Merlin. – Na verdade, digo-lhe que o senhor está mais perto da morte do que ele, pois ele está somente ador-mecido e logo despertará. Mas o senhor está em tal estado que não custaria muito para que morresse.

Realmente o Rei Arthur estava assaz abatido, até a alma, com o terrível ferimento que tinha recebido, tanto que foi com imenso esforço que Merlin conseguiu recolocá-lo sobre seu cavalo. Tendo feito isso e pendurado o escudo do Rei na alça de sua sela, Merlin imediatamente conduziu o homem ferido através da ponte e, puxando o cavalo pelo cabresto, levou-o até a floresta.

Agora devo contar-lhes que havia naquela parte da floresta um certo ere-mita[36] tão santo que os pássaros selvagens das matas vinham e pousavam em suas mãos enquanto ele lia seu breviário. E tinha uma doçura tão abençoada que as corças selvagens vinham até a porta de sua ermida e lá ficavam enquanto ele lhes tirava leite para matar a sede. E esse eremita morava numa parte da floresta tão distante das povoações dos homens que quando ele soava o sino para as orações matinais ou vespertinas não havia quase ninguém para ouvi-lo, exceto as criaturas selvagens que moravam por ali. Apesar disso, era para esse local remoto e desolado que o povo e outra gente de alta estirpe às vezes vinha, como em peregrinação, por causa da enorme santidade do eremita.

---

36. O mesmo que ermitão, é aquele que vive no deserto. Na Idade Média, a prática do eremitismo cristão entre os chamados "Padres da Igreja" remonta a são Bento de Núrsia (autor da *Regra de são Bento*, do ano 530), que se retirou para o Subiaco, Itália, antes de fundar a célebre abadia de Monte Cassino. Com as profundas transformações dos sécs.XI e XII, os ermitães davam as costas ao mundo radicalmente, a fim de entregar-se a uma espiritualidade mais individual, mais rigorosa, em contato direto com a divindade. Em razão de sua experiência de vida, os ermitães estavam sempre cercados por pessoas em busca de conselhos, de apoio, de oração.

Então Merlin conduziu o Rei Arthur até aquele santuário e, quando alcançou o local, ele e o eremita desceram o homem ferido de sua sela – enquanto o eremita dizia muitas palavras de compaixão e tristeza – e juntos levaram-no até a cabana do homem santo. Lá deitaram o Rei num leito de musgo e desataram sua armadura e examinaram seus ferimentos e lavaram-nos com água fresca, fazendo curativos em suas chagas, pois o eremita era um médico muito hábil. Então, no resto daquele dia e parte do seguinte, o Rei Arthur ficou estirado sobre o catre do eremita como alguém que está a ponto de morrer. Ele enxergava tudo embaçado à sua volta como se estivesse vendo através de água, a respiração chegava até seus lábios e tremulava, e ele não conseguia nem levantar a cabeça do catre por causa da fraqueza que o dominava.

Merlin leva o Rei Arthur até a cabana de um eremita.

Mas na tarde do segundo dia começou um enorme barulho e alvoroço naquela parte da floresta. Aconteceu que Lady Guinevere de Cameliard, acompanhada de seu séquito de damas e cavaleiros, tinha vindo em peregrinação até aquele homem santo, cuja fama de santidade tinha chegado ao palácio onde ela vivia. Pois aquela dama tinha um pajem que vinha padecendo de uma terrível febre, e ela, confiando que o homem santo pudesse lhe dar algum talismã ou amuleto cuja virtude pudesse curá-lo, tinha vindo até ali com todo o seu séquito. Aquela parte da floresta, portanto, alegrou-se toda com tantas elegantes vestes e o silêncio se encheu de júbilo com o som de conversas, e risos, e canções, e o murmúrio de muitas vozes, e o relinchar de cavalos. E enquanto Lady Guinevere vinha cavalgando entre suas donzelas e seu séquito, sua beleza ofuscava a beleza de suas donzelas como o brilho da estrela matutina ofusca todas as estrelas menores à sua volta. Pois que naquela época e mesmo mais tarde ela era tida por todas as Cortes de Cavalaria como a mais linda dama em todo o mundo.

Lady Guinevere visita o padre.

Pois bem, quando Lady Guinevere lá chegou, avistou o corcel branco do Rei Arthur pastando na relva verde da clareira perto da ermida. Também avistou Merlin, que estava em pé ao lado da porta da cabana. Perguntou a ele então a quem pertencia aquele nobre corcel que pastava na relva daquele ermo, e quem era que estava dentro da cabana. Merlin então lhe respondeu:

– Senhora, aquele que está lá dentro é um cavaleiro gravemente ferido, tanto que está à beira da morte!

– Misericórdia de Deus! – exclamou Lady Guinevere. – Que fato triste é esse que me contas! Agora peço-te que me leve neste instante até esse cavaleiro para que eu possa vê-lo, pois tenho no meu séquito um médico muito habilidoso, deveras experiente na cura de ferimentos de batalha.

Então Merlin entrou com a dama na cabana, e lá ela viu o Rei Arthur estendido sobre o catre. Mas ela não sabia quem era. No entanto, pareceu-lhe que, em toda a sua vida, jamais tinha visto um cavaleiro de aspecto tão nobre como aquele que jazia gravemente ferido naquele local solitário. O Rei Arthur ergueu os olhos para a direção em que ela estava, à beira de seu leito de dor e rodeada por suas damas de companhia. Com a enorme fraqueza que o tomava, não sabia se aquela que via era uma dama mortal ou se era um anjo alto e esguio que tinha descido de uma das Nobres Cortes do Paraíso para visitá-lo em sua dor e sofrimento. Tomada de enorme pena ao ver o Rei Arthur naquele estado tão lastimável, Lady Guinevere mandou chamar o médico habilidoso que vinha com o séquito e pediu-lhe que trouxesse uma certa caixa de alabastro onde havia um bálsamo preciosíssimo. Então ordenou-lhe que examinasse os ferimentos daquele cavaleiro e os ungisse com o bálsamo para que ele sarasse bem depressa.

Lady Guinevere ordena que seu médico cure o Rei Arthur.

Então aquele médico sábio e habilidoso fez conforme Lady Guinevere tinha ordenado, e imediatamente o Rei Arthur sentiu completo alívio de todas as dores e enorme alegria na alma. Após a dama e seu séquito terem partido, ele achou-se em muito melhor ânimo, e três dias depois estava completamente curado e bem e forte e vigoroso como nunca tinha estado em toda a vida.

Esta foi a primeira vez que o Rei Arthur viu aquela linda dama, Lady Guinevere de Cameliard, e daquele momento em diante ele nunca a esqueceu, e ela estava quase sempre no seu pensamento. Assim, quando tinha se restabelecido, disse para si mesmo: "Esquecerei que sou rei e amarei essa dama e irei servir-lhe fielmente como um bom cavaleiro serve à sua dama escolhida."

E assim fez, como vocês escutarão mais adiante neste livro.

Capítulo Terceiro

Como o Rei Arthur encontrou uma nobre espada
de uma forma inacreditável, e como lutou
novamente com ela e venceu aquela batalha

Pois bem, assim que, por meio daquele bálsamo extraordinário, o Rei Arthur se curou dos graves ferimentos recebidos na luta contra o Rei Pellinore, viu-se impelido por um fortíssimo desejo de confrontar seu inimigo, lutar com ele novamente e assim recuperar o crédito que havia perdido naquele combate. Assim, na manhã do quarto dia, estando inteiramente curado e tendo feito o desjejum, foi caminhando pela beira da floresta para tomar ar puro enquanto escutava o som alegre dos pássaros que cantavam bem alto suas ladainhas matinais. Merlin caminhava a seu lado, e o Rei Arthur revelou-lhe sua intenção de se bater mais uma vez em combate de cavaleiros contra o Rei Pellinore. E disse:

– Merlin, irrita-me demais ter-me saído tão mal no meu recente embate com o Rei Pellinore. Ele com certeza é o melhor dos cavaleiros que jamais encontrei em todo o mundo. Ainda assim, poderia ter sido diferente se minha espada não tivesse se quebrado, o que me deixou completamente indefeso. De todo modo, decidi tentar essa aventura uma vez mais, o que farei o mais rápido possível.

O Rei Arthur deseja retomar a batalha.

Ao que Merlin respondeu:

– O senhor é com certeza um homem assaz valente para ter tanta sede de luta, vendo como chegou perto de morrer somente há quatro dias. E, no entanto, quer seguir nessa aventura sem estar preparado adequadamente? Pois, veja!, não tem espada, não tem uma lança, não tem nem mesmo sua adaga para lutar. Como então espera se lançar nessa aventura?

E o Rei Arthur disse:

– Isso não sei. Entretanto sairei em busca de armas agora mesmo. Pois mesmo que eu não ache nada melhor do que uma clava de madeira, ainda assim entrarei nessa luta, mesmo que tenha que usar um instrumento tão fraco.

– Ah, senhor! – disse Merlin. – Percebo que está totalmente determinado a reacender essa briga, portanto não tentarei impedi-lo, mas sim farei tudo o que estiver a meu alcance para ajudá-lo. Para tal devo dizer-lhe que numa parte desta floresta, que é na verdade um lugar muito estranho, há um certo bosque às vezes chamado de Arroy, às vezes de Floresta da Aventura, já que nenhum cavaleiro jamais entrou lá sem que alguma aventura lhe acontecesse. E perto de Arroy fica uma terra encantada que já foi vista muitas vezes. É uma terra realmente maravilhosa, pois há nela um lago amplo e impressionante que também é encantado. E no meio desse lago tem às vezes emergido o que parece ser um braço de mulher, lindo e ricamente adornado com seda branca, cuja mão segura uma espada de tão

Merlin fala ao Rei Arthur sobre Excalibur. incrível esplendor e beleza que nenhum olho jamais viu nada como ela. E o nome dessa espada é Excalibur, nome dado por quem a viu por causa de seu maravilhoso brilho e beleza. Pois já aconteceu que muitos cavaleiros avistaram tal espada e tentaram obtê-la para si, mas até hoje ninguém foi capaz de tocá-la, e muitos até morreram nessa aventura. Pois quando um homem se aproxima dela, ou se afoga no lago, ou o braço desaparece completamente, ou nem chega a emergir do fundo do lago. Portanto nenhum homem jamais conseguiu se tornar o dono daquela espada. Agora, posso conduzi-lo até esse Lago Encantado, e lá verá Excalibur com seus próprios olhos. E então, quando a tiver visto, pode, quem sabe, desejar obtê-la, e, caso consiga, terá uma espada muito adequada com que lutar.

– Merlin – disse o Rei –, o que me contas é muito estranho. Agora fiquei com uma vontade imensa de tentar que essa espada seja minha, portanto peço-te que me conduzas sem demora até esse lago de que me falas.

E Merlin disse:

– Assim farei.

Então naquela manhã o Rei Arthur e Merlin partiram daquela ermida santa (o Rei ajoelhou-se na relva para receber a bênção) e penetraram nas profundezas da floresta mais uma vez, dirigindo-se para o local conhecido como Arroy.

Depois de algum tempo chegaram a Arroy, e era em torno de meio-dia. E depois de entrarem naquele bosque alcançaram uma pequena clareira e lá viram uma corça branca com uma coleira dourada no pescoço. E o Rei Arthur disse:

– Olha, Merlin, lá adiante há algo incrível.

E Merlin disse:

– Vamos seguir aquela corça.

Merlin e o Rei Arthur seguem uma corça branca. Então a corça virou-se, e eles a seguiram. Dali a pouco acabaram chegando numa clareira onde havia uma campina de relva macia e agradável. Lá viram um carramanchão e em frente a ele uma mesa coberta por uma toalha alva como a neve, e sobre ela pão branco, vinho e carnes de vários tipos. Na entrada do carramanchão estava um pajem, todo vestido de verde, cujo cabelo era negro como ébano e cujos olhos eram negros como azeviche e incrivelmente brilhantes. Quando esse pajem viu o Rei Arthur e Merlin, saudou-os e deu boas-vindas ao Rei com muita gentileza, dizendo:

– Ah! Rei Arthur, seja bem-vindo aqui. Peço-lhe que apeie e descanse antes de seguir mais adiante.

Então o Rei Arthur ficou na dúvida se haveria algum feitiço naquilo para causar-lhe mal, pois estava perplexo de encontrar no fundo da floresta aquele pajem que o conhecia tão bem. Mas Merlin disse-lhe que se alegrasse, e acrescentou:

– De fato, o senhor pode partilhar livremente desta comida e bebida pois, posso afirmar, foi-lhe preparada especialmente. Além do mais, veja como isto já antecipa um resultado muito feliz para esta aventura.

Então o Rei Arthur se sentou à mesa com grande prazer (pois estava faminto), e o pajem, junto com um outro igual a ele, atendeu-o no que precisava, servindo-lhe toda a comida em travessas de prata e todo o vinho em taças de ouro, como ele estava habituado em sua própria Corte. Só que aqueles utensílios eram feitos de maneira ainda mais elaborada e a louça, ainda mais bela que a da Corte do Rei.

O Rei Arthur é servido de uma forma misteriosa.

Então, depois de ter se fartado, e lavado as mãos numa bacia que o pajem lhe havia oferecido, e secado as mãos num guardanapo de fino linho que o outro pajem lhe havia trazido, e depois que Merlin também tinha se alimentado, seguiram seu caminho, alegrando-se muito daquela aventura agradável que ao Rei parecia só poder antecipar bons resultados para sua missão.

Pois bem, mais ou menos no meio da tarde, o Rei Arthur e Merlin saíram de repente da floresta e deram numa grande e clara planície, salpicada de tantas flores que ninguém poderia ter imaginado tantas ou tão lindas.

Era uma terra verdadeiramente maravilhosa pois – imaginem! – o ar parecia feito de ouro, de tão claro e singularmente radioso que era. E aqui e ali naquela planície havia várias árvores em flor, e o cheiro das flores era tão doce que o Rei jamais havia sentido um perfume como aquele. E nos galhos das árvores havia bandos de pássaros de muitas cores, enquanto a melodia do seu canto arrebatava o coração de quem ouvia. No meio da planície havia um lago de água brilhante como prata, e as margens em torno eram recobertas de inúmeros lírios e narcisos. Mas embora o local fosse excepcionalmente lindo, não havia qualquer sinal de vida humana, de modo que parecia tão deserto quanto o céu limpo num dia de verão. Então, dada toda a maravilhosa

O Rei Arthur chega a uma terra estranha.

beleza daquele lugar e sua estranheza e isolamento, o Rei Arthur percebeu que tinha chegado numa terra de encantos poderosos onde, provavelmente, vivia uma fada de grandes poderes. Por isso, à medida que avançava no seu corcel branco como leite sobre aquela extensa e bela campina coberta de flores, foi ficando tomado pelo medo, sem saber que coisas estranhas estariam prestes a lhe acontecer.

Então, ao chegar à margem do lago, viu nele o milagre que Merlin tinha lhe contado. Pois – ora vejam só! – no meio da extensão de água havia o que parecia ser um braço alvo e formoso, como de mulher, coberto de seda branca. O braço era adornado por vários braceletes de ouro trabalhado, e a mão segurava uma espada de maravilhoso acabamento no ar, acima da superfície da água. Nem o braço nem a mão se mexiam, mas na sua imobilidade pareciam uma imagem esculpida na superfície do lago. E – ora vejam! – o sol daquela terra estranha brilhava no punho da espada e ele era de puro ouro cravejado de pedras de vários tipos, de modo que o punho da espada e os braceletes que adornavam o braço reluziam no meio do lago como uma estrela única de fantástico esplendor.

O Rei Arthur vê Excalibur.

E o Rei Arthur, sentado ao longe em seu corcel, observava deslumbrado o braço e a espada. No entanto, não sabia como conseguiria alcançar a espada, pois o lago era incrivelmente largo e profundo, portanto não sabia como chegar até ela para tomá-la para si. Enquanto ponderava consigo mesmo, de repente notou a presença de uma dama estranha que caminhava até ele por entre aquelas altas flores que se abriam nas margens do lago. Quando viu que ela se aproximava, rapidamente apeou de seu corcel e avançou para encontrá-la com a rédea sobre o braço. Quando se aproximou percebeu que era extraordinariamente linda, e que seu rosto era liso como cera e seus olhos eram de um negrume absoluto, brilhantes e reluzentes como duas pedras preciosas incrustadas em marfim. E percebeu que seus cabelos eram como seda e pretos a não mais poder, e tão compridos que arrastavam no chão quando ela caminhava. A dama estava vestida toda de verde – exceto por um cordão fino de ouro e carmesim

O Rei Arthur encontra a Dama do Lago.

entrelaçado nas tranças do cabelo. Ao redor do pescoço, trazia um colar muito formoso feito de várias correntes de opalinas e esmeraldas, incrustadas em ouro ricamente trabalhado. Ao redor dos pulsos ela trazia braceletes semelhantes – de opala e esmeraldas incrustadas em ouro. Quando o Rei Arthur viu sua maravilhosa aparência, como uma estátua de marfim de extremada beleza toda coberta de verde, imediatamente se ajoelhou diante dela no meio de todas aquelas flores e disse:

– Senhora, percebo que não pode ser uma donzela mortal, mas sim uma fada. E também que este lugar, com sua extraordinária beleza, só pode ser a terra das fadas aonde vim dar.

A Dama do Lago

E a dama respondeu:

– Rei Arthur, tem razão, pois sou de fato uma fada. Além disso, digo-lhe que meu nome é Nymue e que sou a principal Dama do Lago de quem deve ter ouvido falar. Saiba também que o que vê lá adiante como um grande lago é, na verdade, uma planície, como esta, toda coberta de flores. Saiba também que, no meio daquela planície, fica um castelo de mármore branco e ultramarino adornado de ouro. Mas, para que os mortais não vissem onde moramos, minhas irmãs e eu fizemos com que a aparência de um lago cobrisse toda a extensão do castelo, de modo que ele ficasse totalmente escondido. Da mesma forma nenhum mortal pode atravessar o lago, exceto de um único jeito, do contrário certamente perecerá.

– Senhora – disse o Rei Arthur –, o que me diz me preocupa bastante. Temo que tenha sido um erro vir aqui como um intruso na solidão de sua moradia.

– De modo algum, Rei Arthur – disse a Dama do Lago –, pois na verdade é muito bem-vindo. Além disso, posso lhe dizer que tenho grande simpatia por si e pelos nobres cavaleiros de sua Corte, como pode imaginar. Mas peço-lhe a gentileza de dizer-me: o que o traz até estas terras?

– Senhora – disse o Rei –, contarei toda a verdade. Há pouco travei uma luta contra um certo Cavaleiro Negro, da qual saí penosa e gravemente ferido. Nela destrocei minha lança, quebrei minha espada e perdi até minha adaga, de modo que não me restou qualquer arma. Vendo-me em tal apuro, Merlin, que aqui está, contou-me sobre Excalibur,[37] e como ela fica empunhada por um braço no meio desse lago mágico. Então vim aqui e, veja, encontrei tudo exatamente como tinha me contado. Agora, Senhora, se for possível, gostaria demais de obter aquela fantástica espada para que, com ela, consiga travar essa luta até o seu completo fim.

– Ah, meu senhor Rei – disse a Dama do Lago –, aquela espada não é algo fácil de conseguir e, além do mais, afirmo-lhe que vários cavaleiros perderam a vida tentando aquilo que o senhor está determinado a fazer. Pois, na verdade, homem nenhum pode conquistar aquela espada a não ser que venha livre de medo ou de censura.

– Ai de mim, Senhora! – disse o Rei Arthur. – Isso que diz de fato me faz triste, pois, embora não careça de coragem de cavaleiro, na verdade há muitas coisas pelas quais me censuro. Mesmo assim, gostaria de tentar, ainda que corra grande perigo. Portanto, peço-lhe que me diga qual é a melhor maneira de prosseguir.

– Rei Arthur – disse a Dama do Lago –, farei o que pede para ajudá-lo nesse seu desejo.

E então ela ergueu uma das esmeraldas que estavam penduradas numa pequena corrente de ouro presa à cinta, e – imaginem! – a esmeralda era ricamente esculpida na forma de um apito. Ela levou o apito aos lábios e soprou

---

37. A espada é a arma mais representativa do cavaleiro, porque é com ela que ele é investido no ritual de sagração e é sobre ela que ele faz os juramentos. Diz Raimundo Lúlio, de sua perspectiva cristã: a espada "é feita à semelhança da cruz, para significar que assim como nosso Senhor Jesus Cristo venceu na cruz a morte na qual tínhamos caído pelo pecado de nosso pai Adão, assim o cavaleiro deve vencer e destruir os inimigos da cruz" (*O livro da Ordem de Cavalaria*, São Paulo, Giordano, 2000, p.77). A excelência de Excalibur ainda vem acrescida dos efeitos da magia, pois contém poderes advindos do mundo das fadas. Que Arthur diga, neste episódio, "se Deus houve por bem confiar-me a posse dessa espada" não deve causar estranheza: não só a chamada "cultura intermediária" aponta para a intersecção de elementos pagãos e cristãos no que diz respeito à matéria de Bretanha, como também as fadas transitam normalmente entre os dois mundos, o real e o fantástico.

nele um som estridente. Imediatamente surgiu algo na água, bem longe, que brilhava vivamente. E foi se aproximando com rapidez até que, quando chegou perto – vejam só! –, era um barco todo esculpido em cobre e zinco. E a proa do barco tinha a forma da cabeça de uma linda mulher, e em cada lado havia asas como as asas de um cisne. E o barco se movia sobre a água como um cisne – com grande agilidade –, de modo que longas linhas, como fitas de prata, estiravam-se a perder de vista, atravessando a face da água, que de resto era lisa como vidro. E quando o barco de cobre e zinco alcançou a margem, ali parou e não mais se moveu.

    Então a Dama do Lago convidou o Rei Arthur a entrar no barco, e ele o fez. E assim que o tinha feito, o barco deixou a margem tão veloz como tinha vindo.

A Dama do Lago manda vir um barco.

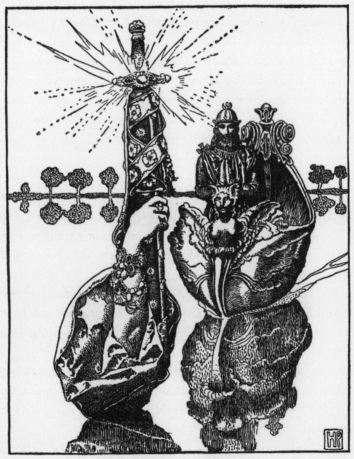

Excalibur, a espada

E Merlin e a Dama do Lago ficaram na margem observando o Rei Arthur e o barco de cobre e zinco.

O Rei Arthur viu que o barco rapidamente flutuava através do lago até onde estava o braço que segurava a espada, e que o braço e a espada não se mexiam, mas permaneciam onde estavam.

O Rei Arthur obtém Excalibur.

Então o Rei Arthur se inclinou e tomou a espada nas mãos, imediatamente o braço desapareceu sob a água, e o Rei segurou na mão a espada, e a bainha e a cinta, e – ora vejam! – agora elas eram suas.

Com isso seu coração se encheu de júbilo e parecia que iria arrebentar em seu peito, pois Excalibur era cem vezes mais linda do que ele havia imaginado ser possível. De modo que seu coração estava perto de explodir de pura alegria por ter conseguido aquela espada mágica.

Em seguida o barco de cobre e zinco levou-o rapidamente de volta à terra, e ele saltou na margem onde estavam a Dama do Lago e Merlin. Ao saltar, agradeceu vezes sem fim à dama pelo que ela tinha feito para ajudá-lo em sua grande missão; e ela respondeu-lhe com palavras animadoras e agradáveis.

Então o Rei Arthur saudou a dama, como lhe cabia, montou em seu corcel, enquanto Merlin montou em seu palafrém, e puseram-se a caminho novamente, o coração do Rei ainda inflado de puro deleite de ter aquela espada linda para si – a espada mais linda e mais famosa do mundo todo.

Naquela noite o Rei Arthur e Merlin abrigaram-se com o beato eremita no santuário da floresta. Quando veio a manhã seguinte, após ter se banhado na fonte gelada da floresta e com isso sentir-se incrivelmente refrescado, o Rei partiu junto com Merlin, agradecendo àquele homem santo pela acolhida que lhes tinha dado.

Quando já vinha chegando o meio-dia, alcançaram o vale do Cavaleiro Negro, e tudo estava igual a quando o Rei Arthur lá tinha estado: o castelo lúgubre, o gramado de relva lisa, a macieira repleta de escudos e a ponte onde jazia o escudo negro solitário.

– Desta vez, Merlin – disse o Rei Arthur –, proíbo-te terminantemente de interferires nessa luta. Tampouco deves, sob pena de me desagradares, usar de tua magia para me ajudar. Então ouve bem o que te digo, e segue-o com toda atenção possível.

E assim o Rei avançou logo até a ponte e, tomando o malho de bronze, golpeou o escudo negro com toda a sua força. Imediatamente a ponte levadiça baixou como antes e, igual à outra vez, o Cavaleiro Negro saiu lá de dentro todo equipado e preparado para a luta. Quando alcançou a extremidade da ponte, o Rei Arthur falou-lhe o seguinte:

– Sir Pellinore, agora sabemos muito bem quem cada um de nós é, e que cada um de nós julga ter razão de lutar contra o outro: o senhor, que eu, por minhas próprias razões e da forma como achei justa, destituí de suas posses de rei, forçando-o a viver nesta mata solitária; eu, que o senhor se tenha postado aqui para atacar e ferir cavaleiros, nobres e outras pessoas deste meu reino. Portanto, vendo que aqui venho como Cavaleiro andante, desafio-o a lutar comigo, homem a homem, até que um de nós tenha derrotado o outro.

O Rei Arthur desafia o Rei Pellinore para lutar novamente.

O Rei Pellinore então baixou a cabeça, em obediência, e em seguida deu meia-volta em seu cavalo e, cavalgando uma pequena distância, postou-se onde tinha estado anteriormente. E o Rei Arthur também cavalgou uma pequena distância e postou-se onde tinha antes estado. Ao mesmo tempo, veio do castelo um daqueles pajens altos vestido todo de negro e carmesim e entregou ao Rei Arthur uma boa lança de madeira, robusta e bem seca, e nunca usada em batalha. Quando os dois Cavaleiros estavam prontos, gritaram e cavalgaram um contra o outro, um atingindo o outro tão certeiro no meio de sua defesa que as lanças tremeram nas mãos de cada um, despedaçando-se como da outra vez.

Então cada um dos dois cavaleiros imediatamente saltou do cavalo de maneira muito destra e hábil, e cada um desembainhou sua espada. Em seguida começaram a lutar tão violenta e furiosamente que dois touros nas montanhas não teriam se lançado num embate tão renhido.

Mas agora, tendo Excalibur para ajudá-lo na luta, o Rei Arthur logo derrotou seu inimigo, pois que o feriu muitas vezes sem que fosse ferido uma só vez. Tampouco verteu uma só gota de sangue em toda a luta, embora a armadura de seu inimigo em pouco tempo ficasse toda manchada de vermelho. Finalmente o Rei Arthur desferiu um tal golpe que o Rei Pellinore ficou completamente atordoado, deixou cair sua espada e seu escudo, suas pernas tremiam sob o corpo e ele caiu de joelhos no chão. Então pediu clemência[38] ao Rei Arthur, dizendo:

O Rei Arthur derrota o Rei Pellinore.

---

38. Nos combates, de que este livro dá vários exemplos, o vencedor perdoa o vencido – ao invés de matá-lo – desde que este prometa àquele a fidelidade vassálica, uma forma de conter possíveis rebeldias no reino. Em primeiro lugar, porque não há derrota maior do que perder a luta, para guerreiros que andam atrás de feitos gloriosos. Em segundo, porque as relações entre cavaleiros pertencentes a uma mesma Ordem pressupõem regras de convivência harmônica: "Senhor que em sua corte e em seu conselho e em sua Távola faz honra a cavaleiro, faz honra

– Poupe-me a vida, e submeter-me-ei.

O Rei Arthur então disse:

– Poupar-te-ei e farei ainda mais. Pois agora que te submeteste a mim, vê, devolver-te-ei teu poder e tuas posses, pois não guardo rancor de ti, Pellinore. Mas não posso ter comigo neste reino cavaleiros que se rebelem contra meu poder, pois, Deus é minha testemunha, afirmo que só busco o bem de todos em meu reino. Portanto, aquele que está contra mim está também contra eles, e aquele que está contra eles está também contra mim. Mas agora que me reconheceste cairás nas minhas graças. Apenas em sinal de tua boa-fé comigo no futuro, peço-te que envies, como prova de tua boa vontade, teus dois filhos mais velhos:[39] Sir Aglaval e Sir Lamorack. Teu filho mais novo, Dornar, podes manter contigo para te amparar.

O Rei Arthur demanda que dois dos filhos do Rei Pellinore sirvam de reféns.

Foi assim que os dois cavaleiros mencionados acima vieram para a Corte do Rei Arthur, e tornaram-se cavaleiros muito famosos, e com o tempo tornaram-se companheiros da Távola Redonda, aumentando seu valor.

Então o Rei Arthur e o Rei Pellinore entraram juntos no castelo do Rei Pellinore, e lá o acomodaram e cuidaram de suas feridas. Naquela noite o Rei Arthur dormiu naquele castelo e, quando veio a manhã seguinte, ele e Merlin voltaram até onde o seu séquito o aguardava na floresta, no lugar que ele tinha escolhido.

Pois bem, o Rei Arthur vinha muito satisfeito enquanto ele e Merlin cavalgavam juntos de volta pela floresta, pois essa era a época mais verde do ano, a época em que os bosques se cobriam da folhagem mais viva e fresca. Cada pequeno vale e desfiladeiro coberto de arvoredo exalava o perfume das matas, e em cada emaranhado de galhos algum passarinho cantava bem alto, como se fosse arrebentar com a melodia do seu canto. E o chão sob as patas dos cavalos estava tão acolchoado pelo musgo perfumado, que não se ouviam os cascos marchando sobre a terra. E a luz amarela do sol atravessava as folhas,

---

a si mesmo na batalha." (Raimundo Lúlio, op.cit., p.111.) É parte da cortesia (v. nota 15) o respeito pela vida humana.

39. A referência aos dois filhos mais velhos, que ficarão como reféns, tem sua razão de ser dentro da tradição feudal: nos senhorios, nos principados e nas cortes, era comum que os filhos mais velhos do vassalo fossem educados pelo Senhor, visando ao posterior ingresso deles na Cavalaria. Essa educação começava geralmente aos sete anos e passava por várias etapas, de pajem a escudeiro, até chegar à cerimônia do adubamento, i.e., a entrega das armas e do equipamento ao novel cavaleiro.

de modo que o chão estava todo salpicado de uma infinidade de círculos tremeluzentes de luz dourada. De vez em quando os raios do sol batiam na armadura do cavaleiro enquanto ele cavalgava, então a cada momento desses sua armadura parecia incendiar-se com grande esplendor, brilhando como uma estrela que subitamente aparecesse em meio às sombras escuras do bosque.

Assim ia o Rei Arthur com enorme felicidade por aquela floresta, pois vinha sem dor de qualquer tipo e sentia no coração um orgulho desmedido do sucesso incrível daquela aventura na qual tinha se lançado. Pois naquela aventura tinha não somente vencido um terrível inimigo, transformando-o num amigo que lhe traria ajuda e satisfação, mas também obtido uma espada como ninguém no mundo jamais havia visto. Quando pensava naquela espada única e esplêndida que agora trazia na cinta, e quando pensava naquela terra das fadas pela qual vagou, e no que tinha lhe acontecido lá, seu coração ficava tão pleno de felicidade pura que quase não conseguia se conter, tamanho o prazer que lhe enchia o peito.

Como o Rei Arthur atravessou a floresta com grande alegria e satisfação.

De fato, não sei de maior bem que poderia desejar a vocês nesta vida do que sentir a mesma alegria de alguém que deu o melhor de si e foi inteiramente bem-sucedido no que se propôs a fazer. É nessas ocasiões que o mundo todo parece tomado de uma luz brilhante, e o corpo parece tão leve que os pés, livres de qualquer peso, tocam o chão muito suavemente, movidos pela leveza do espírito. Portanto, se estivesse em meu poder dar-lhes o melhor que o mundo tem para dar, eu desejaria que vencessem suas batalhas como o Rei Arthur venceu a dele naquela vez, e que pudessem cavalgar de volta para casa com o mesmo triunfo e a mesma alegria que o preenchiam naquele dia, e que o sol brilhasse à volta de vocês como brilhava à volta dele, e que a brisa soprasse, e que todos os passarinhos cantassem tão alto como cantavam para ele, e que o coração de vocês também pudesse entoar sua canção de júbilo pelo prazer do mundo em que vocês vivem.

Pois bem, enquanto cavalgavam juntos pela floresta, Merlin disse para o Rei:

– Senhor, o que mais gostaria de possuir, Excalibur ou a bainha que a protege?

Ao que o Rei Arthur respondeu:

– Preferiria dez mil vezes possuir Excalibur do que sua bainha.

– Nisso se engana, meu senhor – disse Merlin –, pois digo-lhe que, embora Excalibur seja tão poderosa que pode partir ao meio tanto uma pena quanto uma barra de ferro, a sua bainha é de tal tipo que aquele que a usar jamais será ferido em batalha, e tampouco perderá uma

Merlin conta ao Rei Arthur das virtudes de Excalibur e da sua bainha.

única gota de sangue. Como prova disso pode recordar-se que, nessa luta com o Rei Pellinore, o senhor não sofreu uma única ferida, nem perdeu sangue algum.

Então o Rei Arthur olhou muito contrariado para seu companheiro e disse:

– Ora, Merlin, afirmo que agora tiraste de mim toda a glória da luta que acabei de travar. Pois que valor pode ter um cavaleiro que combate o inimigo por meio de encantos como esse de que me falas? Isto me faz querer levar esta gloriosa espada de volta àquele lago mágico e jogá-la novamente lá, de onde veio, pois acredito que um cavaleiro deve lutar com sua própria força, e não com a ajuda de magia.

– Meu Senhor – disse Merlin –, com certeza tem toda razão em pensar assim. Porém deve ter em mente que não é um cavaleiro andante qualquer, mas sim um Rei, e sua vida não lhe pertence, mas sim ao seu povo. Portanto não tem o direito de colocá-la em perigo, mas deve fazer tudo o que estiver em seu poder para preservá-la. Assim deve ficar com essa espada para que lhe proteja a vida.

O Rei Arthur meditou sobre essas palavras por um longo tempo em silêncio e, quando falou, disse o seguinte:

– Merlin, estás certo no que dizes e, pelo bem de meu povo, guardarei tanto Excalibur, para com ela lutar, quanto sua bainha, para em nome do meu povo proteger minha vida. No entanto, nunca a usarei novamente, a não ser em grandes batalhas.

E o Rei Arthur foi fiel ao que disse, pois dali por diante só lutou por diversão com a lança e a cavalo.

O Rei Arthur manteve Excalibur como o tesouro mais precioso que possuía, pois dizia para si mesmo: "Uma espada como esta é digna de um rei superior a outros reis e um nobre superior a outros nobres. Então, se Deus houve por bem confiar-me a posse dessa espada da forma inacreditável como fez, então deve desejar que eu seja Seu servo para realizar feitos extraordinários. Portanto, não mais prezarei essa nobre arma pelo seu valor excepcional, mas porque ela será para mim um sinal dos grandes feitos que Deus, em Sua misericórdia, certamente reservou para mim com o intuito de servi-Lo."

Então, para guardar Excalibur, o Rei Arthur mandou fazer uma arca ou cofre-forte amarrado com várias correntes de ferro, firmado com grandes pregos de ferro e trancado por três grandes cadeados. Nessa caixa-forte ele guardou Excalibur depositada sobre uma almofada de seda carmesim e envolta em panos de linho fino, de modo que poucas pessoas podiam ver a espada em sua glória, a não ser quando, em meio ao tumulto da batalha, brilhava como uma chama súbita.

Pois quando acontecia de o Rei Arthur ter de defender seu reino ou seus súditos dos inimigos, então ele tirava a espada e a afivelava ao corpo. E quando assim fazia parecia um herói de Deus cingido a uma lâmina de relâmpago brilhante. Sim, nesses momentos Excalibur reluzia com um brilho tão impressionante que só de vê-la fazia a alma de qualquer pecador sacudir de tanto medo e o corpo sentir, de certa forma, as estocadas da morte antes mesmo que a ponta da lâmina lhe encostasse a carne.

E assim o Rei Arthur prezava Excalibur, e a espada ficou com ele por toda a sua vida, de modo que o renome de Arthur e de Excalibur é um só. Por isso creio que essa espada é a mais famosa de todas que já foram vistas ou mencionadas nas Cortes de Cavalaria.

Quanto à bainha da espada, o Rei Arthur a perdeu pela traição de alguém que deveria, por direito, ter sido um de seus entes mais fiéis (como em breve ouvirão). E, no final, a perda daquela bainha milagrosa fez com que ele sofresse de muita dor e tristeza.

Tudo isso também vocês lerão, se Deus quiser, quando chegar a hora.

Assim termina a história da conquista de Excalibur, e que Deus permita que nas suas vidas vocês tenham a verdade Dele para auxiliá-los, como uma espada reluzente com que possam derrotar seus inimigos. E que Ele lhes dê Fé (pois a Fé comporta a Verdade da mesma forma como a bainha comporta sua espada), e que essa Fé cure todas as feridas do sofrimento como a bainha de Excalibur curava todas as feridas daquele que usasse essa excelente espada. Pois com a Verdade e a Fé afiveladas ao corpo, vocês poderão travar todas as suas lutas como aquele antigo herói que os homens chamaram de Rei Arthur.

PARTE III

A Conquista de uma Rainha

Então, já tendo contado como o Rei Arthur conseguiu aquela espada muito valiosa, Excalibur, para ser sua arma de defesa, agora vou contar várias outras admiráveis aventuras de cavaleiro pelas quais ele conquistou para si uma dama extraordinariamente bela e gentil para ser sua Rainha.

Pois, embora o mundo todo conheça bem o renome dessa dama perfeitamente graciosa, Lady Guinevere, não creio que jamais tenha sido contada toda a história das aventuras com as quais o Rei Arthur conquistou seu coração.

Portanto, como o assunto narrado daqui por diante trata não só desse caso, mas também da história de um certo disfarce mágico que o Rei usou para alcançar seus objetivos, bem como várias aventuras de enorme ousadia cavaleiresca em que ele se lançou, tenho grandes esperanças de que aqueles que lerem o que escrevi achem a história tão agradável quanto divertida.

Capítulo Primeiro

Como o Rei Arthur foi até Tintagalon com quatro dos de
sua Corte, e como se disfarçou com um determinado propósito

Pois bem, num certo dia o Rei Arthur proclamou que se organizasse um grande banquete, que aconteceu em Carleon, na região de Usk. Muitos nobres convidados foram chamados, e uma Corte esplêndida se reuniu no castelo do Rei. No banquete sentaram-se sete reis e cinco rainhas com pompas reais, e havia, ao todo, setenta e sete membros da alta nobreza e lindas damas de alta estirpe, além de uma multidão de cavaleiros famosos da Corte do Rei que eram tidos como os mais renomados em armas de toda a Cristandade. E nessa grande reunião de reis, nobres e cavaleiros, nem um só deles olhava para o outro com desconfiança, mas estavam todos unidos em camaradagem. Portanto, ao olhar em volta, o jovem Rei via somente paz e amizade entre todos aqueles grandes nobres onde, no passado, havia discórdia e desgosto: "Por certo", ele pensou consigo mesmo, "é maravilhoso como este meu reino uniu os homens pela gentileza e pelo companheirismo!" E com pensamentos como esse seu espírito ficava leve feito um pássaro e cantava dentro do seu peito.

Como o Rei Arthur ofereceu um banquete em Carleon perto do rio Usk.

Enquanto o Rei estava no banquete – ora vejam! –, chegou um mensageiro vindo das terras do oeste. E o mensageiro veio, parou em frente ao Rei e disse:

Chega um mensageiro das terras do oeste.

– Saudações, Rei Arthur!

Então o Rei disse:

– Fala, e dize-me, qual é a tua mensagem?

Ao que o mensageiro respondeu:

– Venho do Rei Leodegrance de Cameliard, que se encontra em terrível aperto, pois ocorre o seguinte: um inimigo seu e dele, o Rei Ryence de Gales do Norte, o mesmo que, no passado, por desprezo, ordenou ao senhor que lhe enviasse sua barba para que a pendurasse na bainha de seu manto, faz várias exigências a meu amo, o Rei Leodegrance. Estas são tais que o meu amo não está nem um pouco inclinado a cumprir. E o Rei Ryence de Gales do Norte ameaça atacar Cameliard se o Rei Leodegrance não as cumprir imediatamente. No entanto, o

Rei Leodegrance não possui uma quantidade tão grande de cavaleiros e homens armados como antigamente tinha em torno de si para defender seu reino contra ataques. Isso porque, desde que, com sua majestade, o senhor trouxe a paz a este reino e diminuiu o poder de todos os reis seus vassalos, os cavaleiros que antes faziam a fama da Corte do Rei Leodegrance partiram em busca de melhores oportunidades de mostrar seu grande valor e proezas em armas do que a sua Corte pacífica podia oferecer. Portanto meu amo, o Rei Leodegrance pede a ajuda do senhor, que é seu Rei e Soberano.

A tudo isso que o mensageiro disse, o Rei Arthur – junto com toda a Corte que festejava com ele – escutou em completo silêncio. O semblante do Rei, que antes estava iluminado de alegria, estava agora carregado e sombrio de raiva.

– Ah! – exclamou ele. – Estas novas que trazes para meu banquete são realmente muito más. Darei a ajuda que puder a teu amo, o Rei Leodegrance, nessa necessidade, e o farei o mais rápido possível. Mas, dize-me, senhor mensageiro, quais são as exigências que o Rei Ryence faz de teu amo?

– Isso revelarei, senhor – disse o mensageiro. – Primeiro, o Rei Ryence exige de meu amo uma grande parte daquelas terras de Cameliard que fazem fronteira com Gales do Norte. Segundo, ele exige que Lady Guinevere, filha do Rei, seja dada em casamento ao Duque Mordaunt da Nortúmbria, que é parente do Rei Ryence. Esse Duque, embora seja um bravo cavaleiro, é de aparência tão horrível e de temperamento tão violento, que creio não haver ninguém tão feio ou tão irascível como ele em todo o mundo.

Pois bem, quando o Rei Arthur ouviu o que o mensageiro disse, ficou imediatamente tomado de uma ira extraordinária. Pois seus olhos pareciam soltar faíscas de pura luz, seu rosto queimava feito fogo, e ele rangia os dentes como as pedras de um moinho. Então, imediatamente levantou-se da cadeira onde estava e saiu, e todos os que viram a raiva no seu rosto tremeram e desviaram o olhar.

O Rei Arthur fica furioso com as notícias trazidas pelo mensageiro.

O Rei Arthur então foi sozinho até uma sala no fundo do castelo, e lá ficou muito tempo andando de um lado para o outro, e durante aquele tempo ninguém do castelo ousou se aproximar dele. O motivo da raiva do Rei era o seguinte: ele lembrava como, quando jazia ferido e doente de morte na floresta, Lady Guinevere de repente aparecera como um anjo alto, esguio e reluzente que tivesse descido até ele direto do Paraíso – cheia de piedade e beleza. Portanto, só de pensar que aquele malvado e colérico Duque Mordaunt da Nortúmbria estivesse exigindo casar-se com ela, um ódio tão violento tomava-o a ponto de sacudir sua alma como um vendaval.

Assim, por muito tempo, esteve ele andando de um lado para o outro em sua ira, como já foi dito, e ninguém ousou se aproximar, mas todos ficaram de longe, observando-o.

Então, depois de algum tempo, o Rei Arthur ordenou que Merlin, Sir Ulfius e Sir Kay fossem até ele. Quando chegaram lá, falou-lhes longamente, pedindo a Merlin que se preparasse para partir com ele numa viagem, e pedindo a Sir Ulfius e Sir Kay que reunissem um grande exército de cavaleiros escolhidos e homens de armas, e conduzissem esse exército imediatamente até as imediações do castelo de Tintagalon, que fica perto da divisa entre Gales do Norte e Cameliard.

Então Sir Ulfius e Sir Kay fizeram como mandou o Rei Arthur, e Merlin também se pôs a fazer o que ele tinha ordenado. No dia seguinte, o Rei Arthur e Merlin, junto com alguns cavaleiros famosos da Corte do Rei que de todos do grupo eram os mais afamados no uso de armas – Sir Gawaine, Sir Ewaine (que eram sobrinhos do Rei), Sir Pellias e Sir Geraint, o filho de Erbin –, partiram para Tintagalon pelas florestas de Usk.

E assim viajaram todo aquele dia e parte do seguinte sem que acontecesse aventura ou desventura de qualquer tipo. Então chegaram finalmente ao grande e nobre castelo chamado Tintagalon, que protege as terras da divisa entre Cameliard e Gales do Norte. Lá o Rei Arthur foi recebido com muito júbilo, pois aonde quer que o Rei fosse o povo o amava profundamente. Portanto o povo de Tintagalon alegrou-se muito quando ele veio visitá-los.

Como o Rei Arthur chegou a Tintagalon.

Pois bem, na manhã seguinte à chegada do Rei Arthur em Tintagalon, a noite de verão tendo sido deveras quente, foi com alegria que ele e Merlin acordaram e saíram ao ar livre para desfrutar do frescor do orvalho da madrugada. Então, na brisa do dia, andaram juntos pelo jardim (que era muito agradável), sob a sombra de uma torre alta e reta. Em volta havia muitas árvores com boa sombra, onde os passarinhos cantavam docemente em meio à alegria do verão.

E ali o Rei Arthur abriu seu coração para Merlin, dizendo:

– Merlin, acredito que Lady Guinevere seja a dama mais linda do mundo todo, por isso meu coração parece estar sempre transbordando de amor por ela, a tal ponto que penso nela constantemente durante o dia, seja quando estou comendo, ou bebendo, ou andando, ou sentado imóvel, ou cuidando de meus assuntos. Também sonho com ela muitas vezes à noite. E isso tem me acontecido, Merlin, desde que há um mês, enquanto eu jazia doente na cela do eremita na

Lady Guinevere

floresta, ela veio e ficou ao meu lado como um anjo reluzente saído do Paraíso. Por isso não quero que nenhum outro homem, mas só eu, a tome por esposa.

"Pois bem, sei bem que és extraordinariamente versado nas artes da magia que podem alterar a aparência de um homem de modo que até mesmo aqueles que melhor o conhecem não conseguem reconhecê-lo. Portanto gostaria imensamente que me disfarçasses desse jeito para que eu possa ir, sem que ninguém saiba, até Cameliard, e que eu possa lá ficar de tal modo que consiga ver Lady Guinevere todos os dias. Pois te digo que, na verdade, desejaria muitíssimo vê-la de uma maneira que ela não saiba de modo algum que a estou observando. Além disso, também gostaria de ver com meus olhos os perigos que afligem o Rei Leodegrance, um Rei que é tão amigo meu."

O Rei Arthur abre seu coração para Merlin.

– Meu senhor Rei – disse Merlin –, será como deseja, e nesta manhã mesmo farei com que o senhor se disfarce de tal forma que ninguém em todo o mundo descubra quem é.

Então naquela mesma manhã, antes que o sol estivesse alto, Merlin foi até onde o Rei estava e deu-lhe um gorrinho. E o gorro era tal que, quando o Rei o colocava na cabeça, assumia no mesmo instante a aparência de um camponês rude e simplório.[40] Então o Rei ordenou que lhe trouxessem um gibão de lã grosseira, e com ele cobriu suas vestes reais de cavaleiro, e escondeu o colar dourado com o pingente que sempre trazia pendurado no pescoço. Foi assim que, colocando o gorro na cabeça, transformou-se imediatamente num camponês.

O Rei Arthur parte de Tintagalon disfarçado.

Estando desse modo inteiramente disfarçado, partiu de Tintagalon sem que ninguém visse e foi a pé pela estrada até a cidade de Cameliard.

Pois bem, quando o dia já vinha escurecendo ele foi se aproximando daquele lugar e – ora! – viu que na sua frente havia uma cidade grande e considerável, cheia de bonitas casas com paredes rubras e janelas iluminadas. E as casas dessa cidade ficavam todas num morro alto e íngreme, uma em frente à outra, e a própria cidade era circundada por uma grande muralha, que era alta e resistente. Um enorme castelo protegia a cidade, e o castelo tinha muitas torres e telhados. E em torno da torre havia muitos jardins e gramados e prados formosos, e muitas hortas e pomares de árvores frondosas e de muita sombra agradável. Naquela hora do dia o céu atrás da torre estava como uma chama de fogo, de modo que as torres, as muralhas, os telhados e as chaminés do castelo pareciam todos negros contra o brilho da luz. E – vejam só! – grandes revoadas de pombos arrodeavam das torres do castelo em voo contínuo contra o céu incandescente. Então, como estava cansado de caminhar o dia todo, o Rei Arthur achou que poucas vezes na vida tinha visto um lugar tão belo e agradável como aquele excelente castelo com seus jardins e gramados e pomares.

Assim chegou o Rei Arthur no castelo de Cameliard, disfarçado como um pobre camponês do interior, e ninguém no mundo sabia quem ele era.

O Rei Arthur chega a Cameliard.

---

40. Este subterfúgio utilizado por Arthur para conquistar Guinevere talvez tenha sido inspirado em uma novela de cavalaria do séc.XVI, intitulada *Primaleón* (1512), segundo texto do chamado Ciclo dos Palmeirins e continuação do *Palmeirim de Olivia* (1511). Na célebre passagem (capítulo 97), o príncipe d. Duardos disfarça-se de jardineiro para conquistar o amor de Flérida. Mais tarde, o dramaturgo português Gil Vicente dedicou ao casal uma de suas mais belas peças: *Tragicomédia de d. Duardos* (1525).

Então, tendo alcançado o castelo, perguntou pelo jardineiro-chefe dali; quando pôde falar com ele, perguntou se não poderia ser empregado na parte do jardim que pertencia aos aposentos de Lady Guinevere. Então o jardineiro olhou para ele e, vendo como era alto, forte e robusto, gostou dele e deu-lhe o trabalho que desejava.

E foi assim que o Rei Arthur da Bretanha tornou-se ajudante de jardineiro em Cameliard.

POIS BEM, o Rei estava muito feliz de estar naquele jardim, pois, naquela agradável época de verão, Lady Guinevere vinha todos os dias caminhar entre as flores com suas damas de companhia, e o Rei Arthur, disfarçado como um camponês ajudante de jardineiro, observava-a muitas vezes quando ela aparecia.

O Rei Arthur fica vivendo no castelo como ajudante de jardineiro.

O Rei Arthur ali ficou por mais de uma semana, e nem se preocupou com o fato de que, durante todo esse tempo, estava sem suas prerrogativas de rei e vivia simplesmente como ajudante de jardineiro no jardim do castelo de Cameliard.

Pois bem, aconteceu que, num dia de muito calor, uma das damas de companhia de Lady Guinevere levantou-se ainda de madrugada, quando o ar é fresco e agradável. Então, deixando Lady Guinevere ainda dormindo, essa dama, cujo nome era Mellicene da Mão Branca, entrou na antessala e, abrindo a janela, debruçou-se sobre o jardim de rosas que ficava próximo ao quarto de Lady Guinevere.

Havia naquele lugar uma estátua de mármore de um jovem segurando nos braços um jarro, e uma fonte d'água cristalina despejava do jarro direto numa cuba de mármore. Tanto a estátua quanto a fonte quanto a cuba de mármore onde a fonte despejava a água ficavam resguardadas sob a sombra de uma tília e rodeadas por densas roseiras, de modo que aquele local ficava inteiramente escondido de quase tudo, exceto daquelas janelas do castelo.

Aconteceu então que, enquanto a dama olhava pela janela, viu algo extraordinário. Pois – ora vejam só! – um cavaleiro desconhecido se agachava junto à fonte e lavava o rosto e o peito na água cristalina. E a dama viu que a luz do sol penetrava através das folhas da tília e iluminava aquele cavaleiro desconhecido. E notou que seu cabelo e sua barba eram de um vermelho dourado – mais luminosos que o brilho da manhã. E viu que sua testa e seu colo e seu peito eram brancos como alabastro. Viu também

A dama vê um cavaleiro junto à fonte.

que em torno ao pescoço e ombros pendia-lhe um colar dourado de uma beleza encantadora, onde o sol batia e refletia como se fosse um relâmpago.

A donzela Mellicene ficou então um longo tempo assim, observando – como se fosse uma visão – essa aparência desconhecida, enfeitiçada de encanto e prazer, sem saber se o que via era sonho ou não, nem se aquele que lá estava era um espírito ou um homem de carne e osso.

Então, voltando aos poucos do seu torpor, retirou-se em silêncio do umbral da janela, virou-se e desceu apressadamente as escadas da torre e saiu no jardim belo e florido que lá ficava. Em seguida correu pelo jardim com toda a pressa e sem ruído, e finalmente alcançou a passagem estreita que levava à fonte de mármore, às tílias e roseiras onde ela tinha acabado de ver o cavaleiro desconhecido se banhando nas águas cristalinas.

Mas o Rei Arthur tinha ouvido quando ela se aproximava e rapidamente recolocou o gorro na cabeça. Por isso ao se aproximar a donzela Mellicene não encontrou ninguém perto da fonte exceto o ajudante de jardineiro. Então perguntou-lhe:

A dama encontra somente o ajudante de jardineiro.

– Quem és, rapaz? E por que estás assim sentado ao lado da fonte?

E ele então respondeu:

– Sou o ajudante de jardineiro que veio há pouco tempo trabalhar aqui.

– Então dize-me, rapaz – falou ela –, e dize-me a verdade. Quem era aquele jovem cavaleiro que estava aqui ao lado da fonte agorinha mesmo, e para onde foi?

– Senhora, como assim? Não havia ninguém aqui nessa fonte hoje fora eu.

– Não, rapaz – ela exclamou –, estás me enganando, pois afirmo que vi com meus próprios olhos um jovem cavaleiro desconhecido aqui sentado banhando-se nas águas da fonte.

E o ajudante de jardineiro disse:

– Senhora, o que lhe disse é a pura verdade, pois de fato não esteve ninguém aqui esta manhã fora eu. Portanto, se julga que viu outra pessoa, então certamente está enganada.

Com isso a dama encarou-o com grande espanto. Ela própria estava muito confusa pois não conseguia duvidar dele. Tampouco conseguia crer nele inteiramente, pois seus olhos viram o que viram, e ela sabia que não podia ter se enganado. Portanto não sabia o que pensar e, estando assim confusa, ficou deveras irritada com o ajudante de jardineiro.

– Por certo – disse ela –, se estiveres me enganando, fica sabendo que vou te fazer sofrer muita dor, pois mandarei que te açoitem com cordas de piaçava – e com isso virou-se e partiu dali, muito intrigada com aquele estranho evento e imaginando o que significaria.

Naquela manhã, ela contou a Lady Guinevere tudo o que tinha visto, mas Lady Guinevere apenas riu e zombou dela, dizendo-lhe que tinha estado adormecida e sonhando quando teve aquela visão. E, de fato, a própria donzela começou a achar que era isso mesmo o que tinha acontecido. Mesmo assim passou a vigiar toda manhã do umbral da janela, mas não pôde ver nada por muito tempo, pois o Rei Arthur não voltou logo a frequentar aquele local.

Assim, dali a um tempo, veio uma manhã quando ela olhou pela janela, e – ora vejam! – lá estava o cavaleiro desconhecido ao lado da fonte mais uma vez como antes. E ele banhava o rosto e o peito na água como antes. E parecia tão gracioso e nobre como antes, e seu cabelo e sua jovem barba brilhavam como ouro sob o sol. Desta vez ela viu que o seu colar de ouro descansava na beira da fonte a seu lado, e brilhava com enorme esplendor na luz do sol enquanto ele lavava o peito. Então, depois de tê-lo observado por bastante tempo, a dama correu com toda a pressa até o quarto onde Lady Guinevere ainda dormia e gritou bem alto:

– Senhora, senhora! Acorde e venha comigo pois, olhe!, aquele mesmo jovem cavaleiro que vi está agora mesmo se banhando na fonte sob a tília.

Então, Lady Guinevere, muito confusa, levantou-se bem rápido e, cobrindo-se com toda pressa, foi com a dama até a janela que se abria sobre aquela parte do jardim.

E ali ela própria viu o jovem cavaleiro enquanto se banhava na fonte. E viu que seu cabelo e sua barba brilhavam feito ouro na luz do sol; e viu que sua roupa de baixo era de linho púrpura costurado com fios de ouro; e viu que a seu lado descansava o colar de ouro ricamente incrustado com pedras de várias cores, e o colar brilhava com enorme esplendor ali, na borda da fonte de mármore.

Lady Guinevere vê o cavaleiro junto à fonte.

Ela ficou um bom tempo assim fitando-o, muito perplexa. Então mandou que a donzela Mellicene a acompanhasse, virou-se para descer as escadas da torre e avançou até o jardim, como a sua dama de companhia tinha antes feito. Em seguida, da mesma forma como a donzela tinha feito, correu com toda pressa pela passagem estreita que levava à fonte.

Mas – ora vejam! – quando lá chegou, não encontrou um jovem cavaleiro, mas só o ajudante de jardineiro, da mesma forma como tinha acontecido com a donzela Mellicene antes. Pois o Rei Arthur a tinha escutado se aproximando, e tinha imediatamente colocado o gorro encantado na cabeça. Então Lady Guinevere ficou muito confusa de encontrar somente o ajudante de jardineiro, e não sabia o que pensar de algo tão estranho. Portanto perguntou a ele, do mesmo modo como tinha feito Mellicene, aonde tinha ido o jovem cavaleiro que ela vira naquele instante mesmo ali na fonte. E o ajudante de jardineiro respondeu como antes:

– Senhora! Ninguém esteve aqui em momento algum esta manhã, fora eu.

Acontece que, em seu afã, ao recolocar o gorro antes que Lady chegasse, o Rei Arthur tinha se esquecido de seu colar de ouro, e isto Guinevere viu, brilhando intensamente na borda da fonte.

– E então? – ela disse. – Como ousas fazer pouco de mim? Agora dize-me, rapaz, na terra de onde vens por acaso os ajudantes de jardineiro usam colares de ouro no pescoço como esse que está junto à fonte? Então, eu deveria era te mandar açoitar, que é o que mereces. Mas leva essa bugiganga contigo e entrega-a a quem de fato pertence, e diz a ele que mandei dizer que é uma vergonha que um verdadeiro cavaleiro graduado[41] se esconda nos jardins recônditos de uma dama – e virou-se com a donzela Mellicene, saiu dali e voltou novamente para seu quarto.

No entanto, no resto daquele dia, enquanto bordava não parava de pensar e imaginar como era possível que um jovem cavaleiro desconhecido pudesse desaparecer tão de repente e deixar em seu lugar o pobre ajudante de jardineiro. Por muito tempo ela não conseguiu decifrar coisa tão estranha.

Então, de repente, quando o calor do dia ia declinando até o frescor da tarde, ela se levantou por causa de um pensamento que lhe veio de súbito. Chamou a donzela Mellicene para si e pediu-lhe que fosse dizer ao ajudante de jardineiro para trazer-lhe imediatamente uma cesta de rosas frescas para enfeitar seus aposentos na torre.

Então Mellicene foi e fez o que ela tinha mandado, e depois de bastante tempo o ajudante de jardineiro veio trazendo uma cesta de rosas. E – ora vejam! – ele vinha com o gorro na cabeça. E todas as damas de companhia de Lady Guinevere, vendo que ele mantinha o gorro em sua presença, ralharam com ele, e Mellicene da Mão Branca ordenou-lhe:

O ajudante de jardineiro usa o gorro na presença de Lady Guinevere.

– Mas como? Como podes, camponês? Tens tão pouca consideração pelo respeito devido à filha de um rei que usas teu gorro na presença de Lady Guinevere? Ordeno que retires o gorro imediatamente.

E o Rei Arthur respondeu-lhe:

---

41. Corresponde a uma distinção honorífica, referindo o cavaleiro já reconhecido como tal, quer por atos de bravura, quer pelo adubamento, no qual recebeu publicamente seus equipamentos, como a espada que traz à cinta. (Adiante, à p.206, se dirá, com o mesmo sentido: "já participei de várias lutas de armas, como compete a um cavaleiro de cinta e esporas.")

– Senhora, não posso retirar meu gorro.

Lady Guinevere disse:

– E por que não podes retirar teu gorro, ó rude rapaz?

– Senhora – ele disse –, não posso retirar meu gorro porque tenho uma deformidade na cabeça.

– Então usa teu gorro – disse Lady Guinevere. – Mas traze-me aqui as rosas.

Então, seguindo sua ordem, ele levou as rosas até ela. Mas quando chegou perto da dama ela, de repente, tomou o gorro e puxou-o de sua cabeça. Então – ora vejam! – ele se transformou no mesmo instante; pois em vez do ajudante de jardineiro, surgiu ali na frente de Lady Guinevere e de sua dama alguém com a aparência de um jovem e nobre cavaleiro com cabelo e barba como fios de ouro. Então ele deixou cair a cesta de rosas, que se espalharam todas pelo chão, e permaneceu ali fitando todos os presentes. E algumas das damas de companhia de Lady Guinevere soltaram gritos, e outras ficaram imóveis de tanto susto e não conseguiam acreditar no que viam. Mas nenhuma delas sabia que aquele que ali estava era o Rei Arthur. Apesar disso, Lady Guinevere lembrou que esse era o mesmo cavaleiro que ela havia encontrado tão gravemente ferido estirado na cela do eremita na floresta.

Lady Guinevere descobre o cavaleiro da fonte.

Então ela riu e lançou-lhe o gorro de volta.

– Toma teu gorro – ela disse – e segue o teu caminho, ó ajudante de jardineiro com uma deformidade na cabeça.

Ela falou assim porque queria caçoar dele.

O Rei Arthur nada respondeu, mas imediatamente, com grande sobriedade, vestiu de novo o gorro. E voltando a assumir o aspecto humilde de antes, virou-se e saiu, deixando as rosas caídas espalhadas pelo chão.

Depois daquele dia, sempre que Lady Guinevere encontrava o ajudante de jardineiro no jardim, dizia para sua dama num tom que ele pudesse ouvir:

– Vê! Lá vai o ajudante de jardineiro que precisa sempre usar um gorro para esconder uma deformidade na cabeça.

Ela falava assim em público, fazendo pouco dele, mas na intimidade pedia às damas que não contassem nada sobre aquilo, e guardassem segredo sobre tudo o que tinha acontecido.

Capítulo Segundo

Como o Rei Ryence veio até Cameliard e como o
Rei Arthur lutou contra o Duque da Nortúmbria

Pois bem, nessa época chegou um dia um mensageiro à Corte do Rei Leodegrance com novas de que o Rei Ryence de Gales do Norte e o Duque Mordaunt da Nortúmbria estavam a caminho e traziam consigo um séquito enorme e imponente de cavaleiros e nobres. O Rei Leodegrance ficou deveras aflito com essas notícias, pois, embora não soubesse ao certo o que essa visita poderia indicar, muito temia que lhe trouxesse problemas. Então, no dia em que o Rei Ryence e o Duque da Nortúmbria apareceram diante do castelo, o Rei Leodegrance saiu para saudá-los e os três se encontraram no prado que margeia os muros de Cameliard.

O Rei Ryence e o Duque Mordaunt vão até Cameliard.

Lá o Rei Leodegrance deu boas-vindas aos outros da forma como devia, convidando-os a acompanhá-lo até o castelo para que ele os recebesse de acordo com a sua alta estirpe.

Mas o Rei Ryence nem se dignou a dar uma gentil resposta à cortesia do Rei Leodegrance:

– Não – ele disse –, não te acompanharemos até o teu castelo, Leodegrance, enquanto não soubermos se és nosso amigo ou nosso inimigo. Pois neste momento nós é que não somos tão amigos teus assim para sentarmo-nos à tua mesa e partilhar do teu sal. E com certeza seremos teus inimigos se antes não satisfizeres nossas exigências: ou seja, que me dês as terras que exijo de ti e que dês a meu primo, o Duque Mordaunt da Nortúmbria, Lady Guinevere para esposa. Portanto está em teu poder fazer-nos amigos ou inimigos teus. E por isso ficaremos aqui, do lado de fora do teu castelo, por cinco dias, durante os quais podes preparar a tua resposta para que saibamos se seremos amigos ou inimigos.

O Rei e o Duque lançam um desafio ao Rei Leodegrance.

– Enquanto isso – disse o Duque Mordaunt da Nortúmbria –, fica sabendo que estou pronto para duelar pelo meu direito à mão de Lady Guinevere com qualquer cavaleiro da tua Corte que decida negar esse meu justo título. E se não tiveres cavaleiro algum em toda a tua Corte que consiga vencer-me nas armas, então tu próprio não conseguirás defender-te do enorme exército de cavaleiros que o Rei Ryence reuniu e trouxe contra ti caso te recuses a cumprir nossas exigências.

O Rei Leodegrance então ficou extremamente angustiado, pois tinha medo daqueles nobres orgulhosos e não sabia que resposta lhes dar. Assim, virou-se e caminhou de volta para o castelo, tomado de enorme preocupação e tristeza. E o Rei Ryence e o Duque Mordaunt e seu séquito de nobres e cavaleiros montaram suas tendas no prado próximo ao castelo, de modo que toda a planície ficou coberta de tendas. E lá se estabeleceram com grande algazarra e regozijo, banqueteando, cantando e divertindo-se, pois o séquito do Rei Ryence era grande e vivaz.

O Duque Mordaunt cavalga em frente ao castelo. Quando veio a manhã seguinte, o Duque Mordaunt da Nortúmbria saiu todo paramentado com sua armadura. E trotava de um lado para o outro do campo em frente ao castelo, enquanto lançava um grande desafio para aqueles que lá estavam, duvidando que algum cavaleiro viesse lutar com ele numa justa:

– Ora! – ele gritou. – Onde estão, ó cavaleiros de Cameliard? Será que não há ninguém para se bater comigo? Como então podem desejar lutar contra os cavaleiros de Gales do Norte, se temem lutar contra um único cavaleiro da Nortúmbria?

Assim zombava deles na sua soberba, enquanto ninguém de Cameliard ousava se lançar contra ele. Pois o Duque da Nortúmbria era um dos cavaleiros mais famosos daqueles tempos, e tinha enorme força e sucesso em armas, e não havia ninguém na Corte do Rei Leodegrance naqueles tempos de paz que estivesse minimamente preparado para enfrentar um cavaleiro de sua comprovada destreza e valor. Portanto ninguém aceitou o desafio que o Duque da Nortúmbria lançava para a Corte de Cameliard. Enquanto isso, muitas pessoas se aglomeravam nas muralhas de Cameliard e olhavam para baixo, onde estava aquele duque orgulhoso e altivo, todo coberto com sua esplêndida armadura. Sentiam-se todos tristes e envergonhados por não haver ninguém naquela cidade pacífica que se apresentasse para lutar com ele. E todos os nobres e cavaleiros do séquito do Rei Ryence vieram e ficaram em frente à tenda do rei e riam e batiam palmas e aclamavam o Duque Mordaunt enquanto ele trotava à sua frente. E quanto mais gritavam de júbilo, mais envergonhada ficava a gente de Cameliard.

– Ora, ora! – gritava o orgulhoso Duque. – Ora! Será que ninguém virá duelar comigo? Como pode então Cameliard esperar enfrentar o Rei de Gales do Norte com todas as suas tropas se sou somente um?

E a gente de Cameliard se aglomerava no alto das muralhas, ouvindo-o com vergonha e tristeza.

Pois bem, durante todo esse tempo o Rei Arthur estava cavando no jardim. No entanto estava bem ciente de tudo o que estava acontecendo e de que o Duque da Nortúmbria trotava de um lado para o outro orgulhosamente em frente à muralha. Portanto, deixou de lado a pá e saiu secretamente pelo portão dos fundos até chegar à cidade.

Acontece que em Cameliard havia um mercador excepcionalmente rico, chamado Ralph de Cardiff, e a fama de suas posses e de sua alta estirpe tinha chegado até os ouvidos do Rei Arthur, em Carleon. Por isso foi para a casa dele que o Rei Arthur se dirigiu.

Enquanto passava por uma viela, não longe da casa do mercador, tirou o disfarce do gorro mágico e voltou a assumir parte de sua nobre aparência de antes, pois tinha decidido mostrar-se como cavaleiro àqueles que olhassem para ele. De fato, quando encontrou o mercador em seus aposentos, e este olhou-o no rosto, não sabia o que pensar, vendo um cavaleiro tão nobre todo vestido de lã grosseira. Pois embora o Rei Arthur fosse um estranho para o bom homem que não lhe conhecia o rosto, o mercador logo viu que não se tratava de um cavaleiro comum, mas certamente de alguém de alta estirpe e autoridade, embora estivesse vestido de lã.[42]

Então o Rei Arthur abriu o seu gibão e mostrou ao mercador o colar de ouro que trazia no pescoço. E também mostrou-lhe que, embaixo da rude jaqueta de lã, trazia uma roupa de baixo de fina seda púrpura costurada com fios de ouro. E então mostrou ao bom homem seu próprio anel com o selo real, e quando o mercador o viu, logo reconheceu o anel do Rei da Bretanha. Portanto, vendo essas provas de autoridade alta e soberana, o mercador se levantou e tirou o chapéu perante o Rei.

– Senhor mercador – disse o Rei –, saiba que sou um cavaleiro desconhecido que aqui veio disfarçado. Mas posso lhe dizer que sou um grande amigo do Rei Leodegrance e tenho-lhe enorme estima. O senhor com certeza sabe que o Duque da Nortúmbria está trotando de um lado para o outro em frente ao castelo do Rei, e desafia qualquer um dentro do castelo a sair e lutar com ele pela honra de Lady Guinevere. Bem, decidi eu próprio arriscar essa luta, e

---

42. Na Idade Média, a moda surgiu das novas condições de produção. Antes do séc.XI, os tecidos variavam pouco, entre a lã e o linho. Com o desenvolvimento das indústrias têxteis, principalmente em Flandres e no norte da Itália, mais tarde também na Inglaterra e Península Ibérica, deu-se início à fabricação de uma enorme variedade de panos, o que acompanhou o progressivo requinte dos trajes. Note-se, na passagem em questão, como o mercador avalia Arthur, quando trajando "lã" ou "fina seda púrpura".

tenho grandes esperanças de conseguir defender a honra de Cameliard e causar vergonha a seus inimigos.

"Senhor mercador, sei bem que o senhor tem várias excelentes armaduras aqui guardadas, pois a fama delas chegou até meus ouvidos embora eu viva bem distante daqui. Portanto desejo que me prepare da melhor forma para que eu possa imediatamente travar uma luta com esse Duque da Nortúmbria. Além disso, dou-lhe minha palavra de cavaleiro que será amplamente recompensado pela melhor armadura que puder me oferecer, e isso não tardará a ser feito."

O Rei Arthur procura uma armadura para lutar.

– Meu senhor – disse Mestre Ralph –, percebo que não é um cavaleiro andante comum, mas sim alguém de nível extraordinário e portanto é um enorme prazer suprir suas necessidades. Mas mesmo que fosse outra pessoa, ainda assim eu desejaria equipá-lo com uma armadura, vendo que decidiu lançar-se contra aquele duque.

Dito isso, ele fez soar um pequeno sino de prata que estava ali perto, e em resposta vários atendentes apareceram imediatamente. Às mãos deles confiou a pessoa do Rei, pedindo-lhes que o tratassem com extraordinário respeito. Portanto, alguns dos atendentes prepararam para o Rei um banho de água morna perfumada com âmbar, muito salutar. E depois que ele foi banhado nessa água e enxugado com toalhas de linho macias, outros atendentes conduziram-no para um salão revestido de tapeçarias e bordados, onde um nobre banquete tinha sido servido especialmente para ele. Lá o próprio nobre mercador serviu o Rei, oferecendo-lhe carnes diversas – muito delicadas, e de vários tipos – e também fino pão branco. E serviu-lhe vinhos de vários países – alguns vermelhos como rubi, outros amarelos como ouro. O Rei realmente jamais havia saboreado um banquete como aquele que o mercador Ralph de Cardiff tinha lhe preparado.

Depois de ter se fartado, seis pajens ricamente vestidos de cetim de seda azul vieram e conduziram o Rei para um aposento de grande imponência, onde lhe ajustaram no corpo uma armadura espanhola,[43] habilmente forjada e incrustada de ouro. Aquele tipo de armadura dificilmente era encontrado em toda aquela região. O manto e os vários complementos

O Rei Arthur é armado por Ralph de Cardiff.

---

43. Na Península Ibérica, ao contrário do que seria de esperar, as armaduras continuaram a ser fabricadas mesmo com o surgimento de novas estratégias de guerra, resultantes da artilharia pesada. Na Era dos Descobrimentos (sécs.XV-XVI), o interesse pela Cavalaria e seus ideais de heroísmo estava em alta, sonhos alimentados pelas novelas versando matéria cavaleiresca, continuamente produzidas até o séc.XVIII. Observe-se o esplendor da armadura de Arthur, "habilmente forjada e incrustada de ouro".

eram de cetim e brancos feito leite. E o escudo era branco, sem qualquer ornamento ou emblema. Então os atendentes conduziram o Rei até o pátio, onde havia um belo corcel, branco feito leite, e nele todos os arreios eram de tecido branco feito leite sem qualquer ornamento ou emblema. E as rédeas eram todas enfeitadas com tachas de prata.

Então, depois que os atendentes tinham ajudado o Rei Arthur a montar no seu corcel, o nobre mercador veio e disse-lhe muitas palavras de estímulo, então o Rei despediu-se dele e partiu, cavalgando reluzente no brilho branco da bela armadura, de modo que parecia a lua cheia na época da colheita.

Enquanto passava pelas ruas de pedra da cidade, as pessoas se viravam e o observavam, admiradas de seu aspecto tão nobre cavalgando pelas ruelas entre as casas da cidade.

Assim o Rei Arthur se dirigiu para o portão dos fundos do castelo e, lá chegando, desmontou e amarrou o cavalo. Então entrou imediatamente no jardim e lá, encontrando um atendente, pediu para falar naquele instante com Lady Guinevere. Então o atendente, muito espantado com sua nobre presença, transmitiu o recado, e dali a pouco veio Lady Guinevere, muito surpresa, passando por um corredor com várias de suas damas, até que chegou bem acima de onde estava o Rei Arthur. E quando o Rei Arthur ergueu os olhos e a viu ali acima dele, ficou ainda mais apaixonado. E disse-lhe:

– Senhora, desejo honrá-la o mais que puder. Sigo agora para lutar contra aquele Duque da Nortúmbria que cavalga na frente deste castelo. Além disso, espero e acredito fielmente que conseguirei derrotá-lo. Para tal, peço-lhe algum penhor,[44] do tipo que uma dama dá ao cavaleiro para que ostente ao cavalgar em defesa de sua honra.

Então Lady Guinevere disse:

– Por certo, Cavaleiro, faria isso se soubesse quem o senhor é. Entretanto, embora não saiba, mesmo assim desejo aceitar sua oferta de ser meu campeão. Portanto, quanto ao penhor de que fala, se me disser o que deseja, alegremente lhe darei.

> Lady Guinevere aceita o Rei Arthur como seu campeão.

---

44. Referência a uma prática galante muito comum nos torneios medievais, celebrizada pela lírica trovadoresca e pelos romances de cavalaria: para combater pela amada, o cavaleiro ou o namorado pede-lhe uma prenda, um dom, um galardão, mediante o qual ele torna público o compromisso com a dona daquele laço, anel, cinto, lenço, colar, mecha de cabelo etc. – ou qualquer outro penhor equivalente, que os amantes ainda hoje costumam ostentar por testemunho de sua relação amorosa. (Veja-se, mais adiante, à p.259 que a prenda, de perspectiva sociológica, também se inscreve em um sistema de trocas, em que alguém paga o que deve a outro.)

– Assim sendo, Dama – disse o Rei Arthur –, gostaria desse colar que a senhora usa no pescoço, pois me parece que se eu o tiver enrolado no braço, sentir-me-ei extraordinariamente mais forte.

– Por Deus, Cavaleiro – disse a Dama –, o que o senhor deseja de mim certamente terá.

E assim dizendo, retirou do pescoço longo e macio o colar de pérolas que usava, e deixou-o cair onde estava o Rei Arthur.

O Rei Arthur tomou o colar, amarrou-o no braço e agradeceu efusivamente. Então saudou Lady Guinevere com elegância cavaleiresca, e ela a ele, e em seguida foi-se dali muito cheio de felicidade que Lady Guinevere tanto o tivesse favorecido.

Pois bem, já tinha se espalhado por Cameliard a notícia de que um cavaleiro iria enfrentar o Duque da Nortúmbria. E assim uma grande multidão se aglomerou nas muralhas, e o Rei Leodegrance e Lady Guinevere e toda a Corte do Rei foram até aquela parte dos muros do castelo em frente ao prado onde o Duque da Nortúmbria montava guarda. Havia ali uma tal turba reunida, que qualquer cavaleiro se sentiria impelido a dar o melhor de si aos olhos de toda a gente que observava o campo.

De repente, as grades do portão do castelo se ergueram, a ponte levadiça foi baixada e o Campeão Branco avançou em seu cavalo para o duelo que tinha aceitado. E enquanto cavalgava pela ponte estreita, as ferraduras de seu cavalo estalavam na madeira com um som de trovão, e ao sair na luz do sol – ora! – sua armadura de repente reluziu feito um raio, e o povo quando o viu começou a gritar.

Quando o Duque da Nortúmbria avistou um cavaleiro todo vestido de branco, imediatamente cavalgou até ele com palavras de saudação de cavaleiro.

– Meu Senhor – disse ele –, percebo que não ostenta um timbre no elmo, tampouco emblema de qualquer tipo no escudo, portanto não sei quem é. Entretanto, mesmo assim acredito que é um cavaleiro de boa estirpe e coragem comprovada, ou então não teria vindo até aqui.

– Certamente, Senhor Cavaleiro – disse o Rei Arthur –, sou de estirpe igual à sua. E quanto à minha coragem, acredito que já foi comprovada em tantos embates quanto a sua.

– Senhor Cavaleiro – disse o Duque da Nortúmbria –, fala com enorme altivez. Entretanto, sugiro que reze o melhor que puder, pois agora o derrubarei da sela, de modo que nunca mais se levantará novamente, pois já derrotei homens muito melhores do que o senhor jamais poderá almejar a ser.

A isto o Rei Arthur respondeu com um jeito incrivelmente calmo:

– Isso cabe a Deus decidir, Senhor Cavaleiro, e não ao seu desejo.

Então cada cavaleiro saudou o outro e cavalgou até o lugar que lhe cabia, e lá cada um empunhou espada e escudo e se preparou para o embate. Então fez-se um silêncio tão grande que naquele suspense era possível escutar o próprio coração batendo. Durante um breve instante, cada cavaleiro aguardou, montado em seu cavalo, como se fosse uma estátua de ferro. Então, de repente, cada um gritou para seu corcel e esporeou-o no flanco, avançando de onde estava. E assim se chocaram no meio do caminho com um som que parecia um violento trovão. E – ora! – a lança do Duque da Nortúmbria se despedaçou até o punho, e a lança do Rei Arthur no entanto não se rompeu, mas ficou inteira, de modo que o Duque caiu de sua sela como um moinho – dando voltas no ar e batendo no chão, que tremeu sob ele. E rolou ainda umas três vezes pela poeira do chão.

O Rei Arthur derrota o Duque Mordaunt.

Então todos sobre a muralha gritaram tão alto que o rumor era impressionante, pois eles não esperavam que seu campeão seria tão extraordinariamente forte e hábil.

Enquanto isso, os membros do séquito do Rei Ryence correram imediatamente até onde o Duque da Nortúmbria estava caído, e logo desamarraram seu elmo para ajudá-lo a respirar. E primeiro acharam que tinha morrido, e depois acharam que estava morrendo, pois – vejam só! – lá estava ele sem vida ou movimento. E só se recobrou daquele desmaio em que estava depois de duas horas ou mais.

Pois bem, enquanto os atendentes se ocupavam assim do Duque Mordaunt da Nortúmbria, o Rei Arthur permaneceu montado em seu cavalo, muito quieto, observando o que faziam. Então, vendo que o inimigo não estava morto, deu meia-volta e partiu.

Não voltou naquele momento para Cameliard, pois achava que ainda não tinha terminado de lidar com os inimigos da paz de seu reino, e portanto tinha decidido ainda não devolver o cavalo e a armadura ao mercador, mas guardá-los para uma outra ocasião.

Então lembrou que, quando estava a caminho de Cameliard, tinha passado por um trecho da floresta onde alguns lenhadores cortavam lenha. Assim, decidiu ir até lá e deixar seu cavalo e armadura aos cuidados daquele povo simples até que precisasse deles novamente. Portanto lá se foi ele para o campo, deixando para trás a cidade e o castelo e toda a algazarra; não virou a cabeça uma só vez para olhar para o lugar onde tinha derrotado seu inimigo de forma tão violenta.

Dois cavaleiros duelam diante de Cameliard

Agora vocês ouvirão sobre algumas aventuras agradáveis e alegres que ele viveu antes de alcançar todos os seus objetivos. Pois quando um homem é rei entre homens como o Rei Arthur, tem um temperamento tão calmo e constante que nem a vitória nem a derrota podem fazê-lo ficar indevidamente cheio de si ou angustiado a ponto de cair em desespero. Portanto, se quiserem ser como o Rei Arthur, devem encarar todos os triunfos como ele encarou essa vitória, pois assim não se desviarão de seus objetivos finais por grandes aplausos que muitos podem lhes dar, mas terminarão o trabalho que se propuseram a fazer antes que se permitam sentar e usufruir dos frutos de suas vitórias.

Sim, aquele que é um verdadeiro rei entre os homens não dirá para si mesmo: "Olhem! Sou digno de ser coberto de louros", mas sim "O que mais posso fazer para que o mundo seja um lugar melhor graças aos meus esforços?".

Capítulo Terceiro

Como o Rei Arthur encontrou quatro cavaleiros e o que então aconteceu

Pois bem, o dia estava extraordinariamente ameno e agradável para alguém de corpo tão robusto e alma tão leve quanto o bom Rei Arthur. As nuvens claras flutuavam suavemente através do céu azul em volumes prodigiosos de vapor, e o vento soprava sobre a grama alta dos prados e sobre os campos de trigo crescido de tal forma que uma infinidade de ondas viajavam por sobre os montes e os vales como se fossem um mar inteiro de verdor. E também a terra toda se escurecia com a sombra daquelas nuvens e dali a pouco tudo novamente explodia com um súbito raio de sol. E os passarinhos chilreavam felizes nas sebes e nas moitas fechadas como se fossem sucumbir de tanto trinar, e o galo cantava lá do galinheiro, forte e vigoroso, e tudo estava tão novo e agradável que o jovem Rei, com o visor do elmo levantado para aproveitar a brisa suave, às vezes entoava uma alegre melodia pelo caminho. Assim viajava o Rei Arthur naquele jubiloso e doce verão, quando a terra era jovem e era o tempo-que-já-passou.

Pois bem, vocês devem lembrar que, quando o Rei Arthur foi de Carleon para o castelo de Tintagalon, trouxe consigo quatro cavaleiros para acompanhá-lo. Aqueles cavaleiros eram os seguintes: havia Sir Gawaine, filho do Rei Lot e da Rainha Margaise, e havia Sir Ewaine, filho do Rei Urien e da Rainha Morgana (e esses dois eram meio-sobrinhos de sangue do Rei), e havia Sir Pellias, e havia Sir Geraint, filho de Erbin. Eram esses quatro nobres jovens cavaleiros que tinham ido com o Rei Arthur de Camelot para Tintagalon.

Pois bem, aconteceu que, enquanto o Rei Arthur cavalgava alegremente pelo dia de verão, conforme já foi dito, chegou a um certo ponto da estrada onde viu à sua frente uma torre alta e bela que ficava numa colina verde logo ao lado da estrada. E – ora! – no balcão da torre viam-se três formosas donzelas, todas vestidas de tafetá verde. Na estrada em frente ao castelo havia um cavaleiro usando uma bela armadura. E o cavaleiro estava sentado num excelente corcel, e nas mãos trazia um alaúde, e tocava o alaúde e cantava com uma voz de extraordinária doçura. Enquanto cantava, as damas vestidas de tafetá verde escutavam dando sinais

O Rei Arthur encontra um cavaleiro divertindo certas damas vestidas de verde.

de enorme júbilo. E sempre que o cavaleiro parava de cantar, as três damas batiam palmas animadamente e pediam-lhe que cantasse de novo para elas, o que ele prontamente atendia.

A tudo isso o Rei Arthur observava e lhe parecia uma visão por demais agradável, o que lhe causou imensa alegria.

E então ele se aproximou e – ora vejam só! – viu que o cavaleiro que estava sobre o cavalo e cantava enquanto tocava o alaúde era ninguém menos que Sir Geraint, filho de Erbin. Pois no timbre daquele cavaleiro vinha a imagem de um grifo, e o emblema em seu escudo eram dois grifos rampantes afrontados,[45] contra um campo azul, e o Rei sabia que esses eram o timbre e o emblema de Sir Geraint. E quando o Rei percebeu quem era o cavaleiro que lá estava sentado cantando, riu consigo mesmo e logo baixou o visor do elmo e se preparou para o embate que pudesse, talvez, ocorrer. Então aproximou-se de onde o cavaleiro cantava e as damas escutavam.

Pois bem, quando Sir Geraint percebeu que o Rei Arthur se aproximava, parou de cantar e pendurou o alaúde no ombro. Então, erguendo o olhar para onde estavam as três damas, disse:

– Caras damas, vi que apreciaram ouvir-me cantar, o que fiz especialmente em sua honra. Agora, igualmente em sua honra, mostrar-lhes-ei uma proeza cavaleiresca que muito espero lhes traga grande glória. Pois, se me fizerem a gentileza de me conceder o estímulo que a imensa beleza facilmente inspira, verão, não duvido nada, como derroto completamente aquele cavaleiro ali, e isso apenas para dar-lhes fama e renome.

– Cavaleiro – disse a dama que falava pelas outras –, o senhor é certamente um nobre de alta estirpe e de modos extraordinariamente gentis, portanto lhe desejamos grande sucesso nessa empresa, e acreditamos que terá êxito no que pretende realizar.

Com isso, Sir Geraint agradeceu enfaticamente àquelas damas por suas palavras, e fechou o visor do elmo. Então, ajeitando a lança e o escudo, e saudando aquelas três damas com grande humildade, avançou até onde o Rei Arthur o aguardava, a uma pequena distância dali, sentado muito quieto e calmo.

Pois bem, Sir Geraint não reconheceu o Rei Arthur porque ele não trazia timbre no elmo ou emblema no escudo, de modo que o saudou dizendo o seguinte:

– Ah! Senhor, não sei quem é, vendo que não ostenta nem timbre nem emblema. Mesmo assim decidi dar-lhe a honra de se bater comigo em nome

---

45. Em heráldica, diz-se "rampante" quando uma figura de quadrúpede é brasonada de pé sobre as patas traseiras, com a cauda paralela ao corpo, considerada esta a sua posição normal. Quando estão em pares podem figurar "afrontados", um olhando para o outro.

daquelas três donzelas que vê ali naquele balcão. Pois afirmo-lhe que elas são mais belas que a sua dama, seja ela quem for, e estou pronto a prová-lo com minha honra de cavaleiro.

– Cavaleiro – disse o Rei Arthur –, de bom grado lutarei com o senhor pela honra de minha dama, pois, digo-lhe, ela é uma princesa, e tida por muitos como a dama mais linda de todo o mundo. Mas apenas lutarei com uma condição, e a condição é a seguinte: que aquele que for derrotado se renda como servo do outro por sete dias, e durante esse tempo deverá fazer tudo o que lhe for mandado.

– Aceitarei o desafio, Senhor Cavaleiro Desconhecido – disse Sir Geraint –, e quando o tiver derrotado, vou entregá-lo àquelas damas para que lhes sirva por sete dias. E posso afirmar-lhe que para muitos cavaleiros essa seria considerada uma tarefa não só agradável, mas também honrosa.

– E se por acaso eu o derrotar – disse o Rei Arthur –, enviá-lo-ei para servir à minha dama pelo mesmo período de tempo, e essa será uma tarefa ainda mais honrosa do que aquela que escolheu para mim.

Então cada cavaleiro saudou o outro, e assim se posicionaram para logo se enfrentarem sob o balcão onde as três belas donzelas assistiam da sacada. Então cada cavaleiro empunhou lança e escudo e, tendo se preparado para o embate, cada um ficou aguardando, totalmente pronto, por um curto espaço de tempo. Então cada um gritou para seu corcel, esporeou-o nos flancos e avançou com incrível rapidez para o ataque. Assim chocaram-se no meio do caminho com uma força tão grande que o estrondo era terrível de ouvir. Cada cavaleiro golpeou o outro no meio de suas defesas. E – ora! – a lança de Sir Geraint espatifou-se em mil pedaços até o punho, mas a lança do Rei Arthur ficou inteira, e Sir Geraint foi lançado com tanta violência para trás que tanto ele quanto seu cavalo foram derrubados na poeira do chão com um ruído como o estrondo de um monstruoso trovão.

O Rei Arthur derrota Sir Geraint.

E quando Sir Geraint conseguiu se levantar, ficou algum tempo tão atordoado que não sabia bem onde estava, pois nunca havia sido derrotado desta forma antes em toda a sua vida. Então, voltando rapidamente a si, de imediato puxou sua espada e gritou de modo enfático para que o Rei Arthur descesse de sua sela e lutasse com ele a pé.

– Não, de jeito nenhum, Cavaleiro – disse o Rei Arthur –, não lidarei com o senhor dessa maneira. Além do mais, não deve se esquecer que prometeu se entregar a mim como servo por sete dias, pois não há dúvida de que o derrotei inteiramente nesse embate, e agora está à minha mercê como meu servo.

Então Sir Geraint não sabia o que dizer, pois estava completamente tomado de vergonha e desgosto com a derrota. Entretanto, viu que precisava manter sua palavra de cavaleiro, e guardar a promessa que tinha feito, e assim embainhou a espada novamente, embora deveras descontente.

– Senhor Cavaleiro – disse ele –, reconheço que fui vencido nesse embate, portanto rendo-me às suas ordens, conforme a palavra que empenhei.

– Então submeto-o às minhas ordens da seguinte forma – disse o Rei Arthur –, vá imediatamente até Lady Guinevere em Cameliard, e conte a ela que foi derrotado pelo cavaleiro a quem ela deu seu colar como penhor. Além disso, quero que lhe obedeça em tudo que ela lhe ordenar fazer, e isso pelo espaço dos próximos sete dias.

O Rei Arthur envia Sir Geraint a Lady Guinevere.

– Senhor Cavaleiro – disse Sir Geraint –, o que me pede para fazer farei, de acordo com a sua ordem.

Então, montou em seu cavalo e seguiu caminho. E o Rei Arthur seguiu o seu caminho. E as três damas que estavam no balcão do castelo ficaram muito felizes por terem assistido a uma luta armada tão nobre como aquela.

Pois bem, depois de viajar a distância de umas três léguas ou mais, o Rei Arthur chegou numa terra pantanosa onde havia muitos diques, e onde as garças e os galeirões buscavam abrigo nos juncos. E ali, em diversos lugares, havia vários moinhos com as suas pás girando lentamente sob o sol ao sabor do vento que atravessava as planícies de charcos. Nesse lugar havia uma estrada pavimentada comprida e reta, ladeada por duas compridas fileiras de salgueiros chorões. Ao se aproximar dessa estrada, o Rei Arthur viu dois cavaleiros que es-

O Rei Arthur encontra dois cavaleiros em um moinho.

tavam sentados em seus cavalos à sombra de um grande moinho que ficava de um dos lados da estrada. E a grande sombra vinda das pás do moinho escorria ao longo da estrada enquanto a roda do moinho girava lentamente com o vento. Em volta do moinho e em toda parte havia grandes quantidades de andorinhas voando ligeiras de um lado para o outro feito abelhas em volta da colmeia no alto verão. E o Rei Arthur viu que os dois cavaleiros, sentados à sombra do moinho, estavam comendo de uma grande bisnaga de pão de centeio, fresco e crocante; comiam também um belo queijo branco que o moleiro, todo coberto de farinha, lhes servia. Mas quando esses dois cavaleiros notaram a presença do Rei Arthur, imediatamente pararam de comer do pão e do queijo e logo fecharam seus elmos. O moleiro, por sua vez, quando os viu se prepararem, voltou rapidamente para o moinho, fechou a porta atrás de si e então foi espiar de uma janela que ficava em cima de onde estavam os cavaleiros.

Mas o Rei Arthur riu muito consigo mesmo quando percebeu que os dois cavaleiros eram Sir Gawaine e Sir Ewaine. Ele reconheceu que um era Sir

O Cavaleiro Branco encontra dois cavaleiros em um moinho.

Gawaine porque o timbre no elmo trazia um leopardo rampante, e porque ele trazia no escudo o emblema de um leopardo rampante contra um campo vermelho. E reconheceu que o outro era Sir Ewaine, porque o timbre trazia a imagem de um unicórnio, e porque o emblema em seu escudo era uma mulher empunhando uma espada desembainhada contra um campo dourado. O Rei Arthur então fechou o próprio elmo para que os dois jovens cavaleiros não o reconhecessem.

Assim, quando tinha se aproximado dos dois, Sir Gawaine cavalgou um pouco adiante para encontrá-lo.

– Senhor Cavaleiro – disse ele –, deve saber que este é um terreno assaz perigoso onde veio dar, pois não há outra passagem através dos pântanos e não o deixarei passar a não ser que se bata comigo.

– Senhor Cavaleiro – disse o Rei Arthur –, tenho grande vontade de bater-me consigo. Entretanto, apenas o farei sob uma condição, que é: aquele que for derrubado deve servir ao outro em tudo durante sete dias inteiros.

– Aceito o desafio, Senhor Cavaleiro – disse Sir Gawaine, pois pensou consigo mesmo: "Com certeza, um cavaleiro tão forte e hábil como eu facilmente conseguirá derrubar esse desconhecido."

Então, cada cavaleiro imediatamente se posicionou no local combinado e, empunhando lança e escudo e preparando-se de toda forma, após um breve espaço de tempo, cada um de repente gritou para seu cavalo, esporeou-o nos flancos e cavalgou para o embate. E cada cavaleiro golpeou o outro no meio de suas defesas e – ora! – a lança de Sir Gawaine se despedaçou, mas a lança do Rei Arthur ficou inteira, de modo que Sir Gawaine foi arrancado de sua sela e da garupa de seu cavalo. E de fato acabou caindo com toda a força na poeira do chão. E não conseguia se levantar imediatamente depois da queda, mas ficou algum tempo deitado e todo tonto. Quando finalmente se levantou, viu que aquele cavaleiro branco que o tinha derrubado estava ali perto, montado em seu cavalo.

O Rei Arthur derrota Sir Gawaine.

Então o Rei Athur falou e disse:

– Senhor Cavaleiro, derrotei-o inteiramente e então agora deve me servir conforme a sua palavra de cavaleiro.

Então Sir Ewaine, que estava ali perto montado no seu cavalo, falou:

– Nada disso, Senhor Cavaleiro – ele disse –, nada disso, não enquanto não tiver lidado comigo. Pois exijo que se lance numa justa comigo imediatamente. E se eu o derrubar exigirei que liberte meu primo dessa servidão. Mas se me derrubar, então eu o servirei da mesma forma que ele lhe prometeu.

– Senhor Cavaleiro – disse o Rei Arthur –, estou absolutamente pronto para aceitar o desafio!

Então, cada cavaleiro se posicionou no lugar combinado e se preparou para o embate. Então gritaram e avançaram ao mesmo tempo, lançando-se um contra o outro como dois carneiros que se chifram nos montes. E a lança de Sir Ewaine também se fez em pedaços, mas a do Rei Arthur ficou inteira, de modo que a cinta da sela de Sir Ewaine arrebentou, e tanto a sela quanto o cavaleiro foram arrancados do dorso do cavalo com tal violência que uma torre desmoronando não teria feito estrondo maior do que Sir Ewaine quando caiu na poeira daquela estrada.

O Rei Arthur derrota Sir Ewaine.

Então Sir Ewaine se levantou e olhou em volta, cheio de espanto. O Rei Arthur veio até ele e disse-lhe assim:

– Ah, Senhor Cavaleiro, parece que foi belamente derrotado hoje. Portanto, de acordo com as suas promessas, tanto o senhor quanto aquele outro cavaleiro ali devem seguir todas as minhas ordens durante os próximos sete dias inteiros. Esta é a ordem que lhes dou: que sigam imediatamente até Lady Guinevere em Cameliard e levem-lhe uma saudação do seu cavaleiro. E devem dizer a ela que o seu cavaleiro, a quem ela deu o seu colar, enviou os senhores, que são filhos de Reis, para obedecer-lhe. E devem obedecer-lhe em tudo o que ela lhes ordenar durante os próximos sete dias, em cada mínimo detalhe.

O Rei Arthur envia os dois cavaleiros a Lady Guinevere.

– Senhor Cavaleiro – disse Sir Gawaine –, faremos o que manda, já que demos a nossa palavra. Mas quando tiverem passado esses sete dias, prometo que o procurarei e lutarei com o senhor até o fim. Pois embora possa acontecer com qualquer cavaleiro, como aconteceu comigo, de ser derrubado da sela, acredito que poderia ter sido mais bem-sucedido se tivesse lutado até os limites de minha capacidade.

– Senhor Cavaleiro – disse o Rei Arthur –, assim será. Mas acredito fielmente que quando esses sete dias tiverem se passado, o senhor não terá tanto desejo assim de lutar comigo como agora.

Tendo dito isto, o Rei Arthur saudou os dois cavaleiros e eles o saudaram. Isso feito, deu meia-volta em seu cavalo e partiu. E toda vez que lembrava como aqueles dois bons cavaleiros tinham caído com sua investida, e quando lembrava como ficaram atônitos e desconcertados com a própria derrota, ria alto de pura alegria, jurando que nunca em toda a sua vida tinha se envolvido numa aventura tão divertida como aquela.

Então, depois que Sir Ewaine consertou a cinta de sua sela, ele e Sir Gawaine montaram em seus cavalos e tomaram a estrada de Cameliard, muito cabisbaixos.

E o moleiro saiu do moinho mais uma vez, alegre de ter assistido de um lugar tão seguro a uma luta tão incrivelmente cavaleiresca como aquela.

Assim o Rei Arthur seguia em seu cavalo muito satisfeito até que caiu a tarde e ele chegou próximo à parte da floresta que tinha escolhido como o lugar certo para deixar seu cavalo e armadura.

Pois bem, quando se aproximou daquela parte de fora da floresta, notou na beira da estrada um carvalho todo retorcido e atrofiado. E notou que no carvalho estava pendurado um escudo, e sob o escudo as seguintes palavras vinham escritas em verde:

Aquele que golpear este escudo
O faz arriscando o próprio corpo.

O Rei Arthur golpeia o escudo do Cavaleiro Branco.

Então o Rei Arthur encheu-se de ímpeto e, levantando a lança, golpeou o escudo, que ressoou como um trovão.

Então imediatamente o Rei Arthur ouviu uma voz saindo da floresta, que gritava:

– Quem ousa golpear meu escudo?

E na mesma hora saiu de lá um cavaleiro corpulento, montando um cavalo branco, como o do próprio Rei Arthur. E o cavalo e o cavaleiro vinham todos paramentados de branco como o próprio Rei Arthur e o seu cavalo. E o cavaleiro trazia no elmo um timbre ostentando um cisne com as asas abertas, e no escudo trazia o emblema de três cisnes contra um campo prateado. E por causa do timbre e do emblema no escudo, o Rei Arthur viu que aquele cavaleiro era Sir Pellias, que tinha vindo com ele de Camelot para Tintagalon.

Então, aproximando-se de onde o Rei Arthur o estava esperando, Sir Pellias puxou as rédeas e falou-lhe com voz muito severa:

– Ora, ora, Senhor Cavaleiro! – disse ele. – Por que ousou golpear meu escudo? Saiba que esse golpe lhe trará grande perigo e sofrimento. Agora prepare-se imediatamente para se defender do que fez.

– Espere! Espere, Senhor Cavaleiro – disse o Rei Arthur –, será como quer, lutarei consigo. Mas não me lançarei nessa aventura até que aceite que o cavaleiro que for derrubado no embate sirva ao outro, em tudo o que o outro desejar, durante uma semana, a partir de agora.

– Senhor Cavaleiro – disse Sir Pellias –, aceito esse desafio, e por isso peço-lhe que agora se prepare para o embate.

Então cada cavaleiro se posicionou no lugar combinado e empunhou lança e escudo. Quando estavam prontos, imediatamente dispararam com uma tal violência, como duas pedras lançadas de uma catapulta. E assim se chocaram no

O Rei Arthur derrota Sir Pellias.

meio do caminho, e novamente o Rei Arthur foi completamente vitorioso naquele ataque, pois a lança de Sir Pellias se fez em pedaços enquanto a do Rei Arthur ficou inteira. E Sir Pellias foi arremessado de sua sela para além da garupa de seu cavalo com enorme violência, à distância de mais de meia lança. Também demorou muito para se recuperar da queda, de modo que o Rei Arthur teve que esperar ao seu lado por bastante tempo até que ele conseguisse se levantar do chão.

– Ah! Senhor Cavaleiro – disse o Rei Arthur –, é verdade que as coisas hoje não correram tão bem para o senhor, pois foi inteiramente derrotado e agora deve imediatamente cumprir a promessa de me servir pelos próximos sete dias. Portanto, ordeno-lhe que vá direto para Cameliard e cumprimente por mim

Lady Guinevere, dizendo-lhe que o cavaleiro para quem ela deu o seu colar venceu-o em combate. Ordeno-lhe igualmente que lhe obedeça durante sete dias em tudo o que ela lhe ordenar.

– Senhor Cavaleiro – disse Sir Pellias –, será como manda. No entanto gostaria de saber quem é, pois afirmo que nunca em toda a minha vida fui derrubado da forma como o senhor me derrubou. E, na verdade, acho que há bem poucos homens no mundo que poderiam ter se batido comigo como o senhor fez.

– Senhor Cavaleiro – disse o Rei Arthur –, com o tempo saberá quem eu sou. Mas, por enquanto, isso é um segredo absoluto.

E com isso despediu-se de Sir Pellias, deu meia-volta, entrou na floresta e prosseguiu.

E Sir Pellias montou em seu cavalo e seguiu na direção de Cameliard, muito cabisbaixo e incomodado, no entanto também muito intrigado com quem seria aquele cavaleiro que tinha se batido com ele daquele modo.

Então, naquele dia chegaram a Cameliard primeiro Sir Geraint e então Sir Gawaine e Sir Ewaine, e por último Sir Pellias. E quando os quatro se encontraram ficaram todos tão envergonhados que não tinham coragem de olhar os outros no rosto. Quando se apresentaram a Lady Guinevere e revelaram-lhe quem eram, e contaram-lhe como aquele cavaleiro que portava o colar dela tinha-os vencido a todos e mandado-os ali para servir a ela por sete dias, e quando ela viu como aqueles quatro cavaleiros eram importantes e conhecidos em feitos de cavalaria, ficou incrivel- *Lady Guinevere fica satisfeita com seu campeão.* mente orgulhosa que seu cavaleiro tivesse provado ser tão excelente naqueles feitos de armas em que tinha se lançado. Mas debatia consigo mesma quem aquele campeão poderia ser. Pois nunca se tinha ouvido falar que um cavaleiro, em um dia, com uma só lança, conseguisse derrotar cinco outros cavaleiros de comprovado valor e fama como o Duque Mordaunt da Nortúmbria, Sir Geraint, Sir Gawaine, Sir Ewaine e Sir Pellias. Então ela se alegrou muito de ter entregado seu colar a um cavaleiro tão valoroso, e ficou deveras satisfeita com um prazer extraordinário, pensando na honra que ele lhe tinha trazido.

Pois bem, uma vez tendo penetrado na floresta, o Rei Arthur foi aos poucos chegando ao local onde os lenhadores já mencionados praticavam seu ofício. E se abrigou com eles naquela noite. Quando veio a manhã seguinte, confiou-lhes seu cavalo e armadura, pedindo-lhes que tomassem conta deles com todo cuidado, pelo qual seriam amplamente recompensados. Então partiu de lá com a intenção de voltar para Cameliard, vestido com o gibão de lã que vinha usando desde que tinha saído de Tintagalon.

Quando chegou nos limites da floresta, pôs na cabeça o gorro do disfarce e, com isto, assumiu novamente a aparência humilde. Assim, com sua realeza inteiramente oculta, voltou a Cameliard para ser ajudante de jardineiro, como antes.

O Rei Arthur coloca de novo o seu disfarce.

Capítulo Quarto

Como os quatro cavaleiros serviram a Lady Guinevere

Pois bem, quando o Rei Arthur voltou a Cameliard (o que foi na tarde do segundo dia), encontrou o jardineiro à sua espera, completamente enfurecido. E o jardineiro tinha até trazido uma vara de madeira com o intuito de puni-lo quando retornasse ao jardim. Então, quando viu o Rei Arthur, disse:

O jardineiro repreende seu ajudante.

– Seu patife! Por que largaste teu serviço para ir vadiar?

E o Rei Arthur riu e disse:

– Não encostes em mim.

Isto fez o jardineiro ficar tão furioso que agarrou o Rei pelo colarinho do gibão com o intuito de espancá-lo, dizendo:

– Ris de mim, patife, e ainda fazes pouco? Dou-te agora mesmo uma sova pela ofensa que fizeste.

Mas, quando sentiu que o jardineiro ia lhe encostar a mão, e ouviu como falava enraivecido, seu espírito de rei se apoderou dele, e ele exclamou:

– Ah, miserável! Ousas encostar a mão em minha sagrada pessoa? – e assim dizendo, agarrou o jardineiro pelos pulsos, arrancou-lhe imediatamente a vara das mãos, e deu com ela em suas costas. Quando o pobre coitado viu-se assim dominado pelo pulso forte do Rei enraivecido e sentiu a vara estalando nas costas, imediatamente começou a gritar, embora o golpe não o tivesse machucado nem um pouco.

– Agora vai-te embora! – disse o Rei Arthur. – E não me incomodes mais, senão o que farei contigo por certo não te agradará.

Então soltou o pobre homem e deixou-o ir. O jardineiro estava tão assustado que tudo à sua volta girava, pois os olhos do Rei Arthur tinham lançado faíscas sobre ele, e aquelas duas mãos tinham lhe segurado os pulsos com uma força extraordinária. Portanto, quando o Rei o soltou, ele saiu o mais rápido que podia, tremendo todo e suando de profundo medo.

Então ele foi direto até Lady Guinevere e se queixou com ela do jeito como tinha sido tratado.

O jardineiro se queixa com Lady Guinevere.

– Senhora – disse ele, chorando com a lembrança do seu horror –, meu ajudante foi-se embora por um dia ou mais, não sei para onde, e quando eu quis puni-lo por abandonar o serviço, ele tirou a vara de mim na mesma hora e me bateu com ela. Portanto, peço-lhe, agora mesmo, que dê a ele o que merece, mandando vários homens fortes enxotá-lo daqui com varas.

Então Lady Guinevere riu.

– Deixa estar! – ela disse. – E não ligues mais para ele pois ele me parece ser um rapaz por demais atrevido. Quanto a ti, não prestes mais atenção às idas e vindas dele, e deixa que eu mesma cuidarei dele como deve ser feito.

Com isso, o jardineiro foi-se embora, muito surpreso que Lady Guinevere ficasse tão tranquila de lidar com aquele patife descarado. Lady Guinevere, por sua vez, foi-se embora bastante alegre, pois começou a pensar que devia haver algum motivo muito justo para que, quando o Campeão Branco aparecia e realizava aqueles feitos incríveis, o ajudante de jardineiro desaparecia, e quando o Campeão desaparecia, o ajudante de jardineiro voltava. Portanto ela começou a ter lá as suas suspeitas e ficou incrivelmente feliz e animada.

Pois bem, naquele dia de tarde, aconteceu que Lady Guinevere estava passeando pelo jardim com suas damas, e com ela caminhavam os quatro nobres cavaleiros que lhe tinham sido enviados pelo Campeão Branco: Sir Gawaine, Sir Ewaine, Sir Geraint e Sir Pellias. Enquanto isso o ajudante de jardineiro estava cavando no jardim, de modo que, quando passaram por ele, Lady Guinevere riu bem alto e exclamou:

– Olhem, olhem, cavaleiros e damas! Lá adiante está um rapaz muito atrevido

Lady Guinevere faz pouco do ajudante de jardineiro.

para ser ajudante de jardineiro, pois ele está sempre usando o seu gorro, mesmo quando está na presença de nobres e damas.

Então, Sir Gawaine falou, dizendo:

– É mesmo? Irei imediatamente até aquele patife e lhe tirarei o gorro, de um jeito que o desagradará tanto que, creio, jamais a ofenderá usando o gorro na sua presença novamente.

Disso Lady Guinevere riu bastante.

– Deixe estar! – ela disse. – Deixe estar, Sir Gawaine! Não cabe a alguém tão gentil ter que lidar com um sujeito atrevido como esse. Além do mais, ele nos garantiu que tem uma deformidade na cabeça, portanto deixe que use seu gorro, por piedade de Deus.

Assim, Lady Guinevere, embora tivesse muitas suspeitas, divertiu-se à vera em fazer pouco daquele de quem suspeitava.

Pois bem, naquele mesmo dia, o Duque Mordaunt da Nortúmbria tinha se recuperado inteiramente das feridas que sofrera na derrota pelas mãos do Campeão Branco. Assim, quando veio a manhã seguinte, ele novamente surgiu em frente ao castelo como antes – paramentado com sua armadura completa. Dessa vez ele fez com que dois arautos o precedessem, e quando chegaram à parte do prado que ficava logo em frente ao castelo de Cameliard, os arautos tocaram as trombetas com grande ímpeto. Ao som das trombetas, muitos vieram e se aglomeraram nas muralhas, enquanto o Rei Leodegrance veio e se postou numa torre mais baixa que dava sobre a planície onde o Duque da Nortúmbria e seus dois arautos estavam. Então o Duque da Nortúmbria olhou para cima onde estava o Rei Leodegrance, no topo daquela torre, e gritou bem alto:

– Ora, Rei Leodegrance! Não pense que está livre de mim se, por um infortúnio, sofri uma queda do meu cavalo no embate armado. Apesar disso, faço-lhe agora uma proposta justa. Amanhã estarei em frente ao seu castelo com seis cavaleiros companheiros meus. Se tiver quaisquer sete cavaleiros que consigam fazer-nos frente numa luta armada, seja com lanças ou espadas, a cavalo ou a pé, então renunciarei a qualquer pretensão à mão de Lady Guinevere. Mas, se não puder apresentar tais campeões para competir contra mim e meus cavaleiros e nos derrotar, então não somente exigirei Lady Guinevere, como também tomarei para mim três dos seus castelos que ficam na fronteira com a Nortúmbria. Da mesma forma, tomarei para mim todas as terras e glebas[46] desses mesmos castelos. Além disso, esse desafio so irá valer até o pôr do sol de amanhã, depois do qual será considerado nulo e suspenso. Portanto, Rei Leodegrance, é melhor que trate imediatamente de conseguir tais campeões para defender-se das exigências que acabo de fazer.

O Duque da Nortúmbria lança um novo desafio.

Em seguida os dois arautos sopraram de novo as trombetas, e o Duque Mordaunt da Nortúmbria deu meia-volta em seu cavalo e foi-se embora dali. Então o Rei Leodegrance também se foi, muito triste e desanimado. Dizia para si mesmo: "Será possível que algum outro campeão apareça para me defender contra meus inimigos, como aquele maravilhoso Campeão Branco que esteve aqui há dois dias, vindo nem sei de onde? E, pensando bem, se não sei de onde veio esse Campeão Branco, como vou saber para onde foi? Como então saberia onde procurá-lo para pedir-lhe que mais uma vez me ajude nesse meu novo aperto?" E assim saiu, muito triste, e sem ideia do que fazer para se defender. Estando assim terrivelmente preocupado, foi direto para seu quarto, onde se fechou, sem querer ver nem falar com ninguém, e entregou-se inteiramente ao sofrimento e ao desespero.

O Rei Leodegrance fica abatido.

---

46. Na era feudal, a "gleba", ou terreno, ou herdade, era o espaço de terra geralmente reservado aos servos. Daí a expressão "servo de gleba".

Pois bem, nesse aperto Lady Guinevere se lembrou dos quatro cavaleiros que tinham jurado servi-la por sete dias. Então foi até onde estavam e falou-lhes assim:

– Senhores, vieram aqui com a promessa de me servir por sete dias. Agora ordeno-lhes que assumam o desafio do Duque Mordaunt para si a pedido meu, pois muito desejo que amanhã lutem contra o Duque da Nortúmbria e os cavaleiros que o acompanham. Pois sei que são cavaleiros incrivelmente bravos, e acredito que podem facilmente defender-nos contra nossos inimigos.

Lady Guinevere pede ajuda aos quatro cavaleiros.

Mas Sir Gawaine disse:

– De modo algum, Senhora, de modo algum! Embora tenhamos jurado servi-la, não juramos servir ao Rei Leodegrance, seu pai. Tampouco temos qualquer desavença com esse Duque da Nortúmbria, ou com qualquer um dos seis cavaleiros que o acompanham. Pois somos cavaleiros da Corte do Rei Arthur e, a não ser que ele nos ordene, não podemos nos envolver em nenhum conflito estrangeiro a serviço de outro rei.

Então Lady Guinevere foi tomada de uma raiva imensa e disse, inflamada:

– O senhor ou bem é um cavaleiro extraordinariamente fiel ao seu Rei, Sir Gawaine, ou então teme lutar contra esse Duque da Nortúmbria e os cavaleiros que o acompanham.

Ao ouvir o que disse Lady Guinevere, Sir Gawaine também ficou morrendo de raiva, portanto respondeu:

– E se a senhora fosse um cavaleiro e não uma dama, Lady Guinevere, pensaria três ou quatro vezes antes de ter a ousadia de falar assim comigo – e levantou-se e saiu dali com o rosto exaltado de ódio.

E também Lady Guinevere saiu dali para seus aposentos, onde chorou bastante, tanto de tristeza quanto de raiva.

Pois bem, durante todo esse tempo o Rei Arthur estava acompanhando tudo o que se passava, de modo que dali a pouco levantou-se e saiu para procurar o jardineiro. E agarrou-o com força pelo colarinho do casaco, mantendo-o firme no lugar, e disse-lhe:

– Olha aqui! Tenho uma ordem a te dar, e farás de tudo para cumpri-la ao pé da letra, pois se não o fizeres, muita dor poderá recair sobre ti – e falando assim, enfiou a mão no gibão e tirou de lá o colar de pérolas que Lady Guinevere tinha tirado do próprio pescoço para lhe dar. E acrescentou:

O Rei Arthur manda o jardineiro numa missão.

– Levarás este colar até Lady Guinevere e dirás a ela o seguinte: que ela deve me enviar pão e carne e vinho e doces de sua própria mesa. E dirás a ela que desejo que ela chame aqueles quatro cavaleiros, Sir Gawaine, Sir Ewaine, Sir Geraint e Sir Pellias, e que ela deve pedir a esses quatro que venham me servir essas comidas. E dirás a ela que ela deve mandar que eles obedeçam às minhas ordens, e que devem daqui por diante ser meus servos, e não mais dela. Estas são as ordens que te dou: que digas isto a Lady Guinevere.

Pois bem, quando o jardineiro ouviu essas palavras ficou tão perplexo que não sabia o que pensar, pois parecia-lhe que o ajudante de jardineiro tinha ficado inteiramente louco. Então ergueu a voz e exclamou bem alto:

– Ora veja! O que é que me dizes? Por certo se eu fizesse o que me mandas ou bem pagaria com a minha vida ou a com a tua, pois quem ousaria dizer tais coisas a Lady Guinevere?

Mas o Rei Arthur disse:

– Mesmo assim, deves fazer exatamente como te ordeno. Pois se desobedeceres um pouquinho que seja, garanto-te que te darás muito mal, pois posso fazer-te sofrer como nunca sofreste antes.

Ao ouvir isso, o jardineiro disse:

– Irei – pois pensou consigo mesmo: "Se eu fizer o que esse sujeito me pede, então Lady Guinevere por certo o punirá ainda mais, e assim me vingarei do que me fez ontem. Além disso, me desagrada demais ter um ajudante no jardim que se comporta assim. Portanto", ele pensou, "eu vou."

Então pegou o colar de pérolas que o Rei Arthur lhe tinha entregado e seguiu com ele. Dali a algum tempo encontrou Lady Guinevere. E quando a encontrou, falou-lhe desta forma:

– Senhora, meu ajudante com certeza ficou completamente louco, pois, ameaçando causar-me muito mal caso eu não lhe obedecesse, mandou-me fazer uma grande afronta à senhora. Pois imagine que me enviou com esta corrente de contas ordinárias para entregar-lhe e pediu-me que lhe dissesse para mandar-lhe pão e carne e compotas e vinho do que a senhora tem em sua mesa. E pediu-me ainda que lhe dissesse para que essas coisas lhe sejam servidas pelos quatro nobres cavaleiros que aqui chegaram anteontem. E disse que a senhora deve ordenar a esses cavaleiros que obedeçam a qualquer ordem que ele lhes der, pois que de agora em diante eles serão servos dele, e não seus. Imagine, ele não dava ouvidos a nada que eu lhe dizia em contrário, e chegou a me ameaçar de graves tormentos se eu não viesse aqui e lhe transmitisse esta mensagem.

Pois bem, quando Lady Guinevere ouviu o que o jardineiro disse e viu o colar que ela tinha dado ao Campeão Branco, e quando se deu conta de que o

Campeão Branco e o ajudante de jardineiro eram de fato a mesma pessoa, ficou tomada de imensa alegria. Não sabia se ria ou chorava de puro contentamento. Então levantou-se, tomou o colar de pérolas e pediu ao jardineiro que a acompanhasse. Em seguida caminhou até onde os quatro cavaleiros estavam e, quando falou, o fez da seguinte forma:

– Meus Senhores, há pouco, quando lhes pedi que assumissem em meu nome a desavença com o Duque Mordaunt, não quiseram. E o senhor, caro Sir Gawaine, disse palavras de ódio absolutamente inadequadas vindas de um servo à sua senhora, menos ainda de um cavaleiro dirigindo-se à filha de um rei. Por causa disso, decidi tomar uma certa medida como punição. Se por acaso se recusarem a obedecê-la, terei certeza de que não pretendem cumprir a palavra que empenharam ao meu cavaleiro quando ele os derrotou os quatro em luta justa. Portanto minha ordem é a seguinte: que levem algumas comidas preparadas para minha mesa, carnes, pão branco, compotas e vinho, e que entreguem essas comidas ao ajudante do meu jardineiro, cujo gorro, Sir Gawaine, o senhor ameaçou tão corajosamente arrancar esta manhã. E os quatro devem servir as comidas a ele como se fosse um cavaleiro real. E depois que o tiverem servido assim, devem obedecer-lhe em tudo o que lhes ordenar. E isto imponho-lhes como castigo porque não assumiram minha contenda como verdadeiros cavaleiros, portanto devem daqui por diante servir ao ajudante de jardineiro, e não a mim. Assim, devem se dirigir imediatamente até a despensa do castelo, onde devem pedir ao despenseiro que lhes dê carnes como as que são servidas à minha mesa. A comida que servirão deverá vir em travessas de prata, e o vinho deverá ser servido em copos e taças de prata. Lembrem-se de que devem tratar o ajudante de jardineiro como se fosse um nobre de imensa fama e renome.

Lady Guinevere manda que os quatro cavaleiros sirvam ao ajudante de jardineiro.

Assim falou Lady Guinevere, e quando acabou virou-se e deixou os quatro cavaleiros, levando consigo o jardineiro, que estava tão perplexo com o que tinha ouvido que não sabia se ele próprio tinha ficado louco ou se tinha sido Lady Guinevere. Lady Guinevere pediu ao jardineiro que fosse até o seu ajudante e lhe dissesse que tudo estava sendo feito de acordo com suas ordens. Então o jardineiro foi e fez o que ela mandou.

Agora voltemos para os quatro cavaleiros que Lady Guinevere tinha acabado de deixar: estavam chocados e constrangidos com as ordens que ela lhes tinha dado. Quando se recuperaram do espanto, inflamaram-se com uma tal indignação que naquele momento não sabiam se o que viam com os próprios olhos era a luz do dia ou a escuridão absoluta. Da mesma forma um não conseguia encarar o outro, de tão envergonhados se sentiam com a afronta que lhes tinha sido feita. Então Sir Gawaine levantou-se e começou a falar, e sua voz tremia com uma raiva tão intensa que ele mal conseguia contê-la enquanto buscava articular as palavras.

– Senhores – disse ele –, não veem como essa dama levianamente nos fez uma enorme afronta só porque esta manhã não aceitamos fazer o que ela nos pediu e porque nos recusamos a assumir sua contenda com o Duque da Nortúmbria? Agora nos resta servir a esse ajudante de jardineiro como ela nos ordenou. E teremos que lhe servir a comida e a bebida conforme ela nos mandou fazer. Mas vejam bem: não somos mais servos dela, e sim dele, portanto podemos servi-lo como bem quisermos. Assim, quando tivermos cumprido a ordem dela de servir comida e bebida a ele, e obedecido aos pedidos que ele nos fizer, juro que eu, com as minhas próprias mãos, matarei aquele ajudante de jardineiro. E quando eu o tiver matado, colocarei sua cabeça num saco e o enviarei a Lady Guinevere pelo emissário mais ordinário que encontrar. Dessa forma essa dama orgulhosa vai receber uma afronta tão grande quanto a que nos fez.

Os quatro cavaleiros ficam com raiva

E todos concordaram que tudo deveria acontecer exatamente como Sir Gawaine tinha dito.

Então, os quatro cavaleiros foram até a despensa do castelo e pediram a melhor comida da que seria servida a Lady Guinevere – carnes e pão e compotas e vinho. Então pegaram travessas e pratos de prata e colocaram a comida neles. Pegaram copos e taças de prata e encheram-nos de vinho. E assim saíram levando tal sortimento. Quando chegaram de volta ao castelo, perto dos estábulos, encontraram o ajudante de jardineiro, e convidaram-no a se sentar para comer e beber. E serviram-no como se fosse um nobre importante. Nenhum dos quatro cavaleiros percebeu quem ele era, tampouco sabia que na verdade se tratava do grande Rei a quem de fato serviam, pois ele usava o gorro do disfarce, e eles achavam que ele era apenas um pobre camponês.

Os quatro cavaleiros obedecem ao ajudante de jardineiro.

Então, quando Sir Ewaine viu que ele continuava usando o gorro na presença deles, virou-se para ele tremendamente indignado, e disse:

– Ah, patife! Vais usar esse teu gorro mesmo na presença de grandes príncipes e nobres como nós?

Ao que Sir Gawaine acrescentou:

– Deixa estar, não tem importância – e disse ao ajudante de jardineiro, muito amargamente: – Come bastante, rapaz, pois dificilmente comerás outra refeição neste mundo!

Quatro cavaleiros servem ao ajudante de jardineiro.

Ao que o ajudante de jardineiro respondeu:

– Senhor Cavaleiro, isso com certeza não cabe à sua vontade determinar, e sim a outrem. Pois talvez eu ainda coma muitas outras refeições além desta. E talvez seja o senhor que me sirva nas outras como está me servindo agora.

E os quatro nobres ficaram inteiramente perplexos de ouvi-lo se dirigir assim a eles de um jeito tão calmo e aparentemente sem medo.

Então, quando acabou de comer, o ajudante de jardineiro disse aos cavaleiros:

– Vejam, senhores, agora que comi bastante e estou satisfeito, tenho outras ordens para lhes dar. Minha próxima ordem é que se preparem imediatamente para partir comigo, e para tal devem trajar suas armaduras completas. E o senhor, Sir Gawaine, deve ir ao chefe dos estábulos do castelo e pedir a ele que prepare o palafrém de Lady Guinevere imediatamente, pois é nele que vou montar. E quando estiverem todos vestidos com suas armaduras e tudo estiver pronto conforme as minhas ordens, devem levar o palafrém até o portão dos fundos do castelo, e lá os encontrarei para partirmos juntos a cavalo.

E Sir Gawaine disse:

– Será feito exatamente como mandas. Mas depois que partirmos a cavalo terás uma viagem lamentável.

E o ajudante de jardineiro disse:

– Não creio, Sir Gawaine.

Então os quatro foram e fizeram conforme ordenara o ajudante de jardineiro. E quando tinham se aprontado com as armaduras completas e obtido o palafrém de Lady Guinevere, foram até o portão dos fundos e lá o ajudante de jardineiro veio encontrá-los. Mas quando os viu sentados nas selas, imóveis, ele disse:

– Ah, senhores, ficarão aí parados diante daquele a quem devem servir? Agora ordeno-lhes, Sir Gawaine e Sir Ewaine, desçam daí e venham segurar as minhas rédeas para mim. E os senhores, Sir Geraint e Sir Pellias, desçam daí e venham segurar meu palafrém enquanto monto.

Então os quatro nobres cavaleiros fizeram o que ele mandou. E Sir Gawaine disse:

– Podes mandar o que quiseres, e peço-te que aproveites bastante enquanto podes, pois não terás muito tempo para aproveitar a grande honra que te coube. Pois essa grande honra, vê só!, vai logo, logo acabar contigo.

E o ajudante de jardineiro disse:

– De modo algum. Acho que ainda não é a minha hora de morrer.

E novamente os quatro nobres ficaram perplexos com sua tranquilidade.

Então partiram dali a cavalo, e o ajudante de jardineiro não permitia que cavalgassem à sua frente ou ao seu lado, mas ordenou que cavalgassem atrás dele enquanto ainda lhe servissem.

Então eles cavalgaram conforme ele tinha estabelecido por bastante tempo. Quando já tinham percorrido uma grande distância, foram chegando a um bosque tristonho e escuro que ficava além das terras que divisavam com Cameliard. Quando se aproximaram desse bosque, Sir Gawaine cavalgou um pouco mais perto e disse:

– Senhor Ajudante de Jardineiro, vês aquele bosque ali? Assim que entrarmos nele morrerás imediatamente, e isso será com uma espada que só tocou sangue de nobre ou cavaleiro.

E o Rei Arthur virou-se na sela e disse:

– Ah! Sir Gawaine! Cavalga adiante quando ordenei que cavalgasse atrás de mim?

E enquanto falava, tirou o gorro da cabeça, e – ora! – eles viram que era o Rei Arthur que vinha cavalgando com eles.

O Rei Arthur se revela para os quatro cavaleiros. Então um silêncio profundo de puro espanto recaiu sobre todos, e cada um ficou ali sentado como se tivesse virado pedra. Foi o Rei Arthur quem falou primeiro. E ele disse:

– Ah! E agora, Senhores Cavaleiros? Não têm palavras para me saudar? Não há dúvida de que me serviram hoje com imensa má vontade, e além do mais ameaçaram me matar. Mas agora, quando falo com os senhores, nada têm a dizer.

Então os quatro cavaleiros imediatamente deram um grito, saltaram dos cavalos e ajoelharam-se na poeira da estrada. Quando o Rei Arthur os viu ali ajoelhados, riu com o espírito alegre, e ordenou que montassem novamente em seus cavalos, pois o tempo ia passando e havia muito o que fazer.

Eles então montaram e partiram, e durante o trajeto o Rei contou-lhes tudo o que lhe tinha acontecido. Ficaram muito admirados e elogiaram bastante a dignidade cavaleiresca com a qual ele tinha se portado nas incríveis aventuras que tinha vivido. E alegraram-se muito que tinham um rei a quem seguir que possuía um espírito tão elevado e cavaleiresco.

Assim cavalgaram até o lugar na floresta onde o Rei Arthur tinha deixado seu cavalo e armadura.

Capítulo Quinto

Como o Rei Arthur venceu os inimigos do
Rei Leodegrance e como sua realeza foi revelada

Pois bem, quando chegou o dia seguinte, o Duque da Nortúmbria e os seis cavaleiros companheiros seus apareceram no campo em frente ao castelo de Cameliard, como ele tinha dito que faria. E estes sete campeões vinham com grande pompa, pois à sua frente vinham sete arautos montados a cavalo com trombetas e tambores, e atrás vinham sete escudeiros, cada um trazendo a lança, o escudo, o timbre e a flâmula do cavaleiro seu senhor e mestre. Os sete arautos sopraram as trombetas tão alto que o som alcançou todos os cantos de Cameliard, de modo que as pessoas vieram correndo de todos os lados. Enquanto os arautos sopravam as trombetas, os sete escudeiros gritavam e acenavam com as lanças e as flâmulas. Então os sete cavaleiros cavalgaram com tanta altivez que aqueles que os observavam quase nunca tinham visto um espetáculo tão esplêndido de cavalaria.

O Duque da Nortúmbria e seus seis cavaleiros aparecem em frente ao castelo.

Assim desfilaram três vezes de uma ponta do campo à outra, enquanto a enorme multidão de gente que tinha acudido ao som das trombetas dos arautos se aglomerava sobre as muralhas e assistia dali àquele nobre espetáculo. Todo o séquito do Rei Ryence veio e ficou na planície em frente à tenda do Rei, e gritava e torcia pelo Duque da Nortúmbria e seus seis cavaleiros.

Enquanto isto, o Rei Leodegrance de Cameliard estava tão cabisbaixo de preocupação e vergonha que escolheu nem aparecer, mas escondeu-se de toda a sua Corte. Tampouco permitiu que qualquer um viesse até a sua presença.

Entretanto, Lady Guinevere, com várias de suas damas, foi até os aposentos do Rei e bateu na porta. Quando o Rei não a deixou entrar, ela falou com ele através da porta, animando-o e dizendo:

– Meu senhor Rei e pai, peço-lhe que erga o rosto e se anime, pois garanto-lhe que há um homem que tomou a peito a nossa causa, e que é com certeza um campeão coberto de glórias. E ele certamente virá dentro em pouco antes que este dia termine; e quando vier, com certeza derrotará nossos inimigos.

Lady Guinevere anima o pai.

Mas o Rei Leodegrance, em vez de abrir a porta, disse:

– Minha filha, dizes o que dizes apenas para me confortar, pois não há qualquer ajuda para mim nesta hora de aflição; só Deus, com seu enorme socorro e graça.

E ela disse:

– Não, o que digo é verdade, e o socorro que Deus enviar será por certo através de um bravo campeão que neste instante tomou a peito a nossa causa.

Assim falou Lady Guinevere, de modo que, embora o Rei Leodegrance continuasse lá dentro, sentiu-se imensamente consolado pelo que ela lhe tinha dito.

Assim passou toda a manhã e parte da tarde, e, no entanto, ninguém apareceu para aceitar o desafio proposto pelos sete cavaleiros. Porém, quando faltavam ainda umas três ou quatro horas para o pôr do sol, de repente apareceu bem longe uma nuvem de poeira. E no meio daquela nuvem de poeira logo apareceram cinco cavaleiros, avançando a toda velocidade. Quando chegaram perto das muralhas – ora vejam! – todos viram que aquele que vinha na frente era o mesmo Campeão Branco que tinha antes derrotado o Duque da Nortúmbria. Reconheceram também que os

Cinco cavaleiros defensores aparecem no campo.

quatro cavaleiros que acompanhavam o Campeão Branco eram cavaleiros muito famosos e de grande destreza e glória em armas, pois um deles era Sir Gawaine, o outro era Sir Ewaine, o outro era Sir Geraint, e o outro era Sir Pellias. As pessoas do castelo e da cidade conheciam esses quatro cavaleiros pois eles tinham um renome tão grande que sempre vinham acompanhados de gente de todos os cantos que se aglomerava para vê-los passar.

Então, quando as pessoas na muralha viram quem aqueles cavaleiros eram e viram o Campeão Branco que antes tinha-lhes feito tanta honra, gritaram bem alto pela segunda vez com uma voz mais poderosa do que da primeira vez.

Quando o Rei Leodegrance ouviu as pessoas gritando, a esperança de repente despertou nele. Então saiu com toda pressa para ver o que estava acontecendo, e viu os cinco nobres campeões prestes a entrar no campo sob as muralhas do castelo.

Lady Guinevere também ouviu a gritaria e também saiu, e – vejam! – lá estava o Campeão Branco e os quatro outros cavaleiros. Quando viu o Campeão Branco e seus quatro companheiros de armas, parecia que o seu coração iria estourar de pura alegria e felicidade, e ela começou a chorar de emoção, e chorava e ria ao mesmo tempo. E acenava com seu lenço àqueles cinco nobres cavaleiros e soprava-lhes beijos, e os cinco cavaleiros saudaram-na quando cavalgaram à sua frente no campo.

Quando o Duque da Nortúmbria se deu conta de que aqueles cinco cavaleiros tinham vindo aceitar o desafio e lutar contra ele e seus cavaleiros, logo saiu de sua tenda e montou em seu cavalo. E os seus cavaleiros também vieram e montaram em seus cavalos, e avançaram em direção àqueles que vinham lutar contra eles.

E quando chegou perto o suficiente, o Duque da Nortúmbria percebeu que o principal dos cinco cavaleiros era o Campeão Branco que já tinha-o vencido. Então disse o seguinte:

– Senhor Cavaleiro, uma vez já o aceitei como desafiante embora nem eu nem ninguém aqui saiba quem é. Sem nem mesmo verificar seu valor, lancei-me numa justa consigo e, para minha surpresa, por um acaso o senhor me derrotou. No entanto, esta contenda é mais séria do que isso, portanto eu e meus companheiros não nos lançaremos numa justa com o senhor e seus companheiros, tampouco lutaremos com o senhor antes que eu saiba qual é a estirpe daquele contra o qual luto. Portanto, exijo que se revele agora mesmo, para que eu saiba quem é e qual a sua estirpe.

O Duque da Nortúmbria se recusa a lutar.

Então Sir Gawaine abriu o visor do seu elmo e disse:

– Senhor Cavaleiro, olhe o meu rosto, e saiba que sou Gawaine, filho do Rei Lot. Pode portanto perceber que minha estirpe e posses são maiores do que as suas. Afirmo-lhe que aquele Cavaleiro Branco é de tal estirpe que é ele quem está fazendo uma concessão em aceitar lutar com o senhor, e não o contrário.

– Ora, Sir Gawaine! – disse o Duque da Nortúmbria. – O que diz é muito estranho, pois na verdade há poucos neste mundo que estariam numa posição de fazer-me "uma concessão". Mesmo assim, como está dando sua palavra por ele, não contradirei o que diz. Contudo, há ainda outra razão por que não lutaremos com vocês pois, vejam, nós somos sete cavaleiros comprovados e famosos, e vocês são apenas cinco. Vejam portanto como nossas forças são desiguais, posto que vocês correm grande perigo em prosseguir neste embate arriscado.

Então Sir Gawaine sorriu com escárnio para o Duque da Nortúmbria:

– Muito obrigado por sua compaixão, Senhor Duque – ele disse –, mas mesmo assim pode deixar isso inteiramente conosco sem se preocupar. Pois acho que o perigo que vocês sete correm é exatamente igual ao nosso. Além disso, se o senhor não fosse um cavaleiro graduado, um homem qualquer poderia achar que está mais preocupado com a sua própria segurança neste caso do que com a nossa.

Pois bem, ao ouvir estas palavras, o Duque da Nortúmbria enrubesceu, pois sabia muito bem que na verdade não estava querendo essa luta, e portanto ficou envergonhado com as palavras que Sir Gawaine tinha lhe dito. Então cada cavaleiro fechou o seu visor, todos deram meia-volta e um dos grupos cavalgou até uma das pontas do campo, enquanto o outro grupo cavalgou até a outra ponta do campo, e lá cada grupo se posicionou no lugar estipulado.

Organizaram-se da seguinte forma: no meio vinha o Rei Arthur, com dois cavaleiros de cada lado; e também no meio vinha o Duque da Nortúmbria, com três cavaleiros de cada lado. Quando tinham assim se organizado, empunharam as lanças e os escudos e prepararam-se para o ataque. Então o Rei Arthur e o Duque Mordaunt gritaram bem alto, e um grupo se lançou contra o outro com tamanha violência que o chão tremia com um estrondo sob as patas dos cavalos, e nuvens de poeira subiam aos céus.

Assim chocaram-se no meio do campo com um estardalhaço de uma violência tão terrível que se podia ouvir o ruído dos choques à distância de mais de uma milha.

Quando um grupo tinha passado pelo outro e a poeira do choque tinha baixado – ora! –, três dos sete tinham sido derrubados, enquanto nenhum dos cinco caíra da sela.

E um dos que tinham sido derrubados era o Duque Mordaunt da Nortúmbria. E – imaginem só! – ele nem se levantou mais do chão onde caiu. Pois o Rei Arthur tinha mirado sua lança bem no meio de suas defesas, a lança ficou

O Rei Arthur derrota o Duque da Nortúmbria.
firme, e a ponta perfurou o escudo do Duque da Nortúmbria e perfurou sua armadura. O golpe foi tão violento que o Duque foi arremessado da sela, e caiu à distância de uma lança de seu cavalo. Assim morreu aquele homem mau, pois quando o Rei Arthur cavalgou por ele, sua alma perversa deixou seu corpo com um ruído fraco, como o guincho de um morcego, e o mundo se livrou dele de vez.

Pois bem, quando o Rei Arthur deu meia-volta no final da pista e viu que só tinham sobrado quatro cavaleiros montados em seus cavalos dos sete que ele e seus companheiros tinham atacado, ele ergueu sua lança, puxou as rédeas do cavalo, e falou para seus cavaleiros o seguinte:

– Senhores, estou cansado de toda esta confusão e briga, e por isso não quero mais lutar hoje, então vão agora e lutem com aqueles cavaleiros. Quanto a mim, ficarei aqui assistindo à sua aventura.

– Senhor – eles disseram –, faremos o que deseja e ordena.

Então os quatro cavaleiros obedeceram, e partiram imediatamente em direção aos outros quatro, sentindo-se muito encorajados que o seu Rei estava assistindo à sua investida. Enquanto isso o Rei Arthur permaneceu sentado com o cabo da sua lança apoiado sobre o peito do pé, olhando o campo com grande satisfação e um rosto sério.

Quanto aos quatro companheiros remanescentes do Duque da Nortúmbria, avançaram para esse segundo embate com a mesma prontidão de antes, pois tinham perfeita noção da grande destreza daqueles cavaleiros. Viram que os inimigos avançavam contra eles nessa segunda vez com enorme ferocidade, e grande bravura e prontidão, de tal modo que sentiram seu coração fraquejar de dúvida e ansiedade sobre como terminaria esse segundo embate.

Mesmo assim, prepararam-se com quanta determinação podiam, e avançaram quando lhes foi dado o sinal.

Então, Sir Gawaine cavalgou direto até o cavaleiro que vinha primeiro, que era um campeão conhecido, chamado Sir Dinador de Montcalm. E quando tinha se aproximado o suficiente, ergueu-se nos estribos e desferiu um golpe tão violento em Sir Dinador que lhe partiu o escudo em dois, atingindo o elmo e quebrando parte da lâmina de sua espada, que lá ficou alojada.

Quando Sir Dinador sentiu esse golpe, ficou tão atordoado que precisou segurar a alça de sua sela para não cair. Então foi logo tomado de um terror tão grande que deu rédea e fugiu dali com o terror da morte cobrindo-o como uma nuvem de fumaça negra. Quando seus companheiros viram o golpe de Sir Gawaine, e quando viram Sir Dinador fugindo, também deram rédea e fugiram o mais rápido que puderam, acossados por um terror imenso dos inimigos. E Sir Gawaine, Sir Ewaine, Sir Geraint e Sir Pellias perseguiram-nos enquanto fugiam. E atravessaram o acampamento do Rei Ryence, fazendo com que os cavaleiros e nobres daquele séquito se espalhassem feito poeira. E foram no encalço dos cavaleiros que fugiam pelo meio das tendas do séquito do Rei Ryence enquanto ninguém os impedia. Quando tinham afugentado aqueles cavaleiros para bem longe, voltaram para onde o Rei Arthur ainda estava, esperando-os impassível.

Os cavaleiros desafiantes fogem frente aos cavaleiros defensores.

Pois bem, quando o povo de Cameliard viu a derrota dos inimigos e quando viu como aqueles inimigos fugiam frente aos campeões, gritou o mais alto que pôde, dando-lhes enorme aclamação. E a multidão não diminuiu a algazarra nem quando os quatro cavaleiros retornaram da perseguição aos inimigos e foram novamente para junto do Campeão Branco. E gritou ainda mais quando os cinco cavalgaram pela ponte levadiça, atravessaram os portões da muralha e entraram na cidade.

Assim terminou a grande justa, que foi uma das mais famosas de todas as histórias de cavalaria da Corte do Rei Arthur.

Pois bem, tendo o Rei Arthur alcançado seus objetivos, voltou então para a cidade, foi direto até o mercador de quem tinha obtido a armadura que estava usando e, devolvendo-a, disse:

– Amanhã, Senhor Mercador, enviar-lhe-ei três bolsas de moedas de ouro pelo aluguel desta armadura que me permitiu levar.

O Rei Arthur devolve sua armadura ao mercador.

Ao que o mercador respondeu:

– Senhor, não é necessário que me recompense pela armadura, pois sua destreza trouxe muita honra a Cameliard.

Mas o Rei Arthur disse:

– Nada disso, Senhor Mercador, não deve negar o que digo. Portanto, aceite o que eu lhe enviar.

E com isto seguiu seu caminho, e voltou novamente aos jardins de Lady Guinevere depois de ter recolocado na cabeça o gorro do disfarce.

Na manhã seguinte, o povo de Cameliard veio espiar, e – ora vejam só! – o Rei Ryence tinha ido embora da frente do castelo. Tinha desmontado as tendas durante a noite, levado embora seu séquito e saído dali onde ele e sua gente tinham se aboletado por cinco dias. E ao partir levou consigo o corpo do Duque da Nortúmbria, carregando-o numa liteira rodeada de muitas velas e conduzida com toda a pompa do cerimonial. Quando o povo de Cameliard viu que ele tinha partido, todos ficaram imensamente felizes, e comemoraram, gritando, cantando e rindo. Na verdade mal sabiam o quanto o Rei Ryence estava enfurecido com eles, já que sua inimizade contra o Rei Leodegrance tinha sido até então apenas uma pequena chama se comparada com o ódio que agora o dominava.

Pois bem, naquela manhã Lady Guinevere caminhava em seu jardim acompanhada de Sir Gawaine e Sir Ewaine e – ora! – lá ela viu o ajudante de jardineiro novamente.

Então riu bem alto e disse aos dois cavaleiros:

– Senhores, vejam! Lá está o ajudante de jardineiro, que sempre usa o gorro porque tem uma deformidade na cabeça.

Então, os dois cavaleiros, sabendo quem era o ajudante de jardineiro, ficaram bastante constrangidos com o que ela dizia e não sabiam o que dizer ou para onde olhar. E Sir Gawaine puxou Sir Ewaine para o lado e disse:

– Por Deus, essa dama não sabe quem se esconde sob o disfarce do ajudante de jardineiro, pois se soubesse teria mais cuidado com o que diz.

Lady Guinevere ouviu que Sir Gawaine estava a falar, mas não escutou suas palavras. Então virou-se para ele e disse:

– Sir Gawaine, sei que lhe é uma afronta que esse ajudante de jardineiro continue usando o gorro na nossa presença, então talvez o senhor pudesse ir até lá e tirá-lo da sua cabeça, como ofereceu há dois ou três dias.

E Sir Gawaine disse:

– Calma, a senhora não sabe o que diz! Seria mais fácil que aquele ajudante de jardineiro arrancasse a minha cabeça do corpo do que eu arrancasse o gorro de sua cabeça.

Com isso Lady Guinevere deu uma gargalhada, mas no seu coração ponderava secretamente sobre essas palavras e imaginava o que Sir Gawaine poderia querer dizer com elas.

Pois bem, mais ou menos ao meio-dia daquele dia chegou um arauto do Rei Ryence de Gales do Norte. Entrou com um jeito desafiador pelo salão onde o Rei Leodegrance estava sentado rodeado de vários súditos, e disse:

– Meu senhor Rei: o meu senhor, o Rei Ryence de Gales do Norte, está muito zangado, pois o senhor mandou alguns cavaleiros lutarem contra o Duque Mordaunt da Nortúmbria, e eles mataram aquele nobre excelente, parente próximo do Rei Ryence. Além disso, o senhor não cumpriu as exigências que meu amo, o Rei Ryence, fez em relação a certas terras e castelos na fronteira com Gales do Norte. Portanto meu amo está profundamente ofendido com o senhor. Assim meu amo, o Rei Ryence, pede-me que lhe apresente duas condições, e as condições são as seguintes: primeiro, que entregue imediatamente em suas mãos o tal Cavaleiro Branco que matou o Duque da Nortúmbria; segundo, que prometa imediatamente que as terras em questão serão entregues agora ao Rei Ryence.

O Rei Ryence desafia o Rei Leodegrance.

Então o Rei Leodegrance levantou-se de onde estava e respondeu ao arauto com grande dignidade:

– Senhor Mensageiro – disse ele –, as exigências que o Rei Ryence faz de mim ultrapassam todos os limites da insolência. A morte que sofreu o Duque da Nortúmbria foi devida a seu próprio orgulho e loucura. E eu não entregaria o Cavaleiro Branco nas mãos de teu amo, mesmo que pudesse. Quanto às terras que o teu mestre me exige, podes dizer ao Rei Ryence que daquelas terras não darei a ele nem uma só folha de relva, ou mesmo um só grão de milho.

O mensageiro então disse:

– Se essa é a sua resposta, Rei Leodegrance, então mandaram-me dizer-lhe que meu amo, o Rei Ryence de Gales do Norte, virá imediatamente com um enorme e poderoso exército, e tomará pela força aquilo que o senhor não aceita entregar-lhe pacificamente – e dizendo isto, partiu dali e seguiu seu caminho.

Depois que o mensageiro tinha partido, o Rei Leodegrance fechou-se em seu quarto, e de lá mandou, secretamente, que Lady Guinevere viesse vê-lo. Então Lady Guinevere veio até onde estava, e o Rei Leodegrance disse-lhe:

– Filha, aconteceu que um cavaleiro, todo vestido de branco, sem timbre ou emblema de qualquer tipo, veio duas vezes nos ajudar e derrotou nossos inimigos. Agora dizem por aí que esse cavaleiro é teu campeão particular, e ouvi dizer que ele usou o seu colar como um favor quando lutou pela primeira vez contra o Duque da Nortúmbria. Agora peço-te, filha, dize-me quem é esse Campeão Branco, e onde pode ser encontrado.

O Rei Leodegrance conversa com Lady Guinevere.

Então Lady Guinevere ficou completamente confusa, e desviou os olhos do rosto do pai, dizendo:

– Na verdade, Senhor, não sei quem ele é.

Então o Rei Leodegrance falou bem sério com Lady Guinevere, tomou sua mão e disse:

– Minha filha, estás agora numa idade em que deves considerar juntar-te com um homem que te ame e te proteja de teus inimigos como deve ser. Pois, olha bem!, venho envelhecendo rápido, e não poderei sempre defender-te dos perigos que cercam nossos domínios. Além do mais, desde que o Rei Arthur, que é realmente um grande Rei, trouxe a paz para este reino, toda a nobre corte de cavalaria que antigamente se reunia à minha volta espalhou-se por outras bandas onde pode achar maiores aventuras do que aqui no meu reino tranquilo. Portanto, como todo mundo viu nesta última semana, não tenho um só cavaleiro de quem possa depender para que nos defenda em tempo de perigo como estes que nos assolam. Então, minha filha, parece-me que não podes esperar encontrar alguém que te garanta tão bem quanto esse Cavaleiro Branco, pois ele realmente parece ser um campeão de extraordinária proeza e força. Portanto seria bom se te sentisses tão inclinada a ele quanto ele parece sentir-se inclinado a ti.

Isso fez Lady Guinevere corar até o pescoço, como se estivesse em brasa. E ela riu, ainda que seus olhos estivessem cheios d'água até as lágrimas lhe escorrerem pelo rosto. E assim chorava, embora risse chorando. E disse ao Rei Leodegrance:

– Meu Senhor e pai, se eu tivesse que entregar meu coração a alguém como diz, o entregaria somente ao pobre ajudante de jardineiro que está cavando meu jardim.

Ao ouvir essas palavras, o Rei Leodegrance contraiu o rosto com enorme raiva, e exclamou:

– Ah, Senhora! Queres por acaso brincar e fazer troça de minhas palavras?

Então Lady Guinevere disse:

– Não, meu Senhor, não estou brincando nem fazendo troça. Além do mais, digo-lhe com toda certeza que esse ajudante de jardineiro sabe mais sobre o Campeão Branco do qualquer outra pessoa no mundo.

Então o Rei Leodegrance disse:

– O que é isso que me dizes?

E Lady Guinevere disse:

– Mande chamar o ajudante de jardineiro e entenderá.

E o Rei Leodegrance disse:

– Realmente, deve haver algo mais em tudo isso do que agora consigo entender.

Então, convocou o chefe dos pajens, de nome Dorisand, e disse-lhe:

– Vai, Dorisand, e traze aqui o ajudante de jardineiro do jardim de Lady Guinevere.

Então Dorisand, o pajem, fez o que o Rei Leodegrance ordenou, e logo voltou trazendo consigo o ajudante de jardineiro. E com eles vieram Sir Gawaine, Sir Ewaine, Sir Pellias e Sir Geraint. E os quatro nobres entraram e ficaram parados junto à porta, mas o ajudante de jardineiro veio e parou junto à mesa onde o Rei Leodegrance estava. E o Rei olhou para cima e viu o ajudante do jardineiro, e disse:

– Ah! Ousas usar teu gorro em minha presença?

E o ajudante do jardineiro disse:

– Não posso retirar o meu gorro.

Mas Lady Guinevere, que estava parada junto à cadeira do Rei Leodegrance, falou, dizendo o seguinte:

– Peço-lhe, Senhor, que retire o gorro na presença de meu pai.

Então o ajudante do jardineiro disse:

– Já que me pede, assim o farei.

Então retirou o gorro da cabeça, e o Rei Leodegrance olhou seu rosto e o reconheceu. E quando viu quem estava à sua frente, gritou de puro espanto. E disse:

O Rei Arthur se revela ao Rei Leodegrance.

– Meu Senhor e meu Rei! O que é isso?

Em seguida levantou-se de onde estava, aproximou-se e ajoelhou-se diante do Rei Arthur. E uniu as palmas das mãos e colocou-as entre as mãos do Rei Arthur, e o Rei Arthur segurou as mãos do Rei Leodegrance entre as suas. E o Rei Leodegrance disse:

O ajudante de jardineiro tira o gorro.

– Meu Senhor! Meu Senhor! Então foi o senhor quem realizou todos esses feitos incríveis?

Então o Rei Arthur disse:

– Sim, tudo aquilo, fui eu que fiz – e abaixou-se, beijou o Rei Leodegrance no rosto, levantou-o do chão e animou-o com palavras de júbilo.

Pois bem, quando Lady Guinevere viu tudo o que se passava, ficou absolutamente perplexa. E – ora! – ela imediatamente entendeu tudo com incrível clareza, de modo que um medo enorme tomou conta dela e ela tremia sem parar, dizendo para si mesma: "Que coisas eu disse para esse grande Rei, e como zombei e fiz troça dele na frente de todos ao redor!" E só de pensar nisso, ela colocou a mão no peito para acalmar a inquietude extrema de seu coração. Assim, enquanto o

Rei Arthur e o Rei Leodegrance trocavam palavras de boas-vindas e cortesias de reis, ela saiu e esteve junto a uma janela que ficava no canto da muralha.

Dali a pouco o Rei Arthur procurou-a com os olhos e avistou-a sozinha num canto. Então foi imediatamente até lá, tomou sua mão e disse:

– Senhora, qual é o problema?

E ela disse:

– Senhor, tenho medo de sua grandeza.

E ele disse:

– Nada disso, Senhora. Sou eu que tenho medo da senhora, pois sua afeição me é mais preciosa do que tudo no mundo, caso contrário eu não teria lhe servido nesses doze dias como ajudante de jardineiro no seu jardim só pela sua boa vontade.

E ela disse:

– O senhor tem minha boa vontade.

E ele disse:

– Será que tenho muito da sua boa vontade?

E ela disse:

– Sim, o senhor a tem por inteiro.

Então ele se inclinou e beijou-a na frente de todos que ali estavam, e assim selou-se o seu enlace.

O Rei Arthur sela seu enlace com Lady Guinevere.

O Rei Leodegrance ficou tomado de tanta alegria que mal conseguia se conter.

Pois bem, passado tudo isso, houve uma guerra contra o Rei Ryence de Gales do Norte. Pois Sir Kay e Sir Ulfius tinham conseguido juntar um grande exército como o Rei Arthur lhes tinha ordenado, de modo que quando o Rei Ryence avançou contra Cameliard, seu exército saiu em debandada e se dispersou, e ele próprio foi perseguido, como um pária, de volta até as suas montanhas.

Então houve grande júbilo em Cameliard pois, depois dessa vitória, o Rei Arthur lá ficou por algum tempo com um séquito esplêndido de nobres cavaleiros e belas damas. E houve banquetes e justas e muitos famosos embates de armas como nunca se tinha visto ali. E o Rei Arthur e Lady Guinevere estavam inteiramente felizes juntos.

Pois bem, um dia, enquanto o Rei Arthur e o Rei Leodegrance estavam no meio de um banquete – estando ambos cheios de alegria –, o Rei Leodegrance disse ao Rei Arthur:

– Meu Senhor, que dote[47] posso lhe oferecer com minha filha quando for levá-la embora para ser sua Rainha?

Então o Rei Arhtur virou-se para Merlin, que estava ao seu lado, e disse:

– Ah, Merlin! O que devo pedir ao meu amigo como dote?

E Merlin lhe respondeu:

– Meu senhor Rei, seu amigo, o Rei Leodegrance, possui algo que, se lhe der, aumentará a sua glória e o renome do seu reino de forma singular, de modo que a sua fama jamais será esquecida.

E o Rei Arthur disse:

– Peço-te, Merlin, dize-me o que é isso.

Então Merlin disse:

– Meu senhor Rei, vou lhe contar uma história: nos dias de seu pai, Uther-Pendragon, mandei fazer para ele uma mesa em forma de anel, que os homens chamaram de Távola Redonda. Pois bem, em torno dessa mesa havia lugar para cinquenta homens, e esses lugares foram feitos para os cinquenta cavaleiros que fossem os mais valorosos de todo o mundo. E eram assentos do tipo que, quando aparecia um cavaleiro valoroso, seu nome surgia em letras douradas no lugar que lhe pertencia. E quando aquele cavaleiro morria, seu nome desaparecia de repente daquele lugar que ele antes havia ocupado.

Merlin conta sobre a Távola Redonda.

"Pois bem, quarenta e nove desses lugares, exceto um, eram todos iguais, tirando somente aquele que estava reservado para o próprio Rei, que ficava mais alto do que os outros, e era elaboradamente entalhado com marfim e ouro. Esse único lugar diferente de todos os outros se chamava o Assento Perigoso, pois era diferente dos outros tanto em estrutura quanto em significado, já que possuía elaborados entalhes de ouro e prata, era coberto com um baldaquim de cetim bordado com fios de ouro e prata e tinha uma aparência de incrível magnificência. Mas nenhum nome jamais havia aparecido nesse lugar, pois somente um cavaleiro no mundo todo poderia esperar sentar-se ali em segurança. Isso porque, se qualquer outro ousasse sentar nesse lugar, ou bem dali a três dias morreria de morte súbita e violenta, ou então sofreria grande infortúnio. Por isso se chamava o Assento Perigoso.

---

47. Significa a prática, herdada do *pater familias* romano, de prover de bens sua filha por ocasião do casamento, a fim de que ela pudesse estar amparada em caso de dissolução do matrimônio. Com numerosas variantes de tempo e lugar, esta medida jurídica não se manteve como tal a partir da Alta Idade Média, pois o marido podia dispor livremente dos proventos da esposa. (Observe-se que Arthur pede por dote a Távola Redonda, a fim de aumentar "a glória e o renome de seu reino".)

"Nos tempos do Rei Uther-Pendragon, sentavam-se trinta e sete cavaleiros na Távola Redonda. E quando o Rei Uther-Pendragon morreu, legou a Távola Redonda a seu amigo, o Rei Leodegrance de Cameliard. E no início do reinado do Rei Leodegrance, sentavam-se vinte e quatro cavaleiros na Távola Redonda.

"Mas os tempos mudaram desde então, e a glória do reinado do Rei Leodegrance foi ofuscada pela glória do seu reinado, de modo que a nobre Corte de cavaleiros dele abandonou-o completamente. Portanto, hoje em dia não resta nem um só daqueles nomes, fora o do próprio Rei Leodegrance, em todos os cinquenta lugares à volta da Távola Redonda. E a Távola Redonda agora encontra-se num canto, sem uso.

"No entanto, se o Rei Leodegrance lhe der, meu senhor Rei, essa Távola Redonda, como dote de Lady Guinevere, aí então ela trará para o seu reino a maior de todas as glórias. Pois no seu tempo todos os lugares dessa Távola serão preenchidos, até mesmo o Assento Perigoso, e a fama dos cavaleiros que se sentarem nela jamais será esquecida."

– Ah! – disse o Rei Arthur. – Esse seria realmente um dote digno de qualquer rei, para ser recebido com sua Rainha.

– Então – disse o Rei Leodegrance –, esse dote terá junto com minha filha, e se lhe trouxer grande glória, então a sua glória será também minha, e o seu renome será também meu. E se minha glória diminuir, a sua glória aumentará pois, veja, por acaso não é minha filha que será sua esposa?

O Rei Leodegrance entrega a Távola Redonda ao Rei Arthur.

E o Rei Arthur disse:

– Suas palavras são boas e sábias.

Assim o Rei Arthur tornou-se senhor da famosa Távola Redonda. E a Távola Redonda foi colocada em Camelot (que alguns hoje em dia chamam de Winchester). E aos poucos reuniu-se ao redor dela um tal grupo de cavaleiros como o mundo nunca tinha visto antes, e que nunca mais verá.

Essa foi a história do início da Távola Redonda no reino do Rei Arthur.

Capítulo Sexto

Como o Rei Arthur casou-se com honras de rei
e como se instituiu a Távola Redonda

Agora tinha começado o outono daquele ano. Aquela estação agradável, quando os prados e as matas ainda estão verdes do verão que acabou de passar, quando também o céu ainda é o céu do verão – de um azul extraordinário e cheio de grandes nuvens –, quando um pássaro aqui e outro ali canta uma breve canção lembrando a primavera, quando o ar fica temperado de calor, mas as folhas por toda parte já vão ficando marrons, vermelhas e douradas. E quando o sol brilha através das folhas, é como se um manto de ouro, bordado de fios marrons, vermelhos e verdes se estendesse no ar. Nessa estação do ano é por demais agradável passar pelos campos entre as nogueiras acompanhado de um falcão ou um cão de caça, ou mesmo viajar por esse mundo tingido de amarelo, a cavalo ou a pé.

Pois foi para essa época do ano que ficou marcado o casamento do Rei Arthur e de Lady Guinevere em Camelot, onde se preparou tudo com extraordinária pompa e circunstância. Todo o mundo estava alvoroçado e animado de alegria, pois todos estavam incrivelmente felizes que o Rei Arthur iria enfim ter uma Rainha.

A cidade de Camelot enfeitou-se magnificamente para a grande ocasião: a rua de terra por onde Lady Guinevere passaria em direção ao castelo do Rei foi pavimentada com uma grossa camada de juncos recém-cortados. E ainda *Como a cidade* espalharam tapetes de elaboradas padronagens como os que cobrem *de Camelot* o piso de palácios suntuosos. Além disso, todas as casas ao longo da *foi enfeitada.* rua estenderam finas tapeçarias entretecidas com fios azuis e vermelhos, e em toda parte bandeiras e flâmulas ondulavam na brisa morna e suave contra o céu azul, de modo que o mundo todo parecia vibrar com as cores vivas. Olhar a rua era como vislumbrar um caminho sinuoso de excepcional beleza e vivacidade estendendo-se à frente.

Assim chegou o dia do casamento do Rei – claro e vivo e incrivelmente radioso.

O Rei Arthur estava sentado no salão, rodeado de sua Corte, aguardando notícias da chegada de Lady Guinevere. Foi quando lá pelo meio da manhã veio um mensageiro cavalgando rápido num corcel branco feito a neve. E suas vestimentas e os arreios de seu cavalo eram todos de ouro bordado com vermelho e branco, sua capa era incrustada de joias de vários tipos, de modo que ele brilhava enquanto cavalgava com uma aparência de singular esplendor.

O mensageiro entrou direto no castelo onde o Rei aguardava, e disse:

– Levante-se, meu senhor Rei, pois Lady Guinevere e seu séquito se aproximam.

Ao ouvir isto o Rei imediatamente se levantou com enorme alegria, e logo avançou com sua Corte de Cavaleiros, cavalgando com grande pompa. Enquanto passava pela rua maravilhosamente enfeitada toda a gente gritava, e ele sorria e assentia para um lado e para o outro, pois naquele dia estava mais feliz do que nunca e sentia pelo seu povo afeiçoada amizade.

Assim ele cavalgou em direção aos portões da cidade, atravessou-os e chegou até as terras mais adiante onde a estrada larga e batida serpenteava ao longo do rio de águas brilhantes através de salgueiros e vimeiros.

E – ora vejam! – eis que o Rei Arthur e aqueles que o acompanhavam avistaram o séquito da Princesa à distância, e com isso rejubilaram-se e avançaram ainda mais rápido. E quando se aproximaram, parecia – com o sol batendo nos adornos de seda e tecidos dourados e nas correntes de ouro e nas joias que pendiam delas – que todo o nobre séquito que rodeava a liteira de Lady Guinevere brilhava e cintilava com um esplendor insuperável.

Dezessete dos cavaleiros mais nobres da Corte do Rei, vestidos com armadura completa e enviados por ele para escoltá-la, cavalgavam com grande pompa, em volta da liteira onde vinha a Princesa. E a moldura da liteira era de madeira ricamente trabalhada, as cortinas e as almofadas *Sobre o séquito de Lady Guinevere.* de seda vermelha bordada com fios de ouro. E atrás da liteira vinha cavalgando alegre e animadamente o séquito da Princesa – suas damas de companhia, nobres, damas, pajens e atendentes –, reluzindo com cores diversas.

Então os grupos do Rei e de Lady Guinevere se aproximaram até que se encontraram e se misturaram um com o outro.

O Rei Arthur logo apeou do seu belo cavalo e, todo vestido de realeza, caminhou até a liteira de Lady Guinevere, enquanto Sir Gawaine e Sir Ewaine seguravam as rédeas de seu cavalo. Então um dos pajens abriu as cortinas de *O Rei Arthur* seda da liteira de Lady Guinevere, e o Rei Leodegrance tomou sua mão *saúda Lady* e ela assim desceu de lá, como que exalando uma beleza extraordinária. *Guinevere.* Então o Rei Leodegrance levou-a até o Rei Arthur, e o Rei Arthur aproximou-se dela, colocou uma das mãos sob seu queixo e a outra em sua cabeça, inclinou-se

O Rei Arthur encontra Lady Guinevere.

e beijou-a no rosto macio – cálido e perfumado, a pele suave como veludo e imaculada. Depois que a tinha beijado no rosto, todos os que lá estavam soltaram um grande clamor de júbilo, dando voz à alegria por aquelas duas nobres almas terem se encontrado.

Assim o Rei Arthur recebeu Lady Guinevere e o Rei Leodegrance, seu pai, na estrada sob as muralhas da cidade de Camelot, a meia légua de distância de lá. Ninguém que lá estava jamais esqueceu aquele encontro, pois foi cheio de uma graça extraordinária e uma elevada cortesia.

Então o Rei Arthur e sua Corte de Cavaleiros e nobres levaram o Rei Leodegrance e Lady Guinevere com grandes honrarias até Camelot e o castelo real, onde havia aposentos para todos, de modo que todo aquele lugar agitou-se com alegria e beleza.

Quando veio a tarde, toda a Corte foi até a catedral, com grande pompa e cerimônia, e lá, rodeados de incrível magnificência, o Arcebispo casou aquelas duas nobres almas.

O Rei Arthur e Lady Guinevere se casam.

E todos os sinos tocaram alegremente, e toda gente que estava do lado de fora da catedral deu grandes vivas, e – ora! – o Rei e a Rainha saíram brilhando, como se fossem o sol com seu esplendor e a lua com sua beleza.

No castelo, um grande banquete foi preparado para aquela tarde, e a ele compareceram quatrocentos e oitenta e seis membros da nobreza – reis, cavaleiros e nobres, com rainhas e damas magnificamente vestidas. E junto do Rei e da Rainha sentaram-se o Rei Leodegrance, Merlin, Sir Ulfius, Sir Ector, o Confiável, Sir Gawaine, Sir Ewaine, Sir Kay, o Rei Ban, o Rei Pellinore e muitos outros famosos e celebrados nomes, de modo que ninguém jamais tinha visto uma Corte tão magnífica como naquele banquete de casamento do Rei Arthur e da Rainha Guinevere.

Sobre o banquete no castelo do Rei.

E AQUELE DIA ficou também muito famoso na história da cavalaria pois, durante a tarde, a famosa Távola Redonda foi estabelecida, e essa Távola Redonda logo tornou-se a glória principal do reino do Rei Arthur.

Pois lá pelo meio da tarde, o Rei e a Rainha, precedidos por Merlin e seguidos por todo aquele esplêndido séquito de reis, lordes, nobres e cavaleiros todos paramentados, desfilaram até o lugar em que Merlin, parte por mágica e parte por habilidade, tinha arranjado para que fosse montada uma tenda maravilhosa sob a qual estava a Távola Redonda.

Quando o Rei, a Rainha e o séquito entraram, ficaram deslumbrados com a beleza da tenda, pois viram um grande espaço que parecia terra encantada de fadas. As paredes eram todas ricamente adornadas e pintadas com encantadoras figuras de santos e anjos, as vestes tingidas de ultramarino e carmesim, e todos esses santos e anjos tocavam vários instrumentos musicais que pareciam feitos de ouro. O teto da tenda era como o céu, todo coberto de azul-celeste e pontilhado de estrelas. E no meio dele vinha pintada uma imagem como se fosse do sol em toda a sua glória. E o chão era coberto de mármore quadriculado de preto e branco, e azul e vermelho, além de muitas outras cores.

Sobre a tenda da Távola Redonda.

No meio da tenda ficava a Távola Redonda com lugar para exatamente cinquenta pessoas, e em cada um dos lugares havia um cálice dourado cheio de vinho perfumado e uma vasilha de ouro com pão branco fresco. Quando o Rei e seu séquito entraram na tenda – imaginem! –, de repente, começou a soar uma música maravilhosamente suave.

Então Merlin veio, tomou o Rei Arthur pela mão e afastou-o de Lady Guinevere. E então disse para o Rei:

– Veja, essa é a Távola Redonda.

E o Rei Arthur disse:

– Merlin, o que vejo é maior do que palavras possam dizer.

O Rei Arthur se senta à Távola Redonda. Depois disso, Merlin mostrou ao Rei as várias maravilhas da Távola Redonda. Primeiro apontou para um assento elevado, ricamente trabalhado em madeiras de lei e enfeitado de um modo lindo, e disse:

– Veja, senhor Rei, aquele lugar é chamado o "Assento Real", e ele é seu.

E enquanto Merlin falava – imaginem! – de repente apareceram várias letras de ouro nas costas desse assento e as letras formavam o nome:

ARTHUR, REI

E Merlin disse:

– Senhor, esse assento bem pode ser chamado o assento central da Távola Redonda, pois sua majestade está verdadeiramente no centro de tudo o que é mais digno e realmente cavaleiresco. Portanto esse será chamado de o assento central em relação a todos os outros.

Então Merlin apontou para o assento que ficava em frente ao Assento Real, que também tinha uma aparência extraordinária, como já foi contado nesta história. E Merlin disse ao Rei Arthur:

– Meu senhor Rei, aquele é chamado o Assento Perigoso, pois só um homem neste mundo poderá se sentar ali, e aquele homem ainda não nasceu. E se qualquer outro homem ousar sentar-se ali, por essa temeridade ou bem morrerá ou sofrerá uma desfortuna súbita e terrível. É por isso que aquele é chamado o Assento Perigoso.

– Merlin – disse o Rei Arthur –, tudo o que me dizes é tão maravilhoso que vai além dos limites do conhecimento. Agora te peço, com toda pressa, acha um número suficiente de cavaleiros para preencherem essa Távola Redonda para que minha glória fique completa.

Então Merlin sorriu para o Rei Arthur, mas não de alegria, e disse:

– Senhor, por que tanta pressa? Saiba que quando todos os lugares da Távola Redonda estiverem preenchidos, sua glória terá sido completamente alcançada e dali por diante seus dias começarão a declinar. Pois quando um homem alcança o ápice de sua glória, então seu trabalho está cumprido e Deus o quebra como se quebra um cálice do qual se bebeu um licor perfeito, para que nenhum vinho ordinário possa conspurcá-lo. Da mesma forma, quando seu trabalho estiver feito e acabado, Deus quebrará o cálice de sua vida.

Então o Rei olhou para Merlin muito sério e disse:

– Ancião, o que dizes é muito impressionante, pois dizes palavras sábias. Mesmo assim, vendo que estou nas mãos de Deus, desejo que se realizem a minha glória e a boa vontade Dele, mesmo que Ele me quebre completamente quando eu tiver cumprido Seus desígnios.

– Senhor – disse Merlin –, fala como um rei digno que tem um coração enorme e nobre. Contudo, ainda não posso preencher a Távola Redonda, pois, embora o senhor tenha reunido à sua volta a Corte de Cavalaria mais nobre de toda a cristandade, há aqui somente trinta e dois cavaleiros dignos de sentarem-se à Távola Redonda.

Merlin escolhe os cavaleiros da Távola Redonda.

– Então, Merlin – disse o Rei Arthur –, peço-te que agora me aponte esses trinta e dois.

– É o que farei, senhor Rei – disse Merlin.

Então Merlin olhou em volta e – ora! – viu o Rei Pellinore ali perto. Foi até ele e tomou-o pela mão.

– Veja, meu senhor Rei – disse ele –, eis aqui um cavaleiro que, depois do senhor, é o mais digno no mundo todo de sentar-se à Távola Redonda. Não só ele se porta de modo deveras gentil com os pobres e necessitados, mas é também tão incrivelmente forte e habilidoso que num embate entre cavaleiros não sei quem inspira mais temor, se o senhor ou ele.

Então Merlin avançou com o Rei Pellinore e – ora! – no assento que ficava do lado esquerdo do Assento Real apareceu de repente o nome:

PELLINORE

E o nome vinha gravado em letras de ouro que reluziam com um brilho extraordinário. E quando o Rei Pellinore sentou-se, todos à sua volta o aclamaram longa e clamorosamente.

Depois que Merlin havia escolhido o Rei Arthur e o Rei Pellinore, ele escolheu os seguintes cavaleiros da Corte do Rei Arthur, somando trinta e dois ao todo e que foram os cavaleiros de grande renome na cavalaria que primeiro tomaram parte da Távola Redonda, passando a ser chamados de os Antigos e Ilustres Companheiros da Távola Redonda.

Para começar, havia Sir Gawaine e Sir Ewaine, que eram sobrinhos do Rei, e eles se sentaram perto dele, à sua direita. Havia Sir Ulfius (que ocupou o seu lugar por apenas quatro anos e oito meses até a sua morte, depois do que Sir Gaheris – que era escudeiro do seu irmão, Sir Gawaine – ocupou aquele lugar). Havia Sir Kay, o Senescal, que era irmão de criação do Rei, e havia Sir Baudwain da Bretanha (que ocupou seu lugar por apenas três anos e dois meses até a sua morte, depois do que Sir Agravaine ocupou aquele lugar). Havia Sir Pellias, Sir Geraint e Sir Constantine, filho de Sir Caderes, o Senescal da Cornualha (o mesmo que foi rei depois do Rei Arthur). E havia Sir Caradoc e Sir Sagramore, apelidado de o Desejoso, Sir Dinadan e Sir Dodinas, apelidado de o Selvagem, e Sir Bruin, apelidado de o Negro, e Sir Meliot de Logres, Sir Aglaval, Sir Durnure, Sir Lamorac (todos esses três jovens cavaleiros eram filhos do Rei Pellinore), e havia Sir Griflet, Sir Ladinas, Sir Brandiles, Sir Persavant de Ironside, Sir Dinas da Cornualha, Sir Brian de Listinoise, Sir Palomides, Sir Degraine, Sir Epinogres, filho do Rei da Nortúmbria e irmão da feiticeira Vivien, Sir Lamiel de Cardiff, Sir Lucan, o Garrafeiro, e Sir Bedevere, seu irmão (o mesmo que pôs o Rei Arthur no barco das fadas quando ele ficou mortalmente ferido na última batalha em que lutou). Esses trinta e dois cavaleiros eram os Antigos e Ilustres Companheiros da Távola Redonda, e somaram-se a eles outros até que havia quarenta e nove ao todo, e depois se juntou a eles Sir Galahad, e com ele a Távola Redonda ficou completa.

Enquanto cada um desses cavaleiros ia sendo escolhido por Merlin e conduzido pela mão – ora! –, o seu nome de repente aparecia escrito em letras douradas, muito vivas e brilhantes, no assento que lhe pertencia.

Mas quando todos tinham sido escolhidos – vejam! –, o Rei Arthur viu que o lugar à direita do Assento Real não tinha sido ocupado, e não trazia nome algum. Então disse a Merlin:

– Merlin, como pode ser que o lugar à minha direita não tenha sido preenchido e não haja nenhum nome nele?[48]

E Merlin respondeu:

– Senhor, haverá um nome nele dentro de bem pouco tempo, e aquele que lá se sentar será o maior cavaleiro no mundo todo até que venha o cavaleiro que

---

48. De acordo com o simbolismo por que a Idade Média compreendia a vida – a realidade concreta como simulacro ou representação do Além –, também a noção de "direita" e "esquerda" tem significado mais amplo do que o puramente espacial. Pertence a longa tradição, não só à cristã, a ideia de que o lado direito é o do Bem, em oposição ao esquerdo, o do Mal; o pensamento misógino medieval apropriou-se dessa polaridade inclusive para situar à esquerda as mulheres e suas tentações demoníacas, sendo a direita o posto do macho. A cisão direito/esquerdo tem reforço bíblico: na caverna, quando Davi se sente abandonado, é para a direita que ele olha em busca do auxílio da divindade (Sal. 141, 5); no *Apocalipse*, João recebe o famoso "livro selado" da "mão direita do que se assentava no trono" (5, 7).

irá ocupar o Assento Perigoso. Isso porque aquele que vier superará todos os outros em beleza, força e graça cavaleiresca.

E o Rei Arthur disse:

– Bem que eu gostaria que ele estivesse agora aqui entre nós.

E Merlin disse:

– Ele não vai demorar.

Assim instituiu-se a Távola Redonda com grande pompa e cerimônias reais, pois primeiro o Arcebispo de Canterbury abençoou cada assento, passando de um para outro acompanhado de seu séquito sagrado, enquanto o coro cantava lindos acordes, e outros balançavam defumadores exalando um vapor de incenso incrivelmente perfumado, enchendo toda a tenda com um ar de bênçãos celestiais.

Depois que o Arcebispo tinha abençoado cada um dos assentos, cada cavaleiro escolhido tomou o seu lugar na Távola Redonda, e seu escudeiro veio e postou-se atrás do assento segurando uma flâmula com seu brasão na ponta da lança acima da cabeça do cavaleiro. E todos aqueles que estavam lá, tanto cavaleiros quanto damas, entoaram uma aclamação em altas vozes.

Então todos os cavaleiros se levantaram, e cada um empunhou a cruz do cabo de sua espada, e repetiu as palavras que o Rei Arthur dizia. Esse foi o juramento da Ordem dos Cavaleiros da Távola Redonda:[49] que seriam gentis com os fracos, corajosos com os fortes e terríveis com os maus, e defenderiam os desprotegidos que lhes pedissem ajuda. E também que todas as mulheres lhes deveriam ser sagradas, e que deveriam defender-se uns aos outros sempre que fosse necessário; e que deveriam ser misericordiosos com todos os homens, e suas ações deveriam ser gentis, de verdadeira amizade e amor leal. Esse foi o seu juramento, e cada cavaleiro jurou sobre a cruz de sua espada e beijou-lhe o cabo como prova. Com isso, todos os que ali estavam mais uma vez ergueram as vozes em sonora aclamação.

Sobre a cerimônia da instituição da Távola Redonda.

Então todos os cavaleiros da Távola Redonda se sentaram, e todos partiram dos pães que estavam nas vasilhas douradas, e beberam do vinho dos cálices dourados que ficavam à sua frente, agradecendo a Deus por aquilo que comiam e bebiam.

Assim foi que o Rei Arthur se casou com a Rainha Guinevere, e assim foi instituída a Távola Redonda.

---

49. Ao fazer da Távola Redonda uma Ordem, o autor inscreve-a na jurisdição das instituições regulamentadas, com normas rígidas de ingresso e permanência. Os itens que compõem o juramento – apelando tanto para qualidades físicas quanto morais do neófito – explicam o teor das aventuras em que se envolvem os cavaleiros, principalmente no que diz respeito às damas, sempre sob alguma proteção masculina ou comandando, elas próprias, o rumo dos acontecimentos. Para que nenhum desses compromissos fosse assumido em vão, "cada cavaleiro jurou sobre a cruz de sua espada e beijou-lhe o cabo como prova".

Conclusão

Assim termina este *Livro do Rei Arthur*, que escrevi com tanta alegria que já antecipo o grande prazer que será, ao concluir este primeiro volume do meu trabalho, a chance de escrever um segundo volume, que vem a seguir.

No segundo livro será contada a história de vários homens notáveis que faziam parte da Corte do Rei Arthur, pois me parece bom tratar da história de cavaleiros e homens tão honrados. É bem possível que agrade a qualquer um ler uma história como essa e ouvir o que esses homens notáveis diziam e ver como se portavam em tempos difíceis. Sem dúvida o seu exemplo nos ajudará para que nos comportemos de modo parecido em casos semelhantes.

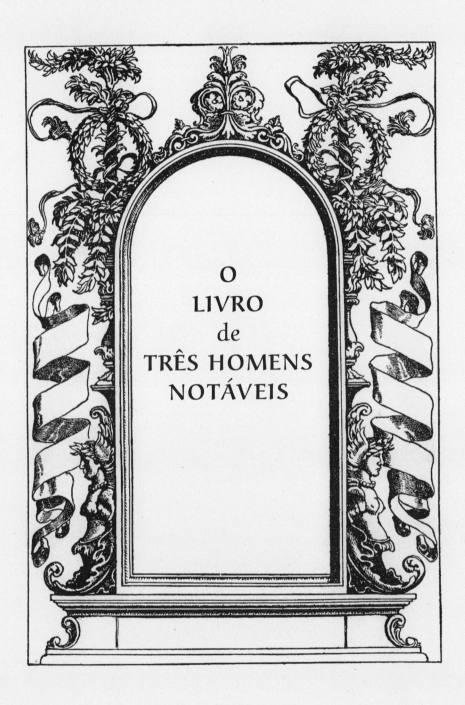

Sumário

Prefácio *173*

Prólogo *175*

PARTE I
A HISTÓRIA DE MERLIN

Capítulo Primeiro
Como a Rainha Morgana tramou contra o Rei Arthur
e como enviou uma dama para enganar o mago Merlin *183*

Capítulo Segundo
Como Merlin viajou com Vivien até o Vale da Felicidade e lá construiu
para ela um castelo. Também como lhe ensinou o conhecimento
de magia e como, por meio disso, ela conseguiu destruí-lo *191*

Capítulo Terceiro
Como a Rainha Morgana voltou a Camelot e à Corte
com o intuito de prejudicar o Rei Arthur. Também como o
Rei Arthur e outros saíram para caçar e o que lhes aconteceu *198*

Capítulo Quarto
O que aconteceu com Sir Accalon, e como o Rei Arthur lutou
num duelo de espadas, e como nele esteve perto de perder a vida *207*

PARTE II
A HISTÓRIA DE SIR PELLIAS

Capítulo Primeiro
Como a Rainha Guinevere saiu para colher as flores da primavera
e como Sir Pellias assumiu uma demanda em nome dela *223*

Capítulo Segundo
Como Sir Pellias venceu um Cavaleiro Vermelho, chamado Sir Adresack,
e como libertou vinte e dois prisioneiros do castelo desse cavaleiro 231

Capítulo Terceiro
Como Sir Pellias lutou contra Sir Engamore, também conhecido como
Cavaleiro das Mangas Verdes, e o que aconteceu a Lady Ettard 241

Capítulo Quarto
Como a Rainha Guinevere brigou com Sir Gawaine e como
Sir Gawaine deixou a Corte do Rei Arthur por algum tempo 253

Capítulo Quinto
Como Sir Gawaine encontrou Sir Pellias e
como prometeu ajudá-lo com Lady Ettard 266

Capítulo Sexto
Como a Dama do Lago tomou de volta o colar de Sir Pellias 277

PARTE III
A HISTÓRIA DE SIR GAWAINE

Capítulo Primeiro
Como um cervo branco apareceu diante do Rei Arthur,
e como Sir Gawaine e Gaheris, seu irmão, partiram
em busca dele, e o que lhes aconteceu nessa demanda 293

Capítulo Segundo
Como o Rei Arthur se perdeu na floresta, e como acabou se envolvendo
numa aventura muito singular no castelo aonde chegou 305

Capítulo Terceiro
Como o Rei Arthur derrotou o Cavaleiro-Feiticeiro, e como
Sir Gawaine demonstrou seu alto valor de cavaleiro 314

Conclusão 322

Prefácio

Aqui começa o segundo Livro da História do Rei Arthur, chamado de *O livro de três homens notáveis*, porque trata de três homens excelentes e muito honrados da Corte do Rei Arthur.

O primeiro dos três é Merlin, o Sábio, o segundo é Sir Pellias, apelidado de o Cavaleiro Gentil, e o terceiro é Sir Gawaine, filho do Rei Lot de Orkney e das Ilhas.

Segue agora então a história de como morreu Merlin, o Sábio. Nela vocês poderão ver como a própria sabedoria ilimitada de Merlin acabou sendo a causa de sua ruína. Espero, portanto, que essa história os toque no fundo do coração para que não deixem que os dons que Deus deu a vocês – sejam eles dons da mente ou pessoais – sejam mal aproveitados por vocês ou por outros e acabem causando a sua própria desgraça.

E não é justificativa que, à medida que sigam pela vida, vocês encontrem muitos homens que, como Merlin, sejam dotados por Deus de grandes dons que poderiam facilmente usar para o bem da humanidade, mas que, em vez disso, usam-nos de forma tão errada que causam grande ruína para si mesmos e ainda maior mal aos outros. Pois, se vocês demonstrarem ser tão fracos ou maus, e desperdiçarem seus talentos dessa forma, causando mal aos outros e a si mesmos, o fato de que outros causaram mais mal do que vocês não diminuirá o seu erro.

Portanto, peço que esta história de Merlin lhes sirva de aviso. Pois, embora não acredite que Merlin tivesse tido a intenção de que seus dons mágicos prejudicassem os outros, por causa de sua loucura eles causaram um mal tão grande quanto se ele próprio tivesse desejado causar o mal com eles. Sim, é difícil dizer o que causa maior mal no mundo, se a maldade ou a loucura dos homens. Portanto, fiquem bem atentos não só contra o pecado, mas também contra a loucura e a fraqueza.

Prólogo

Num certo dia o Rei Arthur estava sentado com a Rainha e toda a sua Corte e a Corte dela no Salão Real de Camelot, e o local estava tomado de alegria e júbilo.

Enquanto lá estavam, de repente entrou um cavaleiro armado com a armadura toda coberta de sangue e poeira e o corpo todo machucado. Todos que ali estavam ficaram atônitos e horrorizados com o aspecto desse cavaleiro, pois não parecia trazer boas notícias para o Rei Arthur. E o cavaleiro-mensageiro foi até onde estava o Rei Arthur, quase desmaiando de fraqueza dos tantos ferimentos recebidos, e avisou a todos que lá estavam que cinco reis, inimigos do Rei Arthur, tinham vindo de repente e estavam queimando e saqueando toda a região.

Um mensageiro vem até o Rei em Camelot.

E o cavaleiro-mensageiro disse que esses cinco reis eram o Rei da Dinamarca, o Rei da Irlanda, o Rei de Soleyse, o Rei do Vale e o Rei de Longtinaise. Eles tinham trazido consigo um exército enorme e estavam arrasando toda a terra em volta, de modo que todo o reino estava em apuros e desespero por causa daquela devastação.

Ao ouvir essas notícias, o Rei Arthur bateu as palmas das mãos com veemência e exclamou:

– Ora! Vejam só o que é ser rei! Será que nunca chegará o dia em que essas guerras e revoltas cessarão e teremos paz nesta terra?

E levantou-se muito agitado e saiu dali, e todos os que lá estavam ficaram muito preocupados.

Então o Rei Arthur imediatamente mandou mensageiros para dois reis amigos que moravam mais perto dali – o Rei Pellinore e o Rei Urien de Gore –, pedindo-lhes que viessem ajudá-lo sem perda de tempo. Enquanto isso, ele próprio reuniu um enorme exército com o propósito de ir de encontro aos inimigos.

O Rei Arthur pede o auxílio do Rei Urien e do Rei Pellinore.

Então ele partiu, e no terceiro dia chegou com seu exército na floresta de Tintagalon e lá permaneceu com a intenção de descansar um pouco até que o Rei Pellinore e o Rei Urien se juntassem a ele. Mas os cinco reis, seus inimigos, souberam que o Rei Arthur estava ali e por isso fizeram uma marcha forçada por Gales do Norte com o intuito de atacá-lo antes que os outros dois reis viessem em seu auxílio. Chegaram então durante a noite ao lugar onde estava o Rei Arthur e lançaram-se sobre ele de forma tão inesperada que havia grande risco de seu exército ser derrotado antes mesmo do ataque.

Mas o Rei Arthur manteve seu exército unido graças à sua coragem e generosidade, e com isso eles se defenderam com grande ímpeto até o Rei Pellinore chegar com seu exército e se juntar a eles naquela batalha.

O Rei Arthur sai vitorioso. Portanto, no final, o Rei Arthur obteve uma esmagadora vitória sobre seus inimigos, que saíram em debandada e dispersaram-se em todas as direções. Com essa guerra, e a consequente rendição desses cinco reis, o Rei Arthur recuperou todo o reino que no passado tinha sido de seu pai, e muito mais ainda.

Pois bem, naquela batalha oito dos cavaleiros da Távola Redonda perderam as vidas, e o Rei Arthur lamentou a sua perda com grande dor, pois eram *Oito cavaleiros da Távola Redonda são mortos na batalha.* os primeiros cavaleiros da Távola Redonda a morrerem lutando para defendê-lo.

Enquanto o Rei Arthur ainda lamentava profundamente a perda desses oito cavaleiros, Merlin foi até ele e disse:

– Não fique desanimado, senhor, pois veja! O senhor tem ainda muitos excelentes cavaleiros à sua volta e certamente não lhe será difícil preencher os oito lugares que a morte esvaziou. Se seguir a minha sugestão, deve escolher um conselheiro muito valoroso dentre seus companheiros da Távola Redonda, a quem poderá consultar sobre isto, pois o discernimento de dois é melhor do que o discernimento de um só, e assim poderá preencher os lugares que ficaram vazios com a guerra.

O Rei Arthur achou esse conselho muito bom, então fez como Merlin havia sugerido. Naquela manhã convocou o Rei Pellinore aos seus aposentos, expôs a ele o assunto e os dois deliberaram juntos. Ao ser consultado, o Rei Pellinore aconselhou o Rei Arthur da seguinte forma: quatro cavaleiros velhos e valorosos deveriam ocupar quatro dos lugares, e quatro cavaleiros jovens e viçosos deveriam ocupar os outros quatro lugares, e assim todos os oito lugares seriam ocupados.

Pois bem, o Rei Arthur achou esse conselho bom, então disse:

– Que assim seja.

O Rei Arthur e o Rei Pellinore escolhem quatro cavaleiros velhos e valorosos para a Távola Redonda. Assim escolheram primeiro os quatro cavaleiros velhos: o Rei Urien de Gore, o Rei Lac, Sir Hervise de Reuel e Sir Galliar de Rouge. E dos jovens cavaleiros da Corte eles escolheram Sir Marvaise de Leisle, Sir Lionel, filho do Rei Ban de Benwick, e Sir Cadar da Cornualha. No entanto, faltava ainda um lugar a ser ocupado.

Mas era muito difícil escolher quem ocuparia aquele lugar, pois havia nessa época dois jovens cavaleiros igualmente muito honrados na Corte. Um deles era Sir Baudemagus, um jovem cavaleiro irmão de Sir Ewaine e filho do Rei Urien de Gore e da Rainha Morgana (que vinha a ser meia-irmã do Rei Arthur, como já foi dito). E o outro jovem cavaleiro era Sir Tor, que, embora tivesse chegado à Corte havia pouco, tinha já realizado várias famosas proezas. Sir Tor era um dos filhos do Rei Pellinore (embora não de sua Rainha), e o Rei Pellinore o amava bastante.

Eles escolhem três jovens cavaleiros para a Távola Redonda.

Então o Rei Pellinore disse ao Rei Arthur:

– Senhor, há decerto somente dois cavaleiros em toda a sua Corte entre os quais escolher o que irá ocupar o oitavo lugar na Távola Redonda: um deles é o filho da sua irmã, Sir Baudemagus, e o outro é meu filho, Sir Tor. Não posso, portanto, aconselhá-lo nesse assunto, de modo que deve o senhor mesmo escolher um dos dois jovens cavaleiros para ocupar o lugar. Posso somente dizer que me agradaria imensamente se a sua escolha recaísse sobre Sir Baudemagus, pois assim o mundo todo vai saber que estou acima de qualquer suspeita na maneira de conduzir esse assunto, enquanto se Sir Tor for escolhido, todos dirão que favoreci meu próprio filho.

Então o Rei Arthur meditou sobre o assunto por muito tempo, e só depois disse:

– Senhor, meditei sobre tudo isso e creio que Sir Tor é o melhor cavaleiro dos dois, pois realizou várias proezas excelentes, enquanto Sir Baudemagus, embora seja um cavaleiro notável, ainda não demonstrou nenhuma grande realização no campo da cavalaria. Por isso, em nome de Deus, que Sir Tor se sente como companheiro da Távola Redonda.

O Rei Arthur escolhe Sir Tor para a Távola Redonda.

Então Sir Pellinore disse:

– Que assim seja – e os dois se levantaram e saíram.

Então – ora vejam! – naquele exato momento os nomes dos oito cavaleiros notáveis que tinham sido escolhidos apareceram nas costas dos assentos que lhes cabiam na Távola Redonda, de modo que a decisão sobre os dois cavaleiros acabou se confirmando às vistas de todos.

Acontece que, quando essas notícias chegaram aos seus ouvidos, a Rainha Morgana ficou muito ofendida que o seu filho, Sir Baudemagus, tivesse sido preterido e que outro tivesse sido escolhido em seu lugar. Portanto vociferou contra o Rei Arthur na presença de várias pessoas, dizendo:

– Ah! Como pode ser? Será que laços de sangue e parentesco contam tão pouco aos olhos desse Rei que ele despreza um cavaleiro tão digno quanto o

A Rainha Morgana ofende-se com o Rei Arthur.

seu próprio sobrinho para escolher em seu lugar alguém que não é nem filho legítimo? Pois bem, a família de meu marido já sofreu muitos terríveis prejuízos nas mãos do Rei Arthur pois, vejam só!, ele nos tirou nosso poder real e nos transformou quase em prisioneiros de sua própria Corte. Só isso já é uma afronta tão grande como se nós fôssemos seus piores inimigos, em vez de sua família mais próxima. Mas isso que agora fez com meu filho, preterindo-o, é uma afronta ainda maior do que a outra.

E a Rainha Morgana falou deste jeito não só ao Rei Urien, que era seu marido, mas também a Sir Ewaine e a Sir Baudemagus, que eram seus filhos. Só que o Rei Urien de Gore repreendeu suas palavras, pois tinha passado a adorar o Rei Arthur devido ao seu caráter tão nobre. E Sir Ewaine também a repreendeu dizendo que não queria ouvir falar mal do Rei Arthur, pois não só o amava mais que qualquer um no mundo, mas que o Rei era ao mesmo tempo o modelo de toda a cavalaria e a própria fonte de toda honra.

Assim falaram os dois, mas Sir Baudemagus seguiu o que sua mãe, a Rainha Morgana, havia dito, pois ele estava zangado com o Rei Arthur porque o tinha preterido. Então partiu da Corte sem nem pedir permissão ao Rei Arthur, e saiu em busca de aventuras, o que o Rei Arthur lamentou muito.

Pois bem, como já foi dito, a Rainha Morgana expressou sua indignação a várias pessoas na Corte, o que acabou chegando aos ouvidos do Rei Arthur e chateou-o bastante. Assim, quando a Rainha Morgana procurou-o num certo dia pedindo-lhe permissão para ausentar-se da Corte, ele falou-lhe com grande tristeza, dizendo:

– Minha irmã, lamento profundamente que não esteja satisfeita com minha conduta nesse assunto, pois Deus sabe que busquei fazer o melhor dentro do que estava em meu poder. E embora eu verdadeiramente quisesse que Sir Baudemagus fizesse parte da Távola Redonda, por várias razões tive completa certeza de que Sir Tor fazia maior jus àquele lugar. Se minha decisão não fosse movida pelo que julgo certo, e tivesse favorecido alguém somente por ser meu parente, qual seria o valor da Távola Redonda?

Então a Rainha Morgana falou, muito exaltada:

– Senhor, tudo o que diz só faz aumentar a ofensa que causou à minha família. Pois agora não só nega o lugar a meu filho, mas também o diminui ao menosprezá-lo frente ao cavaleiro de origem inferior que escolheu. Portanto, meu único desejo em falar com o senhor é para pedir sua permissão para que eu possa partir.

Com isso, o Rei Arthur, falando com grande dignidade, disse:

– Senhora, será como deseja, e pode ir aonde bem quiser, pois Deus me livre querer contrariá-la nos seus desejos. Além do mais, providenciarei para que não parta sem um séquito digno de alguém que é ao mesmo tempo esposa de um rei e irmã de outro.

E fez como tinha prometido, pois providenciou para que a Rainha Morgana partisse da Corte com grande pompa e circunstância. Mas quanto mais paciente era o Rei Arthur com a Rainha Morgana e quanto mais a favorecia, mais zangada ela ficava e mais o odiava.

A Rainha Morgana deixa a Corte do Rei Arthur.

Então ela foi até um braço de mar e lá dispensou todos os que o Rei tinha mandado para acompanhá-la e embarcou com seu próprio séquito em vários barcos, partindo em direção à ilha encantada chamada Avalon, que era onde morava.

A ilha de Avalon era um lugar muito estranho e encantador, como nenhum outro no mundo. Parecia um Paraíso de beleza, toda coberta de vários jardins de flores, entremeados de lindas árvores, algumas cheias de frutos e outras carregadas de flores. Além disso, ao redor da ilha estendiam-se muros de puro mármore branco sobre os quais havia platôs cobertos de grama e ladeiras de relva macia, debruçando-se sobre o mar. No meio desses jardins, hortas, pomares e gramados havia uma enorme quantidade de castelos e torres, construídos uns sobre os outros – alguns brancos como a neve, e outros enfeitados de várias cores.

E a maior maravilha dessa ilha incrível era a seguinte: entre todos aqueles castelos e torres havia uma torre solitária feita inteiramente de pedra-ímã. Lá ficava o maior mistério daquele lugar.

Acontecia que a ilha flutuava na água, e a torre de pedra-ímã era tão magnética, que Avalon flutuava de um lugar para outro de acordo com a vontade da Rainha Morgana. Assim, estava às vezes aqui, outras ali, bastava que a dama real assim o quisesse.

Além disso, não eram muitos os que já tinham avistado a ilha, pois às vezes ficava coberta por uma névoa prateada, como por encantamento, e só olhos de fada podiam ver onde estava. Porém, algumas vezes tinha sido vista, e era como uma visão do Paraíso, pois aquele que olhava escutava vozes alegres vindas dos seus gramados e pomares, muito fracas por causa da enorme distância (pois ninguém jamais se aproximou de Avalon sem que fosse convidado pela Rainha Morgana). O observador então escutava uma música tão suave que sua alma quase desfalecia com a melodia. Até que Avalon de repente desaparecia como por encantamento, e aquele que a tinha visto se dava conta de que provavelmente nunca a veria de novo.

Assim era a ilha de Avalon, e se quiserem ler mais detalhes poderão encontrá-los num certo livro escrito em francês e chamado *Ogier le Danois*.[50]

A Rainha Morgana amava demais essa ilha, e muitos dizem que o Rei Arthur ainda vive lá, descansando em paz e tranquilidade enquanto espera o tempo em que retornará a este mundo para consertar o que está errado. Foi por isso que lhes contei aqui sobre as particularidades desta ilha.

---

50. *Ogier, o Dinamarquês* conta uma história de vingança – fato comum entre as dinastias medievais. O filho de Ogier, Beandouin, foi morto durante uma partida de xadrez por Charlot, filho do imperador Carlos Magno. Ogier jura matar com as próprias mãos o assassino, o qual, ao fim de amplas aventuras vividas pelo pai enfurecido, é salvo por Saint Michel. Poema em doze cantos, composto por Raimbert de Paris, tem por protagonista a personagem Ogier, que fez sua primeira aparição na *Canção de Rolando*, do séc.XI.

PARTE I

A História de Merlin

Segue aqui a narrativa particular de como Merlin foi enfeitiçado por uma certa dama chamada Vivien, e todas as circunstâncias de como isso aconteceu.

Também será contado como o Rei Arthur foi traído por sua própria irmã, e como com certeza teria sido assassinado, não fosse a ajuda da mesma feiticeira Vivien que arruinou Merlin.

Também será contado como naquela ocasião perdeu-se a bainha de Excalibur.

Capítulo Primeiro

Como a Rainha Morgana tramou contra o Rei Arthur
e como enviou uma dama para enganar o mago Merlin

Pois bem, Morgana, a Fada era uma feiticeira muito ardilosa, e tinha um tal domínio de magia que podia conseguir o que quisesse com as coisas – fossem vivas ou mortas – através de feitiços poderosos. O próprio Merlin tinha sido seu mestre no passado, ensinando-lhe sua magia enquanto ela era ainda uma jovem dama da Corte de Uther-Pendragon. Portanto agora ela era considerada, depois de Merlin, a feiticeira mais poderosa de todo o mundo. Entretanto, ela não tinha o mesmo dom de prever o futuro e fazer profecias que Merlin possuía, talentos que ele não podia ensinar a ninguém e que, portanto, ela não pôde aprender com ele.

Pois bem, depois que a Rainha Morgana voltou para a ilha de Avalon, como já foi dito, passou um bom tempo remoendo a ofensa que achava que o Rei Arthur tinha causado à sua família. E quanto mais remoía, maior lhe parecia a ofensa. Finalmente, chegou à conclusão de que nada na vida valeria a pena se ela não conseguisse castigar o Rei Arthur pelo que tinha feito. Sim, ela ficaria feliz de vê-lo morto a seus pés de tanta raiva que sentia dele.

A Rainha Morgana planeja causar mal ao Rei Arthur.

Mas a Rainha Morgana sabia muito bem que jamais poderia fazer nada contra o Rei, seu irmão, enquanto Merlin estivesse ali para protegê-lo, pois Merlin certamente preveria qualquer perigo que pudesse ameaçar o Rei, e o combateria. Ela sabia que, para destruir o Rei, era necessário primeiro destruir Merlin.

Pois bem, na Corte da Rainha Morgana havia uma certa donzela de uma beleza tão maravilhosa e hipnotizante que não havia outra igual a ela em todo o mundo. Essa donzela tinha quinze anos e possuía sangue real, pois era filha do Rei da Nortúmbria. Seu nome era Vivien. E Vivien era incrivelmente sábia e esperta para alguém da sua idade. Além disso, não tinha coração, era fria e cruel com qualquer um que se opusesse à sua vontade. Por ser assim tão esperta e ardilosa, a Rainha Morgana gostava dela e ensinou-lhe muitas das feitiçarias que sabia. Entretanto, apesar de tudo o que a Rainha Morgana havia feito por ela, a jovem jamais sentiu qualquer afeto por sua senhora, pois não tinha qualquer coração.

Merlin, o Mago

Um dia, essa donzela e a Rainha Morgana estavam sentadas juntas num dos jardins da ilha mágica de Avalon, numa ladeira muito íngreme, de frente para o mar. Era um dia lindíssimo, e o mar estava tão azul que parecia quase como se o céu se misturasse com a água e a água com o céu. Enquanto Vivien e a Rainha Morgana estavam sentadas nesse lugar tão lindo, a Rainha disse para a donzela:

– Vivien, o que mais desejarias ter no mundo?

Ao que Vivien respondeu:

– Senhora, desejaria, mais do que tudo, ter tanta sabedoria quanto a senhora.

A Rainha Morgana conversa com a donzela Vivien.

Então a Rainha Morgana riu e disse:

– Poderás ser tão sábia quanto eu se fizeres como eu te digo, pois sei um meio de obteres esta sabedoria.

– Como poderei obtê-la, Senhora? – perguntou Vivien.

Então a Rainha Morgana disse:

– Ouve bem o que te digo. Deves saber que Merlin, que já viste muitas vezes na Corte do Rei Arthur, é dono de toda a sabedoria que se pode ter no mundo. Foi ele quem me ensinou tudo o que sei de magia, mas há muitas coisas que ele sabe e que não me ensinou, mas escondeu de mim. Pois quando eu era ainda uma jovem dama na Corte do marido de minha mãe, Merlin decidiu me instruir porque me achava bela, e ele ama a beleza acima de tudo no mundo. Por isso ensinou-me muito de magia e era deveras paciente comigo.

"Mas Merlin possui um dom que não pode transmitir a ninguém pois lhe é natural. Esse dom é o dom de prever o futuro e fazer profecias. Embora ele possa prever o destino dos outros, é incapaz de enxergar o seu próprio, como muitas vezes me confessou: ele não consegue prever o que lhe acontecerá se aquilo acontecer somente com ele.

"Pois bem, Vivien, tu és muito mais bela do que eu era na tua idade, portanto acredito que poderás facilmente chamar a atenção de Merlin. Além disso, se eu te lançar um certo encanto que tenho, posso fazer com que Merlin fique tão apaixonado que te revele muito mais de sua sabedoria do que jamais me ensinou quando eu era sua discípula.

"Mas deves saber, Vivien, que ao receber esse dom da sabedoria de Merlin estarás te colocando em grande perigo, pois quando o encanto de tua beleza começar a diminuir para ele, é bem possível que ele se arrependa de ter te revelado essa sabedoria. Nesse caso há grande risco que ele te lance um feitiço que acabe com teus poderes, pois seria impossível para duas pessoas viverem no mesmo mundo dominando tanta magia."

Vivien escutou tudo isso com bastante atenção. Quando a Rainha Morgana terminou, ela disse:

– Cara Senhora, tudo o que me diz é muito incrível, e vejo-me tomada de desejo de possuir um conhecimento de magia como esse. Portanto, se me ajudar a roubar essa sabedoria de Merlin, enquanto viver lhe serei eternamente devedora. E quanto ao risco que eu possa correr, estou decidida a aceitá-lo, pois espero que possa me proteger de Merlin de tal forma que nenhum mal me aconteça. Pois quando eu tiver extraído toda a sabedoria que puder dele, usarei da mesma para lançar-lhe um tal feitiço que ele nunca mais poderá fazer mal a ninguém. Nisso usarei minha esperteza contra a sua sabedoria e a minha beleza contra a sua habilidade, e acredito que ganharei nesse jogo.

A Rainha Morgana caiu numa enorme gargalhada e, quando parou de rir, exclamou:

– Vivien! Com certeza és mais ardilosa do que jamais ouvi falar, e acho que és tão má quanto ardilosa. Quem é que já ouviu uma criança de quinze anos falando como acabaste de falar? E quem poderia imaginar que uma moça tão jovem poderia planejar a derrubada do feiticeiro mais sábio que jamais viveu?

Então, a Rainha Morgana trouxe aos lábios um pequeno apito de marfim e ouro e soprou nele bem forte. Em resposta veio correndo um jovem pajem de sua Corte. A Rainha Morgana mandou que ele lhe trouxesse uma certa canastra de alabastro, ricamente entalhada e adornada de ouro e várias pedras preciosas. A Rainha abriu a caixa e de lá tirou dois anéis de puro ouro brilhante, lindamente trabalhados, e um trazia uma pedra toda branca e reluzente, enquanto o outro uma pedra vermelha como sangue. Então a Rainha Morgana disse:

A Rainha Morgana dá a Vivien dois anéis encantados.

– Vivien, olha bem estes dois anéis! Cada um possui um feitiço deveras poderoso. Enquanto usares o anel com a pedra branca, aquele que usar o anel com a pedra vermelha te amará com uma paixão que te permitirá fazer com ele o que bem quiseres. Então toma estes anéis e vai até a Corte do Rei Arthur e usa-os da forma ardilosa que conheces.

Assim, Vivien tomou os dois anéis e agradeceu desveladamente à Rainha Morgana por eles.

Pois bem, o Rei Arthur adorava realizar um grande banquete no Pentecostes, quando toda a sua Corte se reunia com grande prazer e alegria. Nessas ocasiões ele apreciava ter alguma atração especial para distrair a si e à Corte, de modo que quase sempre havia alguma diversão reservada para o Rei. Então, quando veio o banquete de Pentecostes, o Rei Arthur sentou-se na mesa com vários nobres e reis e rainhas. Aconteceu que, quando estavam todos sentados aproveitando o banquete, com o espírito elevado de alegria e diversão, de repente entrou no salão uma jovem donzela belíssima, e com ela um anão, incrivelmente deformado e com uma aparência medonha. A donzela estava ricamente vestida de cetim encarnado, com lindos bordados feitos a ouro e prata. Seu cabelo, que era vermelho como ouro, estava arrumado num coque preso por uma rede dourada. Seus olhos eram negros como carvão e extraordinariamente vivos e brilhantes.

Vivien aparece diante do Rei Arthur no banquete de Pentecostes.

Em volta do pescoço ela trazia um colar de ouro de três voltas. Portanto, com todo esse ouro e as roupas reluzentes ela brilhava com incrível esplendor ao entrar no salão. O anão que a acompanhava também vinha vestido com trajes encarnados, e carregava uma almofada de seda vermelha com borlas de ouro, e sobre a almofada ele trazia um anel de incrível beleza com uma pedra vermelha em cima.

Portanto, quando o Rei Arthur viu essa linda donzela imaginou que só poderia se tratar de uma excelente diversão, e com isso se alegrou demais.

Mas ao olhar bem a donzela, pareceu-lhe que lhe reconhecia o rosto, então perguntou-lhe:

– Donzela, quem é a senhorita?

– Senhor – ela disse –, sou a filha do Rei da Nortúmbria, e meu nome é Vivien – e isso satisfez a curiosidade do Rei.

Então o Rei Arthur lhe disse:

– Dama, o que traz sobre aquela almofada, e por que nos honra vindo até aqui?

A isto Vivien respondeu:

– Senhor, trago comigo uma grande atração que irá diverti-lo nesse banquete de Pentecostes. Eis aqui um anel que somente o homem mais sábio e mais digno aqui presente poderá usar.

E o Rei Arthur disse:

– Deixe-nos ver o anel.

Então Vivien tirou o anel da almofada que o anão segurava e levou-o até o Rei Arthur, e o Rei segurou-o na própria mão. Logo percebeu que o anel era extraordinariamente lindo, então disse:

– Donzela, tenho sua permissão para experimentá-lo no meu dedo?

E Vivien disse:

– Sim, senhor.

Então o Rei Arthur tentou colocar o anel no dedo mas – ora! – o anel encolheu e não passava da ponta do dedo. Então o Rei Arthur disse:

O Rei Arthur experimenta o anel.

– Parece que não sou digno de usar este anel.

Então a Dama Vivien disse:

– Tenho a permissão de meu senhor para oferecer esse anel a outros da sua Corte?

E o Rei Arthur respondeu:

– Deixe que outros experimentem o anel.

Então Vivien levou o anel até várias pessoas da Corte, tanto nobres quanto damas, mas ninguém conseguia colocá-lo no dedo. Por último, Vivien chegou até onde Merlin estava sentado, ajoelhou-se no chão à sua frente e ofereceu-lhe o anel. E como isso só a ele envolvia, Merlin não foi capaz de prever o futuro e saber do mal que o aguardava. Ainda assim, olhou desconfiado para a donzela e disse:

– Menina, que truque tolo me preparaste?

– Senhor – disse Vivien –, peço-lhe apenas que experimente este anel no dedo.

Merlin desconfia do anel. Então Merlin olhou para ela com mais atenção e percebeu que era muito bela, de modo que seu coração amoleceu bastante. Então lhe falou novamente de um modo mais gentil, e disse:

– E por que eu experimentaria o anel?

Ao que ela respondeu:

– Porque acredito que o senhor é o homem mais sábio e mais digno de todos aqui, portanto o anel deve lhe pertencer.

Então Merlin sorriu, tomou o anel e colocou-o no seu dedo e – ora! – coube perfeitamente. Então Vivien gritou:

– Vejam! O anel coube no seu dedo e ele é o mais sábio e mais digno.

E Merlin ficou muito contente que o anel que aquela linda dama lhe tinha dado coubera no seu dedo daquele jeito.

Então, passado algum tempo, ele desejou retirar o anel, mas – ora vejam! – não conseguia, pois o anel tinha se agarrado no dedo como se fosse parte de sua própria carne. Isto o deixou muito contrariado e nervoso, pois não conseguia entender o que poderia significar o feitiço daquele anel. Então disse:

– Senhora, de onde veio este anel?

E Vivien disse:

– O senhor tudo sabe. Não sabe então que esse anel foi enviado por Morgana, a Fada?

Então Merlin novamente ficou desconfiado e disse:

– Espero que não haja mal algum neste anel.

E Vivien sorriu para ele e disse:

– Que mal poderia haver?

Pois bem, a essa altura, o feitiço poderoso do anel começou a agir sobre o espírito de Merlin, e ele olhava fixo para Vivien, e de repente sentia enorme encanto por sua beleza. Então o feitiço do anel dominou-o por inteiro, e – ora! – uma paixão enorme de repente tomou conta de seu coração e apertou-o de tal forma que era como se estivesse sofrendo de uma dor violenta.

E Vivien viu o que se passava na mente de Merlin, riu e virou o rosto. E muitos outros que lá estavam viram também o modo estranho como Merlin olhava para ela, e diziam uns aos outros:

– Merlin com certeza está enfeitiçado pela beleza dessa jovem donzela.

Então, dali em diante o feitiço do anel de Morgana, a Fada, foi agindo de tal forma no espírito de Merlin que ele não conseguia se libertar do encanto de Vivien. Pois daquele dia em diante, aonde quer que ela fosse, ele estava sempre por perto; se ela estivesse no jardim, ele lá também estaria; se ela estivesse no salão, ele lá também estaria; e se ela saísse para caçar, ele a acompanhava a cavalo. Todos na Corte viam isso acontecendo e muitos riam e faziam troça. Mas Vivien detestava Merlin com todas as suas forças, pois via que todos faziam graça dessa sua loucura e o seu olhar lhe dava fastio. No entanto, ela disfarçava esse desprezo na frente dele e o tratava em cada detalhe como se lhe tivesse grande amizade.

O feitiço do anel começa a fazer efeito em Merlin, o Sábio.

Pois bem, aconteceu que num dia em que Vivien estava sentada no jardim e fazia um tempo incrivelmente agradável de verão, Merlin lá entrou e a avistou. Mas quando Vivien percebeu que ele se aproximava, sentiu-lhe um desprezo súbito e tão grande que não ia suportar estar perto dele, então se levantou apressada com o intuito de fugir dele. Mas Merlin se adiantou e a alcançou, e disse a ela:

– Menina, por que me odeias?

E Vivien disse:

– Senhor, não o odeio.

Mas Merlin falou:

– Acredito realmente que me odeias.

E Vivien ficou em silêncio.

Depois de um momento Merlin disse:

– Gostaria de saber o que posso fazer para que deixes de me odiar, pois sinto que estou muito apaixonado por ti.

Com isso, Vivien olhou para Merlin de um modo muito estranho, e dali a pouco disse:

– Senhor, se ao menos dividisse sua sabedoria e arte comigo, aí então creio que poderia amá-lo bastante. Veja, sou apenas uma criança no meu conhecimento, e o senhor é tão velho e sábio que me assusta. Se me ensinasse a sua sabedoria para que eu me igualasse ao senhor, então eu de bom grado acabaria sentindo pelo senhor o que quer que eu sinta.

Ao ouvir isso, Merlin olhou fixamente para Vivien e disse:

– Donzela, com certeza não és a criança inocente que dizes ser, pois vejo que teus olhos brilham com uma esperteza que vai além da tua idade. Por isso receio que, se eu te ensinar a sabedoria que desejas possuir, isso será ou bem a tua ruína ou a minha.

Então Vivien exclamou numa voz bem alta e estridente:

– Merlin, se me amas, ensina-me tua sabedoria e a arte da tua magia e então te amarei mais do que a qualquer um no mundo todo!

Mas Merlin suspirou profundamente, pois seu coração tinha um mau pressentimento. Dali a pouco disse:

– Vivien, terás o que queres e te ensinarei tudo de sabedoria e magia que desejas saber.

Ao ouvir isto, Vivien foi tomada de uma alegria tão furiosa que não ousou deixar que Merlin visse o seu rosto, temendo que lesse nele o que estava exposto. Portanto, abaixou os olhos e virou a cabeça para o outro lado. Então, dali a pouco disse:

– Mestre, quando me ensinarás essa sabedoria?

A isso Merlin respondeu:

– Não te ensinarei hoje, ou amanhã, ou aqui, pois só poderei ensinar-te esses conhecimentos num lugar isolado onde nada poderá interromper teus estudos. Amanhã dirás ao Rei Arthur que precisarás retornar ao reino do teu pai. Então partiremos juntos, acompanhados de teu séquito, e quando chegarmos a algum lugar ermo construirei com minha magia um abrigo onde moraremos até que eu te tenha transmitido o conhecimento.

Então Vivien ficou exultante, tomou a mão de Merlin na sua e beijou-a apaixonadamente.

Assim, no dia seguinte, Vivien pediu ao Rei Arthur que lhe desse permissão para retornar à Corte de seu pai, e no terceiro dia ela, Merlin e alguns atendentes que serviam à donzela deixaram a Corte do Rei Arthur e partiram como se seguissem em direção ao Reino da Nortúmbria.

Merlin e Vivien partem da Corte do Rei Arthur. Mas a uma pequena distância da Corte do Rei rumaram para o leste e seguiram em direção a um certo vale que Merlin conhecia, e que era um lugar tão agradável e bonito que às vezes era chamado de Vale do Deleite, e às vezes de Vale da Felicidade.

Capítulo Segundo

Como Merlin viajou com Vivien até o Vale da Felicidade e lá construiu
para ela um castelo. Também como lhe ensinou o conhecimento
de magia e como, por meio disso, ela conseguiu destruí-lo

Então, Merlin e Vivien e aqueles que seguiam com eles viajaram por três dias
na direção do leste até que, lá pelo final do terceiro dia, alcançaram os limites
de uma floresta muito escura e lúgubre. Lá encontraram árvores tão
juntas umas das outras que a folhagem densa não deixava que se
visse nem um pouco do céu. Viram que os galhos e as raízes dessas
árvores pareciam serpentes enroladas entre si. Então Vivien disse:

Merlin e Vivien chegam a uma floresta encantada.

– Senhor, esta é uma floresta bastante lúgubre.

– Sim – disse Merlin –, é o que parece. Entretanto, há no meio da floresta
um lugar que alguns chamam de Vale da Felicidade, e outros de Vale do Deleite,
por causa de sua beleza. E há várias trilhas nesta floresta pelas quais se pode
chegar lá, a cavalo ou a pé.

E, depois de algum tempo, viram que era exatamente como Merlin tinha dito,
pois foram se aproximando de uma dessas trilhas e, entrando por ela, penetraram na floresta. E – ora! – o meio daquele bosque tristonho era tão escuro que
parecia já ser noite, embora fosse pleno dia fora dele, o que fez com que muitos
do grupo ficassem com medo. Mas Merlin continuava animando-os, de modo
que seguiram adiante. Assim, foram enfim saindo dali de volta à claridade, o
que muito os alegrou e consolou.

Pois bem, àquela altura se aproximava a noite, calma e tranquila,
e viram lá embaixo um vale iluminado muito bonito. No meio do vale
havia um pequeno lago de superfície tão lisa e clara, como cristal, que

Merlin e Vivien chegam ao Vale da Felicidade.

parecia um escudo oval de pura prata que tivesse sido colocado sobre a terra. E
ao longo das margens do lago havia campos planos cobertos com uma variedade
incrível de flores de várias cores e tipos, muito lindas de se ver.

Quando Vivien viu esse lugar, exclamou para Merlin:

– Mestre, este é realmente um vale muito feliz, pois não creio que os campos
abençoados do Paraíso possam ser mais lindos.

E Merlin disse:

– Muito bem. Vamos descer até lá.

E assim desceram, e enquanto desciam a noite caiu rápida e a lua surgiu no céu, tanto que era difícil dizer se o vale era mais lindo durante o dia ou com a lua brilhando sobre ele daquele jeito.

Enfim alcançaram as margens do lago e viram que não havia ali nem casa nem castelo.

Vendo isso, os que acompanhavam Merlin começaram a murmurar entre si, dizendo:

– Esse feiticeiro nos trouxe até aqui, mas como fará para nos albergar contra o clima instável e inclemente quando precisarmos de abrigo? Pois só a beleza deste lugar não basta para nos proteger da chuva e da tempestade.

Mas Merlin escutou-os e disse:

– Calma! Não se preocupem com isto, pois logo, logo providenciar-lhes-ei um bom pouso.

Então disse a eles:

– Saiam um pouco de perto até que eu lhes mostre o que irei fazer.

Então eles saíram de perto, como ele tinha mandado, e ele e Vivien ficaram onde estavam. E Vivien disse:

– Mestre, o que fará?

E Merlin disse:

– Espera um pouco e verás.

Logo em seguida, ele começou a entoar uma invocação tão forte que a terra principiou a tremer e a sacudir e o que parecia uma enorme nuvem de poeira vermelha se elevou no ar. Nesta poeira começaram a surgir várias formas e figuras, e estas formas e figuras se erguiam bem alto no ar e aqueles que assistiam aos poucos foram percebendo que uma grande construção aparecia no meio da nuvem de poeira vermelha.

Então, depois de algum tempo, tudo ficou em silêncio e a poeira lentamente se dissipou e – vejam! – apareceu o contorno de um castelo maravilhoso, como nunca se tinha visto antes, mesmo em sonho. Suas paredes eram pintadas com ultramarino e pigmento vermelho, adornadas e embelezadas com imagens a ouro, de modo que, sob a luz da lua, o castelo parecia uma visão única de enorme esplendor.

Merlin constrói um castelo através da sua magia.

Pois bem, ao ver tudo o que Merlin tinha feito, Vivien foi até ele, ajoelhou-se no chão à sua frente, tomou-lhe as mãos e trouxe-as até seus lábios. Enquanto estava assim ajoelhada, disse:

– Mestre, essa é com certeza a coisa mais incrível do mundo. Ensinar-me-á então feitiços como esse, para que eu possa construir um castelo assim, feito dos elementos da natureza?

E Merlin disse:

– Sim, ensinar-te-ei isso e muito mais, pois ensinar-te-ei não somente como criar uma construção assim, feita de coisas invisíveis; ensinar-te-ei também como poderás, com um simples toque de tua vara de condão, fazer com que esse castelo desapareça no ar como uma criança que, apenas com um toque de um palito, estoura uma linda bolha brilhante que num instante está ali, flutuando, e no instante seguinte desaparece. E ensinar-te-ei ainda mais do que isso, pois ensinar-te-ei como fazer com que algo mude e tome a aparência de outra coisa, e encantos e feitiços que nunca viste ou ouviste falar até hoje.

Então Vivien exclamou:

– Mestre, o senhor é o homem mais maravilhoso do mundo todo!

Merlin olhou para Vivien e notou que seu rosto estava lindo sob a luz da lua e ficou ainda mais apaixonado. Então sorriu para ela e disse:

– Vivien, ainda me odeias?

E ela respondeu:

– Não, mestre.

Só que ela não falava a verdade, pois seu coração era mau e o coração de Merlin era bom, e o que é mau sempre odiará o que é bom. Assim, embora Vivien adorasse o conhecimento de necromancia[51] e falasse tão amorosamente com seus lábios, na sua alma ela sentia tanto medo quanto ódio de Merlin por causa de sua sabedoria. Ela sabia bem que, se não fosse pelo feitiço do anel que ele usava, Merlin jamais a amaria daquele jeito. Então dizia para si mesma: "Se Merlin me ensinar toda a sua sabedoria, o mundo não poderá conter-nos a nós dois."

Pois bem, Merlin fixou morada com Vivien ali por pouco mais de um ano, e durante esse tempo ensinou-lhe toda a magia que podia. No final desse período, disse a ela:

Merlin ensina magia a Vivien.

---

51. O mesmo que nigromancia, expressão de origem grega (*nekros* = morte e *manteya* = adivinhação) significando adivinhação por meio de evocação dos mortos. Por ser prática da magia negra, os nigromantes eram acusados de fazer pacto com o diabo, em troca de conhecimento. Realizavam seus ritos à meia-noite, em cemitérios, desertos ou igrejas arruinadas. Desde o Antigo Testamento a necromancia era severamente condenada: "Não vos dirijais aos espíritos nem aos adivinhos: não os consulteis, para que não sejais contaminados" (Lev. 19,31). Várias autoridades medievais consideravam-na "o pecado mais odioso e uma forma de feitiçaria a ser exterminada acima de todas as outras". Nicolau Eymerich, no *Manual dos inquisidores* (1376), não poupa os nigromantes e considera-os heréticos (ver, por exemplo, o capítulo 15).

– Vivien, já te ensinei tanto que creio não haver ninguém no mundo que saiba mais do que tu das coisas de magia que aprendeste. Pois tens agora poderes mágicos para fazer o que é invisível se materializar na forma que quiseres, e não só podes transformar como quiseres uma coisa em outra completamente diferente, como tens nas mãos uma magia poderosa o suficiente para aprisionar nela qualquer alma viva, a não ser que essa pessoa tenha um talismã bom demais para se defender de ti. Eu mesmo não tenho mais muitos poderes do que os que te dei.

Assim falou Merlin, e Vivien ficou exultante. E disse para si mesma: "Pois bem, Merlin, se eu tiver a sorte de te aprisionar com os meus poderes, então jamais verás o mundo novamente."

Vivien oferece um banquete a Merlin. Pois bem, quando veio o dia seguinte, Vivien mandou preparar um grande banquete para ela e Merlin. E com os conhecimentos que Merlin lhe tinha passado, preparou uma poção do sono muito poderosa e totalmente sem sabor. Ela própria misturou esta poção num excelente vinho e serviu-o num cálice dourado de extraordinária beleza.

Então, quando o banquete tinha acabado, e enquanto ela e Merlin estavam sentados juntos, Vivien disse:

– Mestre, desejo fazer-lhe uma grande honra.

E Merlin perguntou:

– O que é?

– Verá – disse Vivien, e bateu palmas.

Imediatamente veio um jovem pajem até eles, trazendo um cálice de vinho na mão, e o entregou a Vivien. Então Vivien tomou o cálice, chegou perto de Merlin, ajoelhou-se a seu lado e disse:

– Senhor, peço que tome este cálice e beba do vinho que ele contém. Esse vinho é tão nobre e precioso quanto sua sabedoria, e da mesma forma como o vinho está contido num cálice de valor inestimável, também a sua sabedoria está contida numa vida que tem sido de um valor inestimável ao mundo – e ela tocou o cálice com os lábios e beijou o vinho que ele trazia.

Com isto, Merlin não suspeitou de maldade alguma, e pegou o cálice e bebeu do vinho com grande alegria.

Pouco tempo depois os eflúvios da potente beberagem já começavam a tomar conta do cérebro de Merlin e era como se uma nuvem lhe ofuscasse a vista.

Merlin é dominado pelo vinho que Vivien lhe oferecera. Assim que isso começou a lhe acontecer ele se deu conta de que tinha sido traído, gritando três vezes com uma voz muito amargurada e cheia de dor:

Vivien engana Merlin.

– Ai! Ai! Ai! – e então exclamou: – Fui traído! – e tentava se levantar de onde estava, mas não conseguia.

Enquanto isso, Vivien permanecia sentada com o queixo apoiado nas mãos observando-o muito atenta, com um sorriso estranho. Então Merlin parou de repente de se debater e caiu num sono tão profundo que era como se estivesse morto. Quando isso aconteceu, Vivien se levantou, debruçou-se sobre ele e lançou-lhe um feitiço muito poderoso. Esticou o dedo indicador e enredou-o num encantamento que era como se ele estivesse preso numa rede prateada de magia. Quando terminou, Merlin não conseguia mexer nem as mãos, nem os pés, nem mesmo a ponta dos dedos, parecia um inseto enorme que uma aranha bela e ardilosa tivesse enredado na fina e forte trama de sua teia.

Vivien enfeitiça Merlin.

Pois bem, quando a manhã seguinte rompeu, Merlin acordou de seu sono e viu que Vivien estava sentada diante dele, observando-o com atenção. E estavam no mesmo cômodo em que Merlin havia adormecido. Quando Vivien percebeu que Merlin tinha acordado, ela riu e disse:

– Merlin, como estás?

Merlin então gemeu, dizendo:

– Vivien, tu me traíste.

E Vivien desfez-se numa gargalhada sonora e estridente, e disse:

– Vê, Merlin, estás inteiramente sob meu poder, pois estás completamente enredado nesses feitiços que tu próprio me ensinaste. Pois, ora!, não podes mover um só fio de cabelo se não for por minha vontade. E quando eu for-me embora, o mundo nunca mais te verá e a tua sabedoria será só minha e todo o teu poder será só meu, e não haverá outro no mundo que terá a sabedoria que eu possuo.

Então Merlin gemeu com tal fervor que era como se seu coração fosse explodir. E ele disse:

– Vivien, me envergonhaste tanto que mesmo que eu me libertasse deste feitiço não toleraria que nenhum homem jamais me visse de novo. Não sofro tanto pela minha ruína, mas sim pela loucura que fez com que minha própria sabedoria tenha se voltado contra mim para me destruir. Portanto te perdoo tudo o que me fizeste para me trair. Há somente um desejo que te imploro.

– Diz respeito a ti?

E Merlin disse:

– Não, diz respeito a outrem.

Então Vivien perguntou:

– O que é?

E Merlin respondeu:

– É o seguinte: voltei a ter o dom de prever o futuro e vejo que o Rei Arthur corre

Merlin faz um pedido a Vivien. agora enorme perigo de vida. Então peço-te, Vivien, que vás imediatamente até onde ele corre este perigo, e uses teus poderes mágicos para salvá-lo. Assim, realizando essa única boa ação, provavelmente diminuirás o pecado do que fizeste para me trair.

Pois bem, naquela época Vivien ainda não era tão má quanto depois se tornou, pois ainda sentia um pouco de pena de Merlin e um pouco de reverência pelo Rei Arthur. Assim ela riu e disse:

– Está bem, farei o que pedes desta vez. Aonde tenho que ir para salvar o Rei?

Então Merlin respondeu:

– Vai para as terras do oeste até o castelo de um cavaleiro chamado Sir Domas de Noir, e quando lá chegares deves imediatamente ver como poderás ajudar ao bom Rei.

E Vivien disse:

– Farei isso por ti, pois será o último favor que alguém te fará neste mundo.

Nesse instante ela bateu palmas e chamou vários de seus atendentes. Quando todos tinham vindo, ela mostrou-lhes Merlin e disse:

– Vejam como eu o enfeiticei. Vão até lá, vejam por si mesmos! Toquem suas mãos e seu rosto e vejam se lhe resta qualquer sinal de vida.

Então foram todos até Merlin e tocaram suas mãos e seu rosto, e até puxaram sua barba, mas Merlin não conseguia se mexer, apenas gemia de muita dor. Então todos riram e zombaram de seu triste estado.

Em seguida Vivien usou sua magia e fez surgir ali um grande cofre de pedra. E ordenou que os que ali estavam erguessem Merlin e o colocassem lá dentro, e eles assim fizeram. Em seguida ela usou sua magia e fez com que uma enorme laje de pedra – tão pesada que dez homens não conseguiriam erguê-la – fosse colocada em cima do cofre e Merlin ficou sob a pedra como alguém que estivesse morto.

Vivien coloca Merlin sob a pedra.

E Vivien fez com que o castelo mágico imediatamente desaparecesse, e tudo aconteceu segundo sua vontade. Em seguida fez com que uma névoa se espalhasse em toda parte, e a névoa era tal que ninguém conseguia penetrá-la, ou atravessá-la, nem era possível ver através dela. Quando terminou, partiu daquele vale com todo o seu séquito, comemorando seu triunfo sobre Merlin.

No entanto, manteve a promessa, e foi até o castelo de Sir Domas de Noir, e tudo o que aconteceu lá será contado daqui a pouco.

Assim foi a morte de Merlin. Queira Deus que vocês nunca desperdicem a sabedoria que Ele deu a vocês, deixando que ela seja usada contra vocês, para destruí-los. Pois não há maior amargura no mundo do que esta: que um homem seja traído por alguém a quem ele próprio deu os meios para traí-lo.

Agora voltemos ao Rei Arthur para saber o que lhe aconteceu depois que Merlin foi assim traído e destruído.

Capítulo Terceiro

Como a Rainha Morgana voltou a Camelot e à Corte
com o intuito de prejudicar o Rei Arthur. Também como o
Rei Arthur e outros saíram para caçar e o que lhes aconteceu

Pois bem, depois que Merlin tinha deixado a Corte com Vivien como já foi contado, a Rainha Morgana voltou novamente a Camelot. Lá chegando, ajoelhou-se aos pés do Rei Arthur, de olhos baixos e ostentando grande humildade, e disse:

– Irmão, pensei bastante sobre tudo o que aconteceu e percebi que estava muito errada de falar contigo da forma como fiz e de me rebelar contra tua majestade. Portanto te peço que me perdoes as palavras e os atos que usei contra ti.

A Rainha Morgana e o Rei Arthur se reconciliam. Então o Rei Arthur ficou muito tocado, aproximou-se da Rainha Morgana, tomou-lhe a mão, levantou-a do chão e beijou-lhe a testa e os olhos, dizendo:

– Minha irmã, não guardo ressentimento contra ti, mas por ti tenho somente amor em meu coração.

Assim, a Rainha Morgana permaneceu na Corte da mesma forma como tinha antes feito, pois o Rei Arthur achava que eles tinham se reconciliado.

Pois bem, um dia a Rainha Morgana e o Rei Arthur começaram a conversar amigavelmente sobre Excalibur, e a Rainha Morgana expressou uma enorme vontade de olhar a famosa espada mais de perto do que jamais tinha feito, e o Rei Arthur disse que em algum outro momento a mostraria a ela. Então, no dia seguinte, ele disse:

– Irmã, vem comigo e te mostrarei Excalibur.

Então tomou a Rainha Morgana pela mão e levou-a até um outro aposento onde havia um cofre de madeira amarrado com correntes de ferro. O Rei abriu o cofre e lá dentro a Rainha Morgana vislumbrou Excalibur dentro de sua bainha. Então o Rei Arthur lhe disse:

O Rei Arthur mostra Excalibur à Rainha Morgana. – Senhora, segura esta espada e examina-a como quiseres.

Assim, a Rainha Morgana tomou Excalibur nas mãos e retirou-a do cofre. Ao desembainhar a espada – ora! – a lâmina reluziu feito um raio. Então ela disse:

– Senhor, esta espada é tão linda que eu gostaria de guardá-la um pouco comigo para que pudesse apreciá-la o máximo possível.

Como o Rei Arthur tinha decidido agir com a Rainha da forma mais cortês que pudesse nesse momento de reconciliação, disse a ela:

– Leva-a. Serás sua guardiã por quanto tempo quiseres.

Assim a Rainha Morgana levou Excalibur e sua bainha consigo e guardou-as em seus aposentos, escondendo a espada embaixo da cama em que dormia.

Depois disso, a Rainha Morgana mandou chamar vários ourives, oito ao todo, e alguns armeiros, oito ao todo, e alguns hábeis joalheiros, oito ao todo, e lhes disse:

– Façam-me uma espada que em cada detalhe seja idêntica a esta aqui – então mostrou-lhes Excalibur em sua bainha.

A Rainha Morgana

Os ourives, armeiros e joalheiros trabalharam com grande dedicação, e em duas semanas tinham feito uma espada tão idêntica a Excalibur que ninguém conseguiria ver a diferença entre uma e outra. E a Rainha Morgana guardou ambas consigo até que tivesse alcançado seus propósitos.

ACONTECEU QUE, certo dia, o Rei Arthur anunciou uma caçada, e ele e toda a sua Corte iriam participar.

Pois bem, no dia anterior a essa caçada, a Rainha Morgana foi até o Rei Arthur e disse:

A Rainha Morgana dá um cavalo de presente ao Rei Arthur. – Irmão, trouxe aqui um cavalo muito bonito e excelente que desejo dar-te como um sinal do meu amor.

Em seguida chamou e logo vieram dois cavalariços trazendo um cavalo negro como a noite e todo coberto de arreios de prata. O cavalo era de uma beleza tão extraordinária que nem o Rei Arthur nem ninguém mais tinha visto um animal tão lindo assim antes. O Rei Arthur ficou tão encantado ao ver o cavalo que disse:

– Irmã, esse é o melhor presente que recebo em muito tempo.

– Ah, irmão! – disse a Rainha Morgana. – Então gostas desse cavalo?

– Sim – disse o Rei Arthur –, gosto dele mais do que de qualquer cavalo que já tenha visto.

– Então – disse a Rainha Morgana –, considera-o como um presente em honra de nossa reconciliação. E em sinal dessa reconciliação peço-te que monte esse cavalo amanhã durante a caçada.

O Rei Arthur então disse:

– Assim farei.

No dia seguinte, ele partiu para a caçada montando o cavalo, como tinha dito que faria.

Pois bem, aconteceu que, algum tempo depois do meio-dia, os cães avistaram um cervo de tamanho extraordinário, e o Rei e toda a sua Corte puseram-se a persegui-lo com grande ímpeto. Mas o cavalo do Rei Arthur logo superou todos *O Rei Arthur sai para caçar a cavalo.* os outros, exceto o de um certo cavaleiro muito honrado e valoroso da Corte chamado Sir Accalon da Gália. Então Sir Accalon e o Rei cavalgaram a passo veloz pela floresta e estavam tão empenhados na caçada que nem viam por onde iam. Finalmente alcançaram o cervo e perceberam que este tinha ficado preso numa parte bem densa e emaranhada da floresta. Então o Rei Arthur matou o cervo e a caçada terminou.

Depois disso o Rei Arthur e Sir Accalon tentaram voltar pelo mesmo caminho por onde tinham vindo, mas logo perceberam que haviam se perdido nos labirintos da floresta e não sabiam onde estavam. Tinham cavalgado para tão longe durante a caçada que vieram dar numa terra completamente desconhecida. Ficaram vagando de um lado para outro por um longo tempo até que chegou a noite, quando foram dominados pelo cansaço e pela fome. Então o Rei Arthur disse a Sir Accalon:

O Rei Arthur e Sir Accalon da Gália se perdem na floresta.

– Meu senhor, creio que o único lugar que encontraremos para passar a noite será debaixo de uma árvore nesta floresta.

Ao que Sir Accalon respondeu:

– Senhor, sugiro que deixe que nossos cavalos sigam livres pela floresta, pois é provável que, guiados por seus instintos, conduzam-nos até algum lugar habitado.

O Rei Arthur achou esse um conselho muito bom, então fez conforme Sir Accalon tinha sugerido e soltou as rédeas de seu cavalo, deixando-o seguir por onde quisesse. Com isso, o cavalo do Rei Arthur tomou uma trilha enquanto Sir Accalon vinha logo atrás. Continuaram por muito tempo assim, até que a noite veio se fechando sobre eles na floresta.

Mas, antes que estivesse totalmente escuro, saíram numa clareira onde avistaram um grande estuário, como se fosse um braço de mar. E viram-se diante de uma praia de areia fina e branca. Foram até a praia e pararam junto à água, sem saber o que fazer, pois não havia qualquer sinal de habitação para lado algum.

Enquanto lá estavam assim ponderando, avistaram de repente um barco ao longe, navegando a grande velocidade na direção deles. À medida que o barco se aproximava, acharam-no exótico e fascinante, pois era pintado de várias cores muito vistosas e brilhantes, e as velas eram todas de seda estampada colorida e bordadas com figuras como as de uma tapeçaria. O Rei Arthur ficou imensamente impressionado com o aspecto do barco.

O Rei Arthur e Sir Accalon veem um barco lindo.

Pois bem, ao olharem esse barco, notaram que ele vinha chegando cada vez mais perto de onde estavam, e logo atracou na areia não muito longe deles.

Então o Rei Arthur disse para Sir Accalon:

– Senhor, sigamos pela praia para olhar esse barco mais de perto, pois jamais vi nada como isso em toda a minha vida, portanto tenho o palpite de que vem do mundo das fadas.

Então os dois foram até o barco, e espiaram dentro dele enquanto estavam ali na praia. De início acharam que não havia ninguém a bordo, pois parecia inteiramente vazio. Mas enquanto estavam ali admirando como era maravilhoso e a maneira estranha como tinha aparecido, de repente viram uma cortina se abrindo numa extremidade do barco, e dela avançaram doze lindas donzelas. Cada uma vestia trajes ricos de cetim escarlate muito vivo e brilhante, e cada uma trazia na cabeça uma tiara de ouro e muitas pulseiras de ouro no braço. As donzelas vieram até os dois cavaleiros e disseram:

– Bem-vindo, Rei Arthur!

E completaram:

– Bem-vindo, Sir Accalon!

O Rei Arthur ficou muito surpreso que elas o conhecessem, e disse:

– Belas damas, como é possível? Parecem conhecer-me muito bem, mas eu não as conheço. Quem são, que nos conhecem e nos chamam pelo nome?

Ao que a líder delas respondeu:

– Senhor, somos meio fadas e sabemos tudo a seu respeito. Que vieram caçando desde muito longe e sabemos que estão cansados, famintos e sedentos. Portanto os convidamos a vir a bordo de nosso barco para descansarem e fartarem-se de comida e bebida.

O Rei Arthur achou que essa seria uma boa aventura, então disse a Sir Accalon:

– Meu senhor, estou com muita vontade de subir nesse barco e embarcar nessa aventura.

E Sir Accalon disse:

– Senhor, se for, seguirei junto.

O Rei Arthur e Sir Accalon entram no barco das donzelas.
Então as damas baixaram uma rampa, e o Rei Arthur e Sir Accalon subiram com seus cavalos a bordo. Tão logo o tinham feito, o barco zarpou da margem e navegou para longe do mesmo jeito que tinha vindo – muito rápido. Era agora o início da noite, com a lua muito redonda e cheia no céu, feito um disco de pura prata.

As doze damas então ajudaram o Rei Arthur e Sir Accalon a desmontarem. Enquanto algumas delas levaram seus cavalos embora, outras os conduziram a um belo aposento no fundo do barco. Nesse aposento o Rei Arthur encontrou uma mesa que tinha sido posta como que especialmente para eles, coberta com uma toalha de linho, sobre a qual havia várias carnes saborosas, pão branco e vários tipos de vinhos excelentes. Ao ver tudo isso, o Rei Arthur e Sir Accalon se alegraram muito, pois estavam esfomeados.

Então sentaram-se imediatamente à mesa e comeram e beberam com enorme apetite, e, enquanto comiam, algumas das damas serviam mais comida e outras os distraíam com conversas agradáveis ou tocavam alaúdes e cítaras para entretê-los. Assim se regalaram e se divertiram.

Mas, passado algum tempo, o Rei Arthur começou a sentir uma sonolência imensa, que imaginou ser devida ao cansaço da caçada. Então ele imediatamente disse:

– Belas damas, regalaram-nos bastante e esta está sendo uma aventura deveras agradável. Mas agora gostaríamos de ter algum lugar para dormir.

A isso, a líder das donzelas respondeu:

– Senhor, este barco foi preparado especialmente para seu descanso, portanto tudo está pronto para agradá-lo em todos os detalhes.

E assim, algumas das doze donzelas levaram o Rei Arthur até uma câmara que tinha sido preparada para ele, e outras levaram Sir Accalon até um outro aposento preparado para ele. E o Rei Arthur ficou encantado com a beleza de sua câmara, achando que nunca tinha visto um quarto mais belamente decorado do que aquele em que tinha acabado de entrar. Então o Rei Arthur se deitou muito confortavelmente, e logo caiu num sono profundo e agradável, sem sonhos ou qualquer interrupção.

Pois bem, quando acordou desse sono, o Rei Arthur ficou tão perplexo que não sabia se ainda estava dormindo e sonhando, ou se já tinha acordado. Pois – ora vejam! – ele encontrou-se deitado sobre um catre num quarto todo de pedra, escuro e lúgubre. Logo percebeu que era uma masmorra, e começou a ouvir vários lamentos à sua volta. Então o Rei Arthur disse para si mesmo: "Onde está aquele barco em que entrei ontem à noite, e o que aconteceu com aquelas damas com quem conversei?"

O Rei Arthur vê-se numa prisão horrível.

Logo olhou ao redor e – vejam! – percebeu que estava numa masmorra de verdade e que à sua volta havia muitos cavaleiros num estado lamentável. Então compreendeu que eles também eram prisioneiros e que eram eles que ouvira gemendo ao acordar.

Então o Rei Arthur se levantou de onde estava e viu que todos aqueles cavaleiros ali prisioneiros eram estranhos para ele, que não os conhecia e eles não o conheciam. Havia ao todo vinte e dois cavaleiros presos ali.

Então o Rei Arthur disse:

– Meus senhores, quem são e onde estou?

A isso o líder dos cavaleiros presos respondeu:

– Senhor, somos, como o senhor, prisioneiros na masmorra deste castelo, e o castelo pertence a um certo cavaleiro, Sir Domas, cujo sobrenome é Le Noir.[52]

Então o Rei Arthur ficou muito impressionado com o que tinha lhe acontecido, dizendo:

– Senhores, algo muito incrível me aconteceu, pois ontem à noite adormeci num barco maravilhoso que acredito pertencer às fadas, e junto comigo estava um outro cavaleiro que me acompanhava e, ora!, hoje de manhã acordei sozinho nesta masmorra e não sei como vim parar aqui.

– Senhor – disse o cavaleiro que falava em nome dos outros –, foi trazido ontem à noite por dois homens vestidos de preto, e colocado neste catre sem que acordasse, portanto me parece óbvio que lhe aconteceu o mesmo que a nós, e que agora é prisioneiro de Sir Domas le Noir.

Então o Rei Arthur disse:

– Diga-me, quem é Sir Domas? Pois jamais ouvi falar dele antes.

– Vou lhe contar – disse o cavaleiro prisioneiro. E o fez da seguinte maneira:

– Acredito – disse ele – que esse Sir Domas é o cavaleiro mais falso que jamais existiu, pois é cheio de traições e perfídias, e no fundo é um perfeito covarde. Entretanto, é um homem de muitas posses e é muito poderoso por aqui.

"Pois bem, são dois irmãos, um é Sir Domas e o outro é Sir Ontzlake, e Sir Domas é o mais velho e Sir Ontzlake é o caçula. Quando o pai desses dois cavaleiros morreu, deixou um patrimônio igual para cada um. Mas acontece que agora Sir Domas tomou conta de quase todo o patrimônio enquanto Sir Ontzlake possui somente um castelo, que ele só mantém à custa de armas e de sua própria coragem. O fato é que, embora Sir Domas seja no fundo um completo covarde, ele é mais ardiloso e falso do que qualquer um de que já ouvi falar. Foi por isso que Sir Domas ficou com todo o patrimônio de seu pai, enquanto Sir Ontzlake não ficou com nada, exceto um único castelo e as terras ao redor dele.

O cavaleiro prisioneiro conta sobre Sir Domas para o Rei Arthur.

"Pode parecer estranho que Sir Domas não fique satisfeito com tudo isso que já tem, mas a verdade é que ele não está, e cobiça esse único castelo e as poucas terras do irmão, tanto que não sente prazer algum na vida por causa dessa cobiça. No entanto, ele não sabe como pode obter essas terras, pois Sir Ontzlake é um cavaleiro excelente, e a única maneira que Sir Domas tem de se apossar das terras é enfrentando seu irmão numa luta homem a homem, só que isso ele tem medo de fazer.

---

52. Em francês, "o Negro". Note-se que o autor se refere a ele como "de Noir" no capítulo anterior. (N.T.)

"Então, há muito tempo Sir Domas vem procurando um cavaleiro que possa assumir o caso por ele, e lutar contra Sir Ontzlake em seu nome. Portanto, todos os cavaleiros que ele consegue capturar, ele traz para este castelo e a eles propõe a seguinte escolha: ou bem assumem sua briga contra o irmão, ou então permanecem aqui como seus prisioneiros sem resgate. Foi assim que nos prendeu a todos, e pediu a cada um que lutasse por ele, mas nenhum de nós quis assumir a luta de um cavaleiro tão mal-intencionado quanto Sir Domas, então continuamos seus prisioneiros."

– Bem – disse o Rei Arthur –, esse é um caso realmente extraordinário. Mas creio que se Sir Domas vier apelar a mim, assumirei sua briga, pois prefiro isto a ficar prisioneiro aqui pelo resto da vida. Mas se eu partir para essa luta e for vencedor, então depois lidarei com Sir Domas de um jeito que acho que não lhe agradará.

Pois bem, pouco tempo depois o guarda-portão abriu a porta daquela prisão e entrou uma donzela jovem e bela. Essa donzela aproximou-se do Rei Arthur e disse-lhe: *Uma donzela vem até o Rei Arthur.*

– Como vai?

– Não sei dizer exatamente – disse o Rei Arthur –, mas me parece que estou numa situação calamitosa aqui neste lugar.

– Senhor – disse a donzela –, dói-me ver um cavaleiro de aparência tão nobre nesse estado. Mas se aceitar defender a causa do dono do castelo com a sua própria pessoa contra o inimigo, então poderá ir aonde quiser.

A isso o Rei Arthur respondeu:

– Senhora, essa é uma situação bastante difícil, pois ou bem luto num duelo que não me diz respeito, ou então devo permanecer aqui prisioneiro sem resgate pelo resto de meus dias. Mesmo assim eu preferiria lutar a viver aqui toda a minha vida, portanto me lançarei nessa aventura que me propõe. Mas se eu lutar pelo senhor deste castelo, e se Deus me der a graça de vencer, então todos os que aqui estão, meus companheiros de prisão, também deverão ser libertados comigo. *O Rei Arthur aceita lutar por Sir Domas.*

A isso a donzela respondeu:

– Muito bem, que assim seja, pois isso irá agradar ao dono deste castelo.

Então o Rei Arthur observou-a mais atentamente e disse:

– Donzela, me parece que reconheço seu rosto, pois acho que já a vi antes.

– Não, senhor – disse ela –, isto não seria possível pois sou a filha do dono deste castelo.

Mas nisto ela mentia, pois era uma das damas de Morgana, a Fada, e era uma das que tinham atraído o Rei Arthur a bordo do barco na noite anterior, e tinha sido ela que o tinha levado até aquele castelo e o entregado a Sir Domas. Tudo isso ela tinha feito a mando da Rainha Morgana.

Então o Rei Arthur disse:

– Mas se eu lutar nesse duelo, devem levar uma mensagem minha até a Corte do Rei Arthur, e essa mensagem deve ser entregue nas mãos da Rainha Morgana. Quando isso tiver sido feito, lutarei pela causa de Sir Domas.

E a donzela disse:

– Assim será.

Então o Rei Arthur escreveu uma carta selada para a Rainha Morgana para que ela lhe mandasse sua espada Excalibur, e mandou-lhe essa mensagem. E quando a Rainha Morgana recebeu a carta, riu e disse:

A Rainha Morgana manda uma espada falsa para o Rei Arthur. – Muito bem, ele terá uma espada que lhe agradará aos olhos tanto quanto Excalibur – e enviou-lhe a outra espada que tinha mandado forjar, exatamente igual a Excalibur.

Então Sir Domas mandou avisar a seu irmão, Sir Ontzlake, que agora tinha um campeão para lutar por ele e recuperar aquela parcela da herança que Sir Ontzlake ainda o impedia de ter.

Pois bem, ao receber essa mensagem, Sir Ontzlake ficou deveras perturbado, pois havia pouco tempo que tinha sido gravemente ferido num torneio, quando uma lança tinha lhe atingido as duas coxas. Estava portanto acamado devido ao ferimento, e não conseguia se levantar. Por isso não sabia o que fazer diante dessa situação, pois não podia lutar por si mesmo e não tinha ninguém que lutasse por ele.

Capítulo Quarto

O que aconteceu com Sir Accalon, e como o Rei Arthur lutou
num duelo de espadas, e como nele esteve perto de perder a vida

Aqui segue a história do que aconteceu a Sir Accalon na manhã seguinte a
ter subido a bordo do barco mágico junto com o Rei Arthur, como já foi
contado.

Pois bem, quando Sir Accalon acordou daquele mesmo sono, aconteceu com
ele o mesmo que com o Rei Arthur, pois de início ele não sabia se estava ainda
dormindo e sonhando ou se já tinha acordado. Porque – ora! – viu-se deitado ao lado de uma pia de mármore e água pura que jorrava
bem alto de um cano de prata. E notou que perto dessa fonte havia
uma tenda de seda multicolorida montada ao largo de uma bela campina verde.

Sir Accalon se encontra ao lado de uma fonte.

Então Sir Accalon ficou totalmente perplexo de se achar ali tendo adormecido a bordo do barco, e isso o fez temer que tudo não passasse de um feitiço
malévolo. Então fez o sinal da cruz e disse:

– Que Deus proteja o Rei Arthur de todo mal, pois me parece que aquelas
donzelas do barco nos lançaram algum feitiço para nos separar um do outro.

Assim dizendo, levantou-se de onde estava com a intenção de descobrir
mais sobre o assunto.

Pois bem, com o ruído que fez ao se levantar, saiu da já mencionada tenda
um anão muito feio, que o cumprimentou com toda a gentileza, dando grandes
sinais de respeito. Então Sir Accalon disse ao anão:

– Quem é o senhor?

Ao que o anão respondeu:

– Meu senhor, pertenço à dama daquela tenda, e ela mandou-me dar-lhe as
boas-vindas, e convidá-lo a vir comer com ela.

– Ah! – disse Sir Accalon. – E como vim parar aqui?

– Senhor – disse o anão –, eu não sei, mas quando olhamos esta manhã o
avistamos aqui deitado ao lado da fonte.

Então Sir Accalon ficou muito confuso com o que lhe tinha acontecido, e
dali a pouco disse:

– Quem é a sua senhora?

Ao que o anão respondeu:

– Ela se chama Lady Gomyne dos Louros Cabelos, e ficará imensamente feliz de ter sua companhia na tenda dela.

Sir Accalon entra na tenda de Lady Gomyne. Com isso Sir Accalon se levantou e, após ter se lavado e se refrescado na fonte, acompanhou o anão até a tenda da dama. Quando lá chegou viu que no meio da tenda havia uma mesa de prata coberta com uma toalha bem branca, sobre a qual haviam sido postas comidas excelentes para um homem quebrar o jejum.

Assim que Sir Accalon entrou na tenda, as cortinas que ficavam num dos cantos dela se abriram e uma dama belíssima saiu de dentro de uma câmara, dando boas-vindas a Sir Accalon. E Sir Accalon lhe disse:

– Senhora, creio que foi muito gentil de me convidar para sua tenda.

– Não, senhor – disse a dama –, não é esforço algum ser gentil com um cavaleiro tão digno como o senhor. – Então ela disse para Sir Accalon: – Senhor, gostaria de sentar-se à mesa comigo para o desjejum?

Sir Accalon se alegrou muito com isso, pois estava com fome, além do quê a beleza da dama agradava-o demais, tanto que sentia imenso prazer em sua companhia.

Então os dois se sentaram à mesa, muito animados e alegres, enquanto o anão os servia.

Pois bem, quando Sir Accalon e a Dama da Tenda tinham comido, ela lhe falou o seguinte:

– Senhor cavaleiro, aparenta ser um nobre muito forte e valoroso e alguém muito experiente no uso de armas e hábil nas lutas.

A isso Sir Accalon respondeu:

– Senhora, não me parece certo ficar falando de meu próprio valor, mas só isso posso dizer sem constrangimento: já participei de várias lutas de armas, como compete a um cavaleiro de cinta e esporas, e acredito que tanto meus amigos quanto meus inimigos têm razão para dizer que sempre busquei da melhor forma cumprir com meu dever.

Então a Dama disse:

– Acredito que seja um cavaleiro muito valente e valoroso, e sendo assim talvez pudesse ajudar um cavaleiro muito bom e digno que está em grande necessidade de sua ajuda, da mesma forma como um cavaleiro ajuda outro.

A isso Sir Accalon disse:

– E que ajuda é essa?

E a Dama respondeu:

– Digo-lhe: não muito longe daqui vive um certo cavaleiro chamado Sir Ontzlake, que tem um irmão mais velho chamado Sir Domas. Esse Sir Domas vem tratando Sir Ontzlake muito mal de várias maneiras, e vem despojando-o de quase todo o seu patrimônio, tanto que a Sir Ontzlake resta só uma parcela de todas as enormes propriedades que um dia pertenceram a seu pai. Mas como mesmo um patrimônio assim tão pequeno faz Sir Domas invejá-lo, Sir Ontzlake precisa defender o que tem à força das armas que consegue manter. Pois bem, Sir Domas conseguiu achar um campeão que é um homem de grande força e proeza, e com esse campeão Sir Domas desafia o direito de Sir Ontzlake de manter mesmo que uma pequena parte das terras que foram um dia de seu pai. Portanto, para que Sir Ontzlake consiga guardar o que é seu, precisa agora aceitar esse desafio.

"Acontece que é uma situação muito lamentável para Sir Ontzlake, pois há pouco tempo foi ferido por uma lança durante um torneio e teve as duas coxas atravessadas. Portanto não tem condição de montar seu cavalo e defender seus direitos contra um ataque. Assim me parece que não haveria melhor maneira de um cavaleiro mostrar sua proeza do que na defesa de uma causa tão triste quanto esta."

Assim falou a dama, e Sir Accalon escutou tudo o que ela dizia com grande atenção. Quando ela terminou, ele disse:

– Senhora, eu desejaria realmente defender o direito de Sir Ontzlake, mas, veja!, não tenho nem armadura nem armas para lutar.

Então a dama sorriu com muita doçura para Sir Accalon e disse-lhe:

– Senhor, Sir Ontzlake pode facilmente lhe arrumar uma armadura que seja do seu agrado. E quanto às armas, tenho aqui na tenda uma espada, e igual a ela só existe uma outra no mundo.

Ao dizer isso, levantou-se e voltou para o recinto coberto pela cortina de onde tinha vindo, e retornou logo de lá trazendo algo envolto num pano escarlate. Abriu o pano às vistas de Sir Accalon e – ora! – o que estava em suas mãos era a espada Excalibur do Rei Arthur, dentro da própria bainha. Então a dama disse:

Lady Gomyne mostra Excalibur a Sir Accalon.

– Esta espada será sua se aceitar essa disputa em nome de Sir Ontzlake.

Pois bem, quando Sir Accalon viu a espada, não sabia o que pensar, e disse para si mesmo: "Com certeza ou essa é Excalibur ou sua irmã gêmea." Com isso desembainhou a espada e ela reluziu com extraordinário esplendor. Então Sir Accalon disse:

– Por puro espanto não sei o que pensar, pois essa espada é realmente idêntica a outra espada que conheço.

Quando ele falou assim, a dama sorriu para ele novamente e disse:

– Já ouvi falar que há no mundo outra espada como essa.

Então Sir Accalon disse:

– Senhora, para obter essa espada para mim eu estaria disposto a lutar em qualquer duelo que fosse.

Sir Accalon aceita lutar por Sir Ontzlake.

E a dama respondeu:

– Então, se lutar esse duelo por Sir Ontzlake, poderá ficar com esta espada –
ao que Sir Accalon ficou fora de si de alegria.

E assim aconteceu que, pelas artimanhas da Rainha Morgana, o Rei Arthur
foi levado, sem saber, a travar um duelo contra um cavaleiro muito querido seu e,
também sem saber, que esse cavaleiro tinha Excalibur para usar contra seu mestre.
Pois tudo isso aconteceu por causa dos ardis de Morgana, a Fada.

Pois bem, um belo campo foi preparado para a batalha, num lugar conveniente
tanto para Sir Domas quanto para Sir Ontzlake, e lá foram no dia combinado,
cada um com seu cavaleiro-campeão e seus atendentes, sendo que Sir Ontzlake
foi levado numa liteira por causa do terrível ferimento nas coxas. Além deles
muita gente veio assistir ao combate, pois a notícia dele tinha se espalhado a
uma grande distância ao redor dali. Então, estando tudo pronto, os dois cavaleiros que iriam lutar naquele campo foram trazidos até os limites da área
do combate, cada um completamente armado e montado num ótimo cavalo.

O Rei Arthur estava vestido com a armadura de Sir Domas, e Sir Accalon
com a armadura que pertencia a Sir Ontzlake, e como a cabeça de cada um
estava encoberta por seu elmo, nenhum deles conseguia ver quem o outro era.

Então o arauto veio e anunciou que o duelo iria começar, e cada cavaleiro imediatamente se colocou em prontidão para o ataque. Ao ser dado o sinal, os dois
avançaram de suas posições com uma velocidade e uma fúria que eram incríveis de
se ver. E assim encontraram-se na metade do caminho com um estrondo como de
trovão, e a lança de cada um se espatifou em pedacinhos, até o guarda-mão. Nisso
cada cavaleiro saltou de seu cavalo com grande habilidade e destreza, deixando-os
correr livremente pelo campo. E cada um dispensou o guarda-mão e puxou sua
espada, e em seguida lançou-se contra o outro com a maior fúria de luta.

Foi nesse momento que Vivien lá chegou, a pedido de Merlin, trazendo
consigo um séquito tão lindo que muita gente notou sua presença
com grande prazer. Então Vivien e seu séquito se posicionaram nas
barreiras, de onde poderiam assistir a tudo o que estava para acontecer.
E Vivien olhava para os dois cavaleiros e não conseguia saber qual era o Rei
Arthur e qual era o seu inimigo, então disse:

– Bem, farei o que Merlin quis que eu fizesse, mas devo esperar e assistir a
essa luta por algum tempo antes que consiga saber quem é o Rei Arthur, pois
seria pena lançar meu feitiço no cavaleiro errado.

Vivien vai até o campo de batalha.

A feiticeira Vivien

Então os dois cavaleiros começaram a lutar a pé, e após alguns movimentos atacaram ao mesmo tempo, e – ora! – enquanto a espada do Rei Arthur não penetrou na armadura de Sir Accalon, a espada de Sir Accalon varou profundamente a do Rei Arthur, causando-lhe um ferimento tão grande que o sangue jorrava de sua armadura. Depois disso, ambos arremeteram várias vezes com muita força, e como da primeira vez, a espada de Sir Accalon sempre penetrava na armadura do Rei Arthur, mas a espada do Rei Arthur não conseguia transpor a do oponente. Portanto, em pouco tempo a armadura do Rei Arthur estava toda manchada de vermelho com o sangue que saía de muitos ferimentos, e Sir Accalon não sangrava nem um pouco por causa da bainha de Excalibur que ele trazia pendurada no dorso. Enquanto isso o sangue do Rei Arthur escorria até o chão de tal forma que toda a grama em volta ficou ensanguentada. Quando o Rei Arthur viu todo o chão

O Rei Arthur é terrivelmente ferido por Excalibur.

à sua volta molhado de seu sangue enquanto seu oponente não vertia uma só gota, começou a achar que ia morrer na luta. Então disse para si mesmo: "Como pode ser isso? Será que o poder de Excalibur e de sua bainha se acabou? Caso contrário eu poderia achar que é ela a espada que tanto me atinge, e que esta minha não é Excalibur."

Nisso um grande desespero de morte tomou conta dele, então correu até Sir Accalon e deu-lhe um golpe tão duro no elmo que Sir Accalon quase caiu no chão.

Mas naquele golpe a espada do Rei Arthur se partiu junto ao punho e caiu na grama em meio ao sangue, e a base da lâmina e o punho foram tudo o que restou na mão do Rei Arthur.

Pois bem, aquele golpe deixou Sir Accalon tão furioso que ele correu até o Rei Arthur com intenção de desferir-lhe um golpe terrível. Mas quando viu que o Rei Arthur não tinha mais arma, parou e disse:

– Senhor Cavaleiro, vejo que não tem mais arma e que perdeu bastante sangue. Portanto exijo que se renda a mim como derrotado confesso.

O Rei Arthur novamente temeu que sua morte estivesse próxima, mas por ser rei não podia se render a cavaleiro nenhum. Então disse:

– Não, Senhor Cavaleiro, não me renderei ao senhor pois prefiro morrer com honra a me render em desonra. Pois embora eu careça de uma arma, há motivos peculiares pelos quais eu não devo carecer de veneração. Portanto pode me matar, já que não tenho arma e isso trará desonra ao senhor e não a mim.

– Bem – disse Sir Accalon –, não o pouparei por desonra, a menos que se renda.

E o Rei Arthur disse:

– Não me renderei.

Ao que Sir Accalon disse:

– Então afaste-se um pouco para que eu possa golpeá-lo.

Quando o Rei Arthur lhe obedeceu, Sir Accalon deu-lhe um golpe tão violento que o Rei caiu de joelhos. Então Sir Accalon ergueu Excalibur com a intenção de golpeá-lo de novo, mas todos que lá estavam gritaram, pedindo-lhe que poupasse um cavaleiro tão respeitável.

Nessa hora Vivien disse para si mesma: "Com certeza deve ser o Rei Arthur que está tão perto de morrer, e juro que seria uma pena enorme que ele morresse depois de lutar tão bravamente."

Vivien lança um feitiço sobre Sir Accalon. E assim, quando Sir Accalon ergueu a espada uma segunda vez para atingir seu oponente, Vivien bateu palmas bem forte, e lançou um feitiço tão poderoso que Sir Accalon sentiu como se, naquele instante, tivesse recebido um golpe muito forte no braço. O feitiço fez com que seu braço ficasse dormente desde a ponta dos dedos até a axila, e com isso Excalibur escapuliu das mãos de Sir Accalon e caiu na grama.

O Rei Arthur olhou a espada e viu que era Excalibur e com isso percebeu que havia sido traído. Então gritou três vezes, bem alto:

– Traição! Traição! Traição! – e colocou o joelho sobre a lâmina. Antes que Sir Accalon pudesse impedi-lo, tomou-a nas mãos.

Naquele momento o Rei Arthur teve a impressão de ser tomado por um grande poder por causa da espada, pois ele se levantou, correu até Sir Accalon e golpeou-o com tanta força que a lâmina penetrou meio palmo em sua armadura. E ele golpeou-o várias vezes seguidas até que Sir Accalon soltou um grito bem alto e caiu de quatro. Então o Rei Arthur foi até ele, agarrou a bainha de Excalibur e arrancou-a de Sir Accalon, jogando-a para longe. Logo as feridas de Sir Accalon começaram a sangrar profusamente. E o Rei Arthur agarrou o elmo de Sir Accalon e arrancou-o de sua cabeça para matá-lo.

O Rei Arthur derrota Sir Accalon.

Mas como o Rei Arthur estava cego com seu próprio sangue, não reconheceu Sir Accalon, então disse:

– Cavaleiro, quem é o senhor, que me traiu?

E Sir Accalon disse:

– Não o traí. Sou Sir Accalon da Gália e sou um cavaleiro respeitável da Corte do Rei Arthur.

Mas quando o Rei Arthur ouviu isso, soltou um berro e disse:

– Como pode ser? Sabe por acaso quem sou eu?

E Sir Accalon disse:

– Não, não sei.

E o Rei Arthur disse:

– Eu sou o Rei Arthur, seu mestre – e retirou o elmo e Sir Accalon o reconheceu.

Quando Sir Accalon viu o Rei Arthur, desmaiou e ficou como que morto no chão, e o Rei Arthur disse:

– Levem-no.

Então, quando todos ali se deram conta de que era o Rei Arthur, pularam as barreiras e correram até ele com grandes gritos de compaixão. O Rei Arthur queria ir embora dali, mas também acabou desmaiando porque tinha perdido muito sangue. Todos os que estavam em volta ficaram com muita pena, achando que ele estava morrendo, e caíram num pranto sem fim.

Então Vivien atravessou o campo e disse:

– Deixem-no comigo, pois creio que poderei curar suas feridas.

E mandou que duas liteiras fossem trazidas, e colocou o Rei Arthur numa e Sir Accalon na outra e levou os dois até um convento de freiras que não ficava muito longe dali.

Quando Vivien lá chegou, examinou os ferimentos do Rei Arthur e lavou-os com um bálsamo muito especial, portanto eles logo começaram a sarar. Quanto a Sir Accalon, ela não quis cuidar de seus ferimentos, mas deixou um dos atendentes lavá-lo e lhe fazer curativos.

Vivien cura Rei Arthur.

Na manhã seguinte, o Rei Arthur estava tão recuperado que pôde ficar de pé, embora ainda muito fraco e abatido como se estivesse à morte. Levantou da cama, e não quis deixar que ninguém o impedisse, enrolou-se num manto e foi até onde Sir Accalon estava. Quando lá chegou, perguntou tudo a Sir Accalon, e Sir Accalon contou-lhe tudo o que lhe tinha acontecido depois que tinha saído do barco, e como a donzela desconhecida lhe tinha dado uma espada com que lutar. Então, depois de ouvir tudo o que Sir Accalon tinha para lhe contar, o Rei Arthur disse:

– Meu senhor, acho que não tem culpa nesse caso, mas tenho a forte suspeita de que houve traição aqui com o intuito de me destruir.

Então saiu de lá e encontrou Vivien, e disse-lhe:

– Donzela, peço que cure as feridas daquele cavaleiro com o mesmo bálsamo que usou para curar as minhas.

– Senhor – disse Vivien –, não posso fazê-lo, pois não possuo mais desse bálsamo.

Mas o que ela disse era mentira, pois na verdade ela tinha mais do bálsamo, só que tinha preferido não usá-lo em Sir Accalon.

Sir Accalon não resiste aos ferimentos.

Então naquela tarde Sir Accalon morreu dos ferimentos que tinha sofrido na luta com o Rei Arthur.

Naquele dia o Rei Arthur chamou Sir Domas e Sir Ontzlake à sua presença. Eles vieram e prostraram-se à sua frente, tão assustados com sua majestade que não conseguiram ficar de pé, mas caíram de joelhos diante dele.

E o Rei Arthur disse:

– Eu os perdoarei, pois não sabiam o que estavam fazendo. E o senhor, Sir Domas, creio ser um cavaleiro muito falso e traiçoeiro, portanto vou destituí-lo de todas as suas posses, exceto aquele único castelo que seu irmão possui, que lhe darei, mas todo o resto de suas posses entregarei a Sir Ontzlake. Além disso, ordenarei que nunca mais tenha o direito de cavalgar qualquer cavalo que não seja um palafrém, pois não é digno de cavalgar um corcel como um cavaleiro de verdade tem o direito de fazer. Além disso, agora ordeno que liberte imediatamente todos os cavaleiros que eram meus companheiros de cativeiro, e deverá recompensá-los devidamente por toda a injúria que lhes causou, conforme o que for decidido por uma Corte de Cavalaria.

O Rei Arthur lida com Sir Domas e Sir Ontzlake.

E com isso ele dispensou os dois cavaleiros, que muito se alegraram com a forma misericordiosa com que ele os tinha tratado.

Conclusão

Pois bem, pouco tempo depois, novas dessa luta entre o Rei Arthur e Sir Accalon chegaram à Rainha Morgana, e no dia seguinte ela soube que Sir Accalon tinha morrido e não conseguia entender como seus planos tinham dado tão errado. Então ela ficou na dúvida sobre quanto o Rei Arthur saberia de sua traição, e disse para si mesma: "Vou visitar meu irmão, o Rei, e se ele souber de minha traição, implorarei que me perdoe essa transgressão." Então, depois de buscar saber precisamente onde o Rei Arthur estava, ela juntou seu séquito de cavaleiros e escudeiros e partiu para lá.

A Rainha Morgana vai visitar o Rei Arthur.

No quinto dia depois da luta ela chegou lá e perguntou aos que estavam presentes como estava o Rei. Eles responderam:

– Ele está dormindo e não pode ser incomodado.

A Rainha Morgana respondeu:

– Não importa, não podem me proibir, pois devo vê-lo e falar com ele imediatamente.

Com isso não ousaram impedi-la porque ela era irmã do Rei. A Rainha Morgana entrou no quarto onde o Rei estava sem que ele despertasse com sua chegada. Como a Rainha Morgana estava cheia de ódio e louca por vingança, disse para si mesma: "Pegarei Excalibur e sua bainha e as levarei comigo para Avalon, e meu irmão nunca mais as verá." Então, com imenso cuidado, foi até onde o Rei Arthur estava, olhou para ele dormindo e viu que Excalibur estava a seu lado e que ele segurava na mão o cabo da espada enquanto dormia. Então a Rainha Morgana disse:

A Rainha Morgana rouba a bainha de Excalibur.

– Que pena! Se eu tentar lhe tirar Excalibur, ele acordará e me matará por essa traição.

Mas ela olhou e viu a bainha de Excalibur ao pé da cama. Assim, apanhou-a com muito cuidado, embrulhou-a em seu manto e saiu sem que o Rei Arthur acordasse.

Ao sair do quarto do Rei, a Rainha Morgana disse aos que lá estavam:

– Não acordem o Rei, pois ele dorme profundamente – montou em seu cavalo e foi-se embora.

Pois bem, depois de bastante tempo, o Rei Arthur acordou, olhou em volta procurando a bainha de Excalibur, mas percebeu que tinha desaparecido, então imediatamente perguntou:

– Quem esteve aqui?

Os que ali estavam responderam:

– A Rainha Morgana esteve aqui, entrou, viu-o e foi embora sem acordá-lo.

Então em seu coração o Rei Arthur teve um pressentimento, e disse:

– Suspeito que ela tenha me traído desde o início dessas aventuras.

Em seguida se levantou e chamou todos os seus cavaleiros e escudeiros e montou em seu cavalo para ir atrás da Rainha Morgana, embora ainda estivesse muito doente e fraco dos graves ferimentos e da perda de sangue.

Pois bem, quando o Rei estava prestes a partir, Vivien foi até ele e disse:

– Senhor, leve-me consigo, pois se não fizer isso não só jamais conseguirá recuperar a bainha de Excalibur, como não alcançará a Rainha Morgana.

E o Rei Arthur disse:

– Vem comigo, donzela, em nome de Deus – então Vivien seguiu com ele em busca da Rainha Morgana.

Pois bem, algum tempo depois de ter fugido, a Rainha Morgana olhou para trás e percebeu que Vivien vinha com o grupo do Rei Arthur. Com isso seu coração ficou apertado e ela disse:

– Acho que estou completamente perdida, pois ajudei essa donzela a adquirir um tal conhecimento de magia que eu não terei feitiços que me protejam dos seus. De todo modo o Rei Arthur nunca terá de volta a bainha de Excalibur para ajudá-lo em caso de necessidade.

Naquele momento eles vinham passando nas margens de um lago bem grande. Então a Rainha Morgana pegou a bainha de Excalibur nas duas mãos e arremessou-a pela fivela por cima de sua cabeça, jogando-a bem longe dentro d'água.

Então – ora! – um milagre muito raro aconteceu, pois de repente um braço de mulher saiu da água todo coberto de panos brancos e enfeitado de muitas pulseiras. A mão do braço agarrou a bainha de Excalibur, afundou com ela na água e nunca mais ninguém a viu novamente.

A Rainha Morgana joga a bainha de Excalibur nas águas do lago.

Então a bainha de Excalibur ficou perdida, o que mais tarde viria a ser terrível para o Rei Arthur, como lerão adiante.

Pois bem, depois que a Rainha Morgana tinha lançado a bainha de Excalibur no lago, prosseguiu até um local deserto onde várias pedras e rochedos se espalhavam pelo chão. Quando lá chegou, usou palavras mágicas muito poderosas que Merlin tinha lhe ensinado. Através delas, transformou a si e a todo seu séquito junto com seus cavalos em grandes pedras redondas de vários tamanhos.

A Rainha Morgana usa a sua magia.

A Rainha Morgana se desfaz da bainha de Excalibur.

Então, dali a pouco chegou o Rei Arthur com seus cavaleiros e escudeiros, muito pesaroso pois de longe vira como a Rainha Morgana tinha lançado a bainha de Excalibur no lago.

Pois bem, quando o Rei e seu séquito chegaram àquele ponto, a donzela Vivien avisou-o para parar e disse:

– Senhor, vê todas aquelas pedras redondas?

– Sim – disse o Rei –, vejo-as.

Então Vivien disse:

– Olhe! Essas pedras são a Rainha Morgana e o séquito que a acompanhava. Esse feitiço que ela fez para transformá-los em pedras foi algo que Merlin ensinou a ela. Acontece que eu própria conheço o feitiço, e também sei como anulá-lo se quiser. Portanto, se me prometer castigar imediatamente essa mulher má por toda a sua traição tirando-lhe a vida, então a transformarei de volta no que era para que a tenha em seu poder.

Então o Rei Arthur olhou para Vivien com grande desagrado, e disse:

– Donzela, como tens um coração cruel! Tu mesma jamais sofreste qualquer mal nas mãos da Rainha Morgana. Por que, então, queres que eu a mate? Se não fosse por tudo que fizeste por mim eu ficaria muito ofendido contigo. Quanto a ela, perdoo-a por tudo isso, e a perdoarei quantas vezes for necessário se ela pecar contra mim, pois a mãe dela era minha mãe, e o sangue que corre nas veias dela e nas minhas vem da mesma fonte. Portanto não lhe farei mal algum. Voltemos para o lugar de onde viemos.

O Rei Arthur repreende Vivien.

Então Vivien olhou para o Rei Arthur cheia de amargura, riu com escárnio e disse:

– É um tolo e um imbecil – e sumiu das vistas de todos.

E depois disso, como o Rei Arthur a tinha repreendido por sua maldade diante de todos, ela passou a odiá-lo ainda mais do que Morgana o odiava.

Algum tempo depois, o Rei Arthur soube como Merlin tinha sido enganado por Vivien, e lamentou amargamente que o mundo tivesse perdido Merlin daquele jeito.

Assim termina a história da morte de Merlin.

PARTE II

A História de Sir Pellias

Segue aqui a história de Sir Pellias, chamado por muitos de o Cavaleiro Gentil, pois dizia-se que ele era de um tipo que todas as mulheres o amavam sem jamais terem o coração partido, e que todos os homens o prezavam, sendo sempre favorecidos.

Assim, quando por fim conquistou o coração da linda Dama do Lago, que era uma das donzelas mais importantes da terra das fadas, e quando foi viver como chefe absoluto naquela maravilhosa morada jamais vista por qualquer outro mortal, exceto ele e Sir Lancelot do Lago, todos se alegraram de sua boa sorte – embora toda a Corte do Rei Arthur lamentasse que ele tivesse partido para tão longe para nunca mais voltar.

Portanto acredito que vocês terão prazer ao ler a história do que aconteceu a Sir Pellias, que foi aqui escrita para edificá-los.

Capítulo Primeiro

Como a Rainha Guinevere saiu para colher
as flores da primavera[53] e como Sir Pellias
assumiu uma demanda em nome dela

Foi num agradável dia de primavera que a Rainha Guinevere saiu para colher flores com um belo grupo de cavaleiros e damas do seu séquito. Entre os cavaleiros estavam Sir Pellias, Sir Geraint, Sir Dinadan, Sir Aglaval, Sir Agravaine, Sir Constantine da Cornualha e muitos outros, de modo que era um séquito como nenhum outro jamais visto, tanto antes como desde então.

A Rainha Guinevere sai para colher flores.

O dia estava incrivelmente agradável com o sol brilhando muito amarelo, como ouro, e a brisa soprando suave. Os passarinhos cantavam alegremente e em toda parte tinham desabrochado tantas flores de vários tipos que os prados estavam todos cobertos com seu suave verdor. Portanto a Rainha Guinevere achou que era ótimo, num tempo como esse, sair passeando pelos campos a céu aberto.

Aconteceu que, enquanto a Rainha e seu séquito passeavam alegremente entre as flores, uma das damas de companhia de Lady Guinevere gritou de repente:

– Olhem! Olhem! Quem é que vem lá?

Quando a Rainha Guinevere ergueu os olhos, viu que através do prado vinha uma donzela montada num palafrém branco como leite, acompanhada de três pajens todos vestidos de azul. A própria donzela também estava toda vestida de azul, e trazia no pescoço uma corrente de ouro finamente trabalhada e uma tiara de ouro na testa. Seu cabelo, que era amarelo como ouro, estava amarrado com fitas azuis bordadas de ouro. Um dos pajens que seguiam a donzela trazia uma moldura quadrada que não era muito grande, mas que estava embrulhada e coberta por uma cortina de cetim carmesim.

Uma donzela se aproxima do grupo.

Quando a Rainha viu aquele belo grupo que se aproximava, pediu a um dos cavaleiros que a acompanhavam para ir ao encontro da donzela. E o cavaleiro que foi até lá obedecendo ao seu pedido era Sir Pellias.

---

53. No original "*a-Maying*", expressão derivada da prática de sair para colher flores, festejar, dançar e cantar durante a primavera, que no hemisfério Norte atinge seu ápice no mês de maio. (N.T.)

Então, quando Sir Pellias encontrou a donzela e seus três pajens, falou-lhe assim:

– Bela donzela, aquela dama me mandou vir saudá-la e pedir-lhe a gentileza de dizer seu nome e propósito.

Sir Pellias conversa com a donzela.

– Senhor Cavaleiro, percebo pela sua maneira de falar e comportamento que é um nobre de alta estirpe e magnanimidade, portanto lhe direi de bom grado que meu nome é Parcenet, e que sou uma donzela do séquito de uma certa dama muito importante que mora bem longe daqui, e que se chama Lady Ettard de Grantmesnle. Vim aqui para ser levada até a presença da Rainha Guinevere. Portanto, se o senhor puder me dizer onde posso encontrá-la, ficar-lhe-ei por demais agradecida.

– Ah, donzela! – disse Sir Pellias. – Não precisarás ir muito longe para encontrar Lady Guinevere, pois, vê, lá vai ela rodeada de seu séquito de nobres e damas.

Então a donzela disse:

– Peço-lhe, leve-me até ela.

Então Sir Pellias levou Parcenet até a Rainha, e a Rainha Guinevere a recebeu com muita gentileza, dizendo:

– Donzela, o que queres de nós?

– Senhora – disse a donzela –, dir-lhe-ei agora mesmo. Lady Ettard, minha ama, é considerada em todo lugar por onde passa como a dama mais linda do mundo. Só que ultimamente têm chegado tantas notícias de sua incrível beleza que Lady Ettard achou por bem mandar-me aqui para ver com meus próprios olhos se o que dizem é verdade. E realmente, Senhora, agora que estou aqui na sua frente, só posso dizer que é a dama mais bela que jamais vi, exceto por Lady Ettard de quem falei.

A donzela fala para a Rainha Guinevere sobre Lady Ettard.

Então a Rainha Guinevere riu com muito gosto, e disse:

– Parece-me muito estranho que tenhas viajado tanto por um motivo tão pequeno. – Então disse: – Dize-me, donzela, o que é que o teu pajem traz embrulhado naquele cortinado de cetim carmesim?

– Senhora – disse a donzela –, é um retrato fiel de Lady Ettard, que é minha ama.

Então a Rainha Guinevere disse:

– Deixa-me vê-lo.

A donzela mostra o retrato de Lady Ettard para a Rainha e seu séquito.

Nisso, o pajem que trazia o quadro desceu de seu palafrém, aproximou-se da Rainha Guinevere, apoiou-se num joelho e retirou o retrato dos panos, de modo que a Rainha e seu séquito pudessem vê-lo. Todos então puderam ver como o retrato tinha sido habilmente pintado sobre um painel de marfim emoldurado de ouro e

Sir Pellias, o Cavaleiro Gentil.

incrustado de muitas joias de várias cores. Viram também que era o retrato de uma dama de uma beleza tão extraordinária que todos os que o contemplavam ficavam maravilhados.

– Ora, donzela! – disse a Rainha Guinevere –, tua senhora é de fato dona de uma beleza extraordinária. Pois bem, se ela realmente se parece com este retrato, então creio que seu encanto não será encontrado em nenhum lugar do mundo.

Ao ouvir aquilo, Sir Pellias tomou a palavra e disse:

– Não é verdade, Senhora, pois afirmo, e estou pronto a manter a minha palavra mesmo que tenha que defendê-la com a própria vida, que a senhora é mais linda do que o retrato.

– Ora, ora, Senhor Cavaleiro! – disse a donzela Parcenet. – É fácil empenhar tais palavras estando tão longe de Grantmesnle. Pois há um certo cavaleiro lá chamado Sir Engamore de Malverat que é realmente bem forte e que diz o mesmo que dizes em favor de Lady Ettard contra todos os que ousarem confrontá-lo.

Então Sir Pellias se ajoelhou diante da Rainha Guinevere, unindo as palmas das mãos.

Sir Pellias assume a aventura em honra da Rainha.

– Senhora – ele disse –, peço que pela sua graça me honre, aceitando-me como seu verdadeiro cavaleiro neste caso. Gostaria demais de partir numa aventura em seu nome se tiver permissão de fazê-lo. Portanto, se me der licença, irei imediatamente ao encontro desse cavaleiro de quem fala a donzela e verdadeiramente espero que, quando o encontrar, o derrote para aumentar sua glória e honra.

Então a Rainha Guinevere riu de novo de puro divertimento.

– Senhor – ela disse –, fico imensamente feliz que assuma uma disputa tão pequena por mim, pois se assim for imagine como assumiria uma disputa séria minha? Portanto aceito-o de bom grado para ser meu campeão nesse caso. Então vá agora e arme-se como deve para esta aventura.

– Senhora – disse Sir Pellias –, se tiver sua permissão, me lançarei nisso vestido como estou. Pois tenho esperança de conquistar armadura e armas pelo caminho, fazendo com que essa aventura sirva ainda mais para sua fama.

Ao ouvir isso a Rainha ficou muito satisfeita, sabendo que seu cavaleiro iria se lançar numa aventura tão séria vestido a passeio. Então ela disse:

– Será como quiser – e pediu ao seu pajem, Florian, para buscar o melhor cavalo que conseguisse para Sir Pellias. Florian, correndo com a maior pressa que podia, logo voltou com um belo corcel, de cor tão negra que acredito que não houvesse um só pelo branco nele.

Então Sir Pellias deu adeus à Rainha Guinevere e a seu alegre séquito primaveril, e todos se despediram dele, aclamando-o generosamente. Assim ele montou em seu cavalo e partiu com a donzela Parcenet e os três pajens vestidos de azul.

Pois bem, quando já estavam a uma certa distância, a donzela Parcenet disse:

– Senhor, não sei seu nome, sua posição, nem quem é.

Ao ouvir isso, Sir Pellias disse:

– Donzela, meu nome é Pellias e sou um cavaleiro da Távola Redonda do Rei Arthur.

Sir Pellias e Parcenet conversam.

Isto deixou Parcenet bastante perplexa, pois Sir Pellias era tido por muitos como o melhor cavaleiro de armas vivo, exceto somente o Rei Arthur e o Rei Pellinore, então ela exclamou:

– Meu senhor, será com certeza uma grande honra para Sir Engamore bater-se com um cavaleiro tão famoso como o senhor.

Ao que Sir Pellias disse:

– Donzela, creio que há vários cavaleiros na Távola Redonda do Rei Arthur que são melhores do que eu.

Mas Parcenet disse:

– Não creio que seja esse o caso.

Então, dali a algum tempo Parcenet disse a Sir Pellias:

– Meu senhor, como conseguirá uma armadura para lutar com Sir Engamore?

– Dama – disse Sir Pellias –, não sei no momento onde conseguirei uma armadura, mas antes que chegue o momento de me bater com Sir Engamore acredito que terei encontrado uma que sirva ao meu propósito. Deves saber que não é sempre a defesa que um homem usa sobre o corpo que lhe traz a vitória, mas frequentemente é o espírito que o impele em suas investidas.

Então Parcenet disse:

– Sir Pellias, não creio que seja comum uma dama ter um cavaleiro tão bom assim para lutar por ela.

Ao ouvir isso, Sir Pellias disse alegremente:

– Donzela, quando tua hora chegar, espero que tenhas um cavaleiro muito melhor do que eu para te servir.

– Senhor – disse Parcenet –, não é provável que algo assim me aconteça – ao que Sir Pellias divertiu-se muito e começou a rir.

Então Parcenet disse:

– Puxa vida, eu bem que gostaria de ter um bom cavaleiro para me servir.

A isso Sir Pellias respondeu muito compenetrado:

– Dama, o primeiro que eu capturar entrego-te para que seja teu. Pois bem, queres que ele seja louro ou moreno, baixo ou alto? Pois se o preferires alto e moreno, deixo os outros livres.

Então Parcenet olhou Sir Pellias bem fixo e disse:

– Quero-o alto assim como o senhor e com a mesma cor de cabelo e olhos, e com um nariz reto como o seu, e com a mesma inteligência que o senhor tem.

– Puxa! – disse Sir Pellias. – Queria que tivesses me dito isso antes que estivéssemos tão longe de Camelot, pois eu facilmente poderia ter-te conseguido um cavaleiro assim por lá. Lá há uma tal quantidade de cavaleiros que os guardam em jaulas de madeira e vendem dois por uma pataca.

Então Parcenet riu, divertindo-se muito, e disse:

– Então Camelot deve ser um lugar maravilhoso, Sir Pellias.

Assim, conversando animadamente, seguiram pelo caminho muito alegres e satisfeitos, apreciando a primavera e os prados agradáveis por onde passavam, despreocupados, com o coração cheio de alegria e bom humor.

Naquela noite pernoitaram numa estalagem muito singular e agradável que ficava nas cercanias da Floresta de Usk e na manhã seguinte partiram cedo, no frescor do início da manhã, partindo dali para adentrar as sombras da floresta.

Pois bem, quando já tinham viajado por um pedaço da floresta, a donzela Parcenet disse a Sir Pellias:

Sir Pellias e Parcenet chegam à Floresta da Aventura.

– Senhor, sabe que parte da floresta é esta?

– Não – disse Sir Pellias.

– Bem – disse Parcenet –, essa parte do bosque é às vezes chamada de Floresta da Aventura. Devo dizer-lhe que é um lugar maravilhoso, cheio de magias de vários tipos, já que se diz que nenhum cavaleiro entra nesta floresta sem que alguma aventura lhe aconteça.

– Donzela – disse Sir Pellias –, o que me dizes é uma ótima notícia, pois se nos acontecer alguma aventura aqui, talvez eu possa conseguir uma armadura que sirva aos meus propósitos.

Em seguida entraram na Floresta da Aventura, e nela viajaram um bom tempo. Enquanto iam, admiravam-se muito com a aparência do lugar onde tinham vindo dar, pois a floresta era muito escura e silenciosa e deveras invulgar, completamente diferente de qualquer outro lugar que já tivessem visto. Assim acharam que não seria de todo estranho se alguma aventura extraordinária lhes acontecesse.

Tendo viajado dessa forma por uma distância considerável, saíram de repente da mata fechada e deram numa clareira bem grande. Lá se depararam com um córrego caudaloso cujas águas turbulentas pareciam ecoar o ruído de muitas vozes. Avistaram na margem do córrego um espinheiro, e ao pé do

Eles encontram uma velha ao lado da fonte.

espinheiro havia um barranco coberto de musgo esverdeado. Sobre o barranco de musgo esverdeado estava sentada uma velha de aparência miserável, pois seu rosto era extraordinariamente murcho pela idade. Seus olhos eram vermelhos como se lacrimejassem permanentemente, muitos pelos despontavam de suas bochechas e queixo, e seu rosto era coberto por uma tal profusão de rugas que não havia um só canto sem elas.

Pois bem, quando a velha viu Sir Pellias, Parcenet e os três pajens que se aproximavam de onde estava, exclamou numa voz bem alta:

– Senhor, poderia carregar-me em seu cavalo através do córrego? Pois veja, sou muito velha e fraca e não consigo atravessar esse rio sozinha.

Então Parcenet repreendeu a velha senhora, dizendo:

– Quieta! Quem és tu para pedir a esse nobre cavaleiro que te faça um favor desses?

Mas Sir Pellias não gostou do que Parcenet disse, e falou:

– Donzela, estás errada neste assunto, pois o que cabe a um verdadeiro cavaleiro é socorrer qualquer um que precise de sua ajuda. Pois o Rei Arthur, que é o perfeito exemplo de cavaleiro, ensinou seus cavaleiros a socorrer a todos que lhes peçam ajuda, sem fazer distinção – e assim dizendo, Sir Pellias desmontou do cavalo, ergueu a velha e colocou-a em sua sela. Em seguida ele próprio montou novamente, logo cavalgou até a parte mais rasa do rio e atravessou a correnteza com a velha em segurança. E Parcenet o seguiu, muito impressionada com seu cavalheirismo, enquanto os três pajens vinham atrás.

Sir Pellias carrega a velha senhora para o outro lado do rio.

Pois bem, quando tinham alcançado a outra margem, Sir Pellias desmontou com a intenção de ajudar a velha senhora a descer do cavalo, mas ela nem esperou por sua ajuda e imediatamente saltou muito lépida de onde estava. E – ora! – Sir Pellias viu que aquela que ele tinha julgado ser somente uma senhora velha e enrugada era, na verdade, uma dama muito singular e incrível, de extraordinária beleza. Muito surpreso, notou que ela estava vestida de um jeito que nem ele nem ninguém ali jamais tinha visto. E por causa de sua aparência, ele percebeu que ela não era uma simples mortal, mas que era sem dúvida do mundo da magia. Ele percebeu que seu rosto era de uma alvura extraordinária, como mármore, e que seus olhos eram negros e incrivelmente brilhantes, como duas joias incrustadas em marfim. Também percebeu que ela estava toda vestida de verde da cabeça aos pés e seu cabelo, longo e completamente negro, era brilhante e liso como seda pura. Além disso notou que em volta de seu pescoço ela trazia um colar de opalinas e esmeraldas incrustadas em ouro, e nos braços trazia pulseiras de ouro finamente trabalhado, incrustado de opalinas e esmeraldas. Por tudo isso ele tinha certeza de que ela só podia ser uma fada.

Sobre a maravilhosa Dama do Lago.

(Assim era Lady Nymue do Lago, e foi assim que ela apareceu para o Rei Arthur, e também para Sir Pellias e para aqueles que o acompanhavam.)

Então, vendo o ar mágico dessa dama, Sir Pellias se ajoelhou diante dela e juntou as palmas das mãos, mas a Dama do Lago disse:

– Senhor, por que se ajoelha diante de mim?

– Porque a senhora – disse Sir Pellias – é tão incrivelmente diferente e linda.

– Meu senhor – disse a Dama do Lago –, fez-me um grande favor e é, com certeza, um cavaleiro excelente. Portanto levante-se e não se ajoelhe mais!

Então Sir Pellias se levantou, ficou ali parado diante dela e perguntou:

– Quem é a senhora?

Ao que ela respondeu:

– Sou alguém que tem enorme carinho pelo Rei Arthur e seus cavaleiros. Meu nome é Nymue e sou a principal das Damas do Lago, de quem deve ter ouvido falar. Assumi a forma daquela pobre velha para testar seu valor de cavaleiro e, puxa!, não acho o que lhe falte em dignidade.

Então Sir Pellias disse:

– A senhora me fez um grande favor com isso.

Ao ouvir aquilo, a Dama do Lago sorriu com muita doçura para Sir Pellias e disse:

– Senhor, decidi fazer-lhe um favor ainda maior.

A Dama do Lago dá a Sir Pellias o colar de ouro e joias. E dizendo isso, ela logo tirou do pescoço o colar de opalinas, esmeraldas e ouro, e pendurou-o no pescoço de Sir Pellias, fazendo com que ele o ostentasse no peito com um esplendor enorme de várias cores.

– Guarde isto – ela disse –, pois contém uma mágica muito poderosa.

E em seguida desapareceu no mesmo instante das vistas dos que ali estavam, deixando-os completamente atônitos e perplexos com o que lhes tinha acontecido.

Sir Pellias parecia estar sonhando, pois não sabia se o que tinha visto era um devaneio ou se tinha presenciado aquilo com os olhos de vigília. Então montou em seu cavalo em completo silêncio, como se nem soubesse o que fazia. E continuou em silêncio enquanto partia de lá. Tampouco ninguém mais do grupo disse qualquer palavra naquele momento. Somente quando já tinham percorrido uma distância considerável, Parcenet disse, um pouco assustada:

– Meu senhor, o que nos aconteceu foi de fato muito incrível.

Ao que Sir Pellias respondeu:

– Sim, donzela.

Pois bem, o colar que a Dama do Lago tinha colocado no pescoço de Sir Pellias possuía um poder que fazia com que todos os que vissem aquele que o usasse se apaixonassem por ele. O colar era encantado com esse poder especial, mas Sir Pellias não tinha ideia disso, portanto estava alegre simplesmente pela beleza singular da joia que a Dama do Lago lhe tinha dado.

Capítulo Segundo

Como Sir Pellias venceu um Cavaleiro Vermelho,
chamado Sir Adresack, e como libertou vinte e dois
prisioneiros do castelo desse cavaleiro

Pois bem, depois desse acontecimento maravilhoso, continuaram a viajar por bastante tempo. Não pararam em nenhum lugar até que chegaram, mais ou menos uma hora depois de o sol raiar, a uma certa parte da floresta onde carvoeiros trabalhavam no seu ofício. Lá Sir Pellias ordenou que apeassem e descansassem por algum tempo, então desmontaram para descansar e se alimentar, conforme ele tinha dito.

Enquanto lá estavam comendo e bebendo, vieram de repente do fundo da floresta um ruído de lamento profundo e um grito bem alto. Quase imediatamente surgiu das moitas, saindo naquela clareira, uma dama com aparência lamentável, montada num palafrém malhado. Atrás dela vinha um jovem escudeiro, vestido de verde e branco e montado num alazão. Ele também parecia tomado de grande sofrimento, pois estava todo desalinhado e tinha o semblante triste. A dama tinha o rosto inchado e vermelho de choro, e seu cabelo caía sobre os ombros sem rede ou presilha que o prendesse no lugar, e seus trajes estavam todos rasgados pelos espinhos e muito sujos de atravessar a floresta. O jovem escudeiro que a seguia vinha com a cabeça pendida e os trajes no mesmo estado que os dela, seu manto arrastando atrás de si preso ao ombro somente num ponto.

Aparecem na floresta uma dama desconsolada e um escudeiro.

Pois bem, quando Sir Pellias viu a dama e o escudeiro nesse estado, imediatamente se levantou de onde estava e foi até ela, tomando o palafrém da dama pela rédea e parando-o. A dama olhou para ele, mas parecia não vê-lo, tão cega que estava de tristeza e desespero. Então Sir Pellias lhe disse:

– Senhora, o que lhe causa tanta tristeza e sofrimento?

Ao que ela respondeu:

– Não importa, senhor, pois não pode me ajudar.

– Como sabe? – perguntou Sir Pellias. – Tenho muita vontade de ajudá-la se me for possível fazê-lo.

Sir Pellias encontra uma dama infeliz na Floresta de Arroy.

Então a dama observou Sir Pellias mais atentamente e viu-o como que através de uma névoa de tristeza. Ela viu que ele não usava armadura, mas sim uma roupa vermelha de passeio. Então ela voltou a se lamentar desesperadamente por achar que não havia ninguém que pudesse socorrê-la em suas dificuldades, e disse:

– Senhor, suas intenções são gentis, mas como pretende auxiliar-me se não tem nem armas nem defesa para ajudá-lo ao assumir essa disputa?

Mas Sir Pellias disse:

– Senhora, não sei como posso servi-la enquanto não me disser por que sofre. Mesmo assim tenho grandes esperanças de poder ajudá-la quando souber o que lhe está causando tanta preocupação.

Então, segurando as rédeas de seu cavalo, conduziu a dama até onde Parcenet ainda estava sentada sobre um pano, coberto com as comidas que eles estavam comendo. Quando lá chegou, com toda a gentileza, insistiu para que a dama desmontasse. Então, com a mesma gentileza, insistiu para que ela se sentasse na grama e partilhasse da refeição. E quando ela assim tinha feito, e tinha também bebido um pouco do vinho, ficou bastante revigorada e começou a se sentir mais confiante. Ao vê-la tão recuperada, Sir Pellias novamente perguntou qual era o problema e pediu que abrisse o coração para ele.

Estimulada pelas palavras animadoras, ela contou para Sir Pellias qual era o problema que a levara até ali.

– Senhor Cavaleiro – ela disse –, moro a uma distância considerável daqui. Vim de lá esta manhã com um cavaleiro muito bom, chamado Sir Brandemere, que é meu marido. Estamos casados há pouco mais de quatro semanas, portanto até esta manhã estávamos no começo da nossa felicidade. Pois bem, nesta manhã Sir Brandemere quis me levar para caçar ao raiar do dia, então partimos com um cão de caça que meu cavaleiro adorava muito. Chegando a um certo ponto da floresta, surgiu de repente à nossa frente uma corça, que o cão imediatamente começou a perseguir com grande alarido. Portanto, eu e meu senhor e este escudeiro seguimo-los muito animados e felizes com a caçada. Pois bem, depois de termos seguido a corça e o cão por um longo caminho, enquanto o cão perseguia a corça com enorme avidez, chegamos num lugar onde encontramos um rio caudaloso atravessado por uma ponte longa e estreita. Vimos que no outro lado do rio havia um castelo fortificado com sete torres, e o castelo tinha sido construído sobre a pedra de tal modo que as rochas e o castelo pareciam ser um só rochedo.

A dama desconsolada conta sua história.

"Quando nos aproximamos da tal ponte, ora!, as grades do portão do castelo se ergueram e de repente a ponte levadiça caiu com grande estrondo, e imediatamente um cavaleiro todo vestido de vermelho avançou de dentro do castelo. E todos os arreios e a manta de seu cavalo eram vermelhos também, e a lança que ele empunhava era de madeira pintada de vermelho. Ele avançou ferozmente e cavalgou até logo alcançar a outra ponta da estreita ponte. Nisso ele gritou para Sir Brandemere, meu marido, dizendo: 'Aonde pretende ir, Senhor Cavaleiro?' E Sir Brandemere respondeu: 'Senhor, pretendo atravessar esta ponte, pois meu cão, que muito estimo, atravessou-a enquanto perseguia uma corça.' Então o Cavaleiro Vermelho gritou bem alto: 'Senhor Cavaleiro, será um risco aproximar-se desta ponte, pois ela me pertence, e quem quer que deseje atravessá-la deve primeiro me derrotar ou então não poderá passar.'

"Meu marido, Sir Brandemere, estava naquele momento usando roupas leves de caça e falcoaria, e trazia na cabeça somente um leve bacinete[54] amarrado com um lenço que eu havia lhe dado. Mesmo assim, ele tinha um tal coração, que não tolerava um desafio como o que o Cavaleiro Vermelho lhe tinha proposto. Portanto, pedindo que eu e o escudeiro, que se chama Ponteferet, permanecêssemos na entrada da ponte, desembainhou a espada e cavalgou até o meio da ponte, para tentar forçar a passagem. Então, vendo que essa era a sua intenção, o Cavaleiro Vermelho, vestido de armadura completa, jogou sua lança para o lado, desembainhou a espada e avançou para confrontar meu cavaleiro. Encontraram-se no meio da ponte, e quando chegaram perto um do outro esse Cavaleiro Vermelho se levantou nos estribos e golpeou com sua espada meu marido, Sir Brandemere, bem no topo do bacinete. Vi quando a lâmina do Cavaleiro Vermelho cortou o elmo de Sir Brandemere, penetrando fundo em seu crânio, de modo que o sangue escorria abundantemente por seu rosto. Então Sir Brandemere imediatamente tombou do cavalo e ficou no chão como que morto.

"Depois que o venceu dessa maneira, o Cavaleiro Vermelho desmontou de seu cavalo, levantou Sir Brandemere e o colocou no cavalo do qual tinha caído, deitando-o atravessado na sela. Então, puxando ambos os cavalos pelas rédeas, o Cavaleiro Vermelho os conduziu através da ponte até o castelo. Assim que entrou no castelo, as grades se fecharam atrás dele e a ponte levadiça foi erguida. Ele não prestou a menor atenção nem em mim nem no escudeiro Ponteferet, mas partiu deixando-nos desconsolados. E agora não sei se meu marido, Sir Brandemere, está vivo ou morto, ou o que lhe aconteceu."

Ao dizer essas palavras – ora! –, lágrimas abundantes voltaram a escorrer pelas faces da dama.

Então Sir Pellias ficou muito penalizado, e disse:

Sir Pellias assume uma aventura para trazer alívio à dama desconsolada. – Senhora, o seu caso é realmente deveras triste, e tenho-lhe muita pena. De fato gostaria muito de ajudá-la com toda força que estiver ao meu alcance. Portanto, se me levar até onde fica essa ponte e esse castelo sinistro dos quais fala, prometo-lhe que tentarei ao máximo descobrir onde está seu bom cavaleiro, e o que lhe aconteceu.

– Senhor – respondeu a dama –, estou-lhe enormemente agradecida pela sua boa vontade. Entretanto, não deve esperar ter sucesso ao lançar-se nessa grave aventura sem armas ou armadura para se defender. Veja como o Cavaleiro

---

54. Espécie de capacete, primitivamente feito de couro almofadado e mais tarde de metal, que protegia a cabeça como um elmo. Aqui, o personagem usa um modelo "leve", já que está vestido com roupa de caça ao falcão e não para batalha.

Vermelho tratou tão mal meu marido, Sir Brandemere, sem considerar o fato de que não tinha armas ou defesa. Por isso não é provável que o trate de forma mais cortês.

E Parcenet alteou a voz, ao ouvir a dama falar, implorando a Sir Pellias que não fosse tão incauto em seguir com o que tinha decidido. Assim também, Ponteferet, o escudeiro, avisou Sir Pellias para não fazer tal coisa sem antes armar-se para essa aventura.

Mas a tudo o que diziam Sir Pellias respondia:

– Não tentem me impedir, pois digo a todos vocês que muitas vezes me lancei em aventuras ainda mais perigosas e mesmo assim saí delas sem ter sofrido maior mal.

Também se recusou a ouvir qualquer coisa que a dama e a donzela dissessem, mas levantando-se dali, ajudou-as a montar em seus palafréns, subiu em seu próprio corcel, e o escudeiro e os pajens nos seus. Assim o grupo todo partiu sem demora.

Viajaram por muito tempo pela floresta, guiados pelo escudeiro, Ponteferet, graças a quem aos poucos iam se aproximando do castelo do Cavaleiro Vermelho. Finalmente chegaram até um local mais aberto naquela mata onde surgiu à sua frente um morro íngreme e descampado. Quando alcançaram o topo do morro viram que havia lá embaixo um rio muito caudaloso e cheio de corredeiras. Viram também que o rio era atravessado por uma ponte reta e estreita, e na extremidade da ponte, na outra margem, havia um castelo fortificado com sete altas torres. Além disso, o castelo e as torres tinham sido construídos sobre um rochedo tão alto e imponente que ficava difícil de dizer onde acabava a pedra e onde começava o muro, pois as torres e o muro pareciam ser com o rochedo uma coisa só.

O grupo chega ao castelo do Cavaleiro Vermelho.

Então o escudeiro Ponteferet apontou com o dedo e disse:

– Senhor Cavaleiro, lá está o castelo do Cavaleiro Vermelho. Foi para lá que ele levou Sir Brandemere depois que ficou tão gravemente ferido.

Então Sir Pellias disse à dama:

– Senhora, vou agora mesmo lá perguntar como anda seu marido.

Com isso esporeou seu cavalo e cavalgou morro abaixo até a ponte com grande coragem. Ao se aproximar da ponte – ora! –, as grades do portão do castelo se ergueram e a ponte levadiça caiu com grande estrondo e tumulto, e imediatamente um cavaleiro com armadura e vestes vermelhas avançou de dentro do castelo e veio com toda velocidade até a extremidade da ponte. Quando

Sir Pellias o avistou vindo de forma tão desafiadora, disse àqueles que o tinham seguido morro abaixo:

– Fiquem parados onde estão que eu vou lá falar com esse cavaleiro e perguntar sobre o insulto que fez a Sir Brandemere.

Ao que o escudeiro, Ponteferet, disse-lhe:

– Fique, Senhor Cavaleiro, ou sairá ferido.

Mas Sir Pellias respondeu:

– De modo algum, não sairei ferido.

Então avançou muito corajosamente até a ponte, e quando o Cavaleiro Vermelho o viu avançando, disse:

– Ah! Quem ousa vir assim atravessando minha ponte?

Então Sir Pellias respondeu:

– Não importa quem sou, mas deve saber, ó cavaleiro descortês, que vim interrogá-lo quanto ao paradeiro do bom cavaleiro Sir Brandemere, e saber por que o tratou tão mal ainda há pouco.

Ao ouvir aquilo o Cavaleiro Vermelho ficou tomado de fúria:

– Ahá! – ele gritou violentamente. – Isso ficará sabendo para sua tristeza imensa, pois da mesma forma como tratei a ele, logo tratarei também o senhor. Portanto daqui a pouco levá-lo-ei até onde ele está, e então poderá perguntar-lhe o que quer que queira. Mas vendo que o senhor está desarmado e indefeso não lhe causarei qualquer mal físico, portanto exijo que se renda. Mas se eu tiver que fazê-lo render-se à força, pagará com grande dor e sofrimento.

Então Sir Pellias disse:

– Como? Como é? Então vai atacar um cavaleiro que está totalmente desarmado e indefeso como eu?

E o Cavaleiro Vermelho disse:

– Claro que o farei se não se render imediatamente a mim.

– Então – disse Sir Pellias –, não merece ser tratado como cabe a um cavaleiro experiente. Portanto, se me lançar contra o senhor, sua derrota será tal que envergonhará qualquer cavaleiro graduado que ostente esporas de ouro.

Dizendo isso olhou em volta procurando uma arma que servisse aos seus propósitos, e viu uma enorme pedra na extremidade da ponte que parecia solta. Essa pedra era tão grande que cinco homens de força normal mal conseguiriam levantá-la. Mas Sir Pellias tirou-a do lugar com grande facilidade e, erguendo-a com ambas as mãos, avançou rápido em direção ao Cavaleiro Vermelho e lançou-a sobre ele com grande força. A pedra atingiu o Cavaleiro Vermelho

Sir Pellias derruba o Cavaleiro Vermelho com uma enorme pedra.

bem no meio do escudo e bateu em seu peito com grande violência. A força do impacto lançou o cavaleiro para trás da sela, fazendo-o cair do cavalo no chão com um barulho imenso e ficar estirado sobre a ponte como que morto.

Quando aqueles que assistiam do castelo viram o golpe e viram como o Cavaleiro Vermelho tinha sido derrubado, começaram a se lamentar a altas vozes, produzindo uma lamúria horrível de se escutar.

Mas Sir Pellias avançou com toda pressa até o cavaleiro caído e apoiou o joelho em seu peito. Desamarrou e retirou seu elmo, e viu que o rosto do cavaleiro era forte e belo e que não estava morto.

Quando Sir Pellias viu que o Cavaleiro Vermelho estava vivo, e percebeu que estava prestes a se recuperar do golpe que tinha sofrido, desembainhou sua arma de misericórdia e apoiou a ponta da lâmina na garganta dele. Assim, quando o Cavaleiro Vermelho voltou a si, encarou a própria morte no rosto de Sir Pellias e na ponta da adaga.

Percebendo como estava a um passo de morrer, o Cavaleiro Vermelho implorou misericórdia a Sir Pellias, dizendo:

– Poupe-me a vida!

Ao que Sir Pellias disse:

– Quem é o senhor?

E o cavaleiro disse:

– Chamo-me Sir Adresack, apelidado de o das Sete Torres.

Então Sir Pellias disse-lhe:

– O que fez a Sir Brandemere e como está passando aquele bom cavaleiro?

E o Cavaleiro Vermelho respondeu:

– Não está tão gravemente ferido como imagina.

Quando a dama de Sir Brandemere ouviu essas palavras, ficou tomada de alegria, então bateu palmas, dando graças em voz alta.

Mas Sir Pellias disse:

– Agora me diga, Sir Adresack, há outros prisioneiros em seu castelo além desse cavaleiro, Sir Brandemere?

Ao que Sir Adresack respondeu:

– Senhor Cavaleiro, direi a verdade. Há no meu castelo vinte e um prisioneiros além dele: dezoito cavaleiros e escudeiros de estirpe e três damas. Há muito que guardo essa ponte e, todos os que tentaram atravessá-la, venho capturando para cobrar resgate. Desse modo acumulei bastante riqueza e posses.

Então Sir Pellias disse:

– O senhor é realmente um cavaleiro mau e descortês por tratar os viajantes que passam por suas terras assim. Eu faria bem em matá-lo aí onde está, mas já

Sir Pellias dá ordens ao Cavaleiro Vermelho.	que me implorou misericórdia aceitarei concedê-la ao senhor, mas só o farei pela enorme vergonha que trará à sua condição de cavaleiro. Além disso, caso eu lhe poupe a vida há várias coisas que deverá fazer. Primeiro, deve ir até a Rainha Guinevere em Camelot, e lá deve dizer-lhe

que o cavaleiro que se despediu dela desarmado tomou sua armadura e, com ela, seguirá defendendo sua honra. Em segundo lugar, deve confessar seus erros ao Rei Arthur como os confessou a mim e deve rogar-lhe perdão, pedindo-lhe que, na sua misericórdia, poupe-lhe a vida. É o que deve fazer.

A isso Sir Adresack disse:

— Muito bem, prometo fazer tudo isso se me poupar a vida.

Então Sir Pellias deixou que ele se levantasse; ele se ergueu e parou diante de Sir Pellias. Sir Pellias chamou o escudeiro Ponteferet e disse:

Sir Pellias toma para si a armadura de Sir Adresack.	— Retira a armadura desse cavaleiro e coloca-a sobre mim do modo como sabes. E Ponteferet fez o que Sir Pellias lhe pediu: desarmou Sir Adresack e cobriu Sir Pellias com a armadura de Sir Adresack, envergonhando

Sir Adresack perante todos ali. Então Sir Pellias disse-lhe:

— Agora leve-me até o seu castelo para que eu possa libertar os prisioneiros que o senhor tão cruelmente mantém encarcerados.

E Sir Adresack disse:

— Será como ordena.

Em seguida todos entraram no castelo, um lugar assaz imponente. Lá dentro viram muitos servos e atendentes que, obedecendo às ordens de Sir Adresack, vinham e se curvavam perante Sir Pellias. Então Sir Pellias mandou que Sir Adresack chamasse o guarda da masmorra, e Sir Adresack assim fez. Sir Pellias então ordenou ao guarda que os levasse até a masmorra, e o guarda curvou-se diante dele em obediência.

Quando chegaram à masmorra, viram que era um lugar enorme e muito fortificado. E lá encontraram Sir Brandemere e os outros de quem Sir Adresack tinha falado.

No entanto, quando a pobre dama viu Sir Brandemere, correu até ele com enorme alegria, abraçou-o e chorou. E ele a abraçou e chorou e até esqueceu suas feridas de tanta alegria de revê-la.

Nas várias câmaras daquela parte do castelo havia ao todo, além de Sir Brandemere, dezoito cavaleiros e escudeiros, e três damas. Além disso, havia entre os

Sir Pellias liberta os prisioneiros.	cavaleiros dois da Corte do Rei Arthur, Sir Brandiles e Sir Mador de la Porte, que, ao descobrirem ser Sir Pellias que os havia libertado, foram até ele e o abraçaram com grande alegria, beijando-o em cada face.

E todos os que foram libertados regozijaram-se muito, enaltecendo e aclamando Sir Pellias tanto que ele ficou imensamente contente.

Ao ver tantos prisioneiros na masmorra, Sir Pellias ficou com muita raiva de Sir Adresack, e então disse:

– Vá embora, Senhor Cavaleiro, cumprir a penitência que lhe ordenei, pois estou tão zangado com o senhor que temo me arrepender da misericórdia que lhe concedi.

Com isso Sir Adresack virou-se e partiu de imediato. Chamou seu escudeiro para acompanhá-lo e foi-se embora para Camelot para cumprir a penitência, conforme tinha prometido a Sir Pellias que faria.

Depois que ele partiu, Sir Pellias e os prisioneiros que ele havia libertado percorreram as várias partes do castelo. Lá encontraram treze canastras de moedas de ouro e prata e quatro canastras de joias – muito preciosas e brilhantes –, que somavam todo o tesouro pago em resgate aos prisioneiros que até então tinham sido mantidos à força ali.

Sir Pellias então ordenou que aqueles cofres e canastras fossem abertos e quando os que lá estavam viram o que eles guardavam, todos os corações se encheram de alegria ao ver aquele enorme tesouro.

Em seguida Sir Pellias ordenou que todo aquele tesouro de ouro e prata fosse dividido em dezenove partes iguais, e quando tinha sido dividido, ele disse:

Sir Pellias divide o tesouro de Sir Adresack entre os prisioneiros.

– Agora que cada um que esteve preso aqui tome para si uma parte desse tesouro como recompensa pelo sofrimento que passou.

Além disso, deu para cada uma das damas que tinham ficado prisioneiras uma canastra de joias pelo que tinham sofrido.

Mas quando todos os que lá estavam viram que Sir Pellias não tinha reservado parte alguma daquele enorme tesouro para si mesmo, exclamaram:

– Senhor Cavaleiro! Senhor Cavaleiro! Veja, não é possível que não tenha separado uma parte desse tesouro para si.

Então Sir Pellias respondeu:

– Vocês têm razão, não o fiz, pois não é preciso que eu fique com parte alguma desse ouro e dessa prata, ou qualquer dessas joias, pois, vejam!, vocês sofreram muito nas mãos de Sir Adresack, portanto vocês é que devem receber uma recompensa, e não eu, que não sofri nada em suas mãos e, portanto, não preciso de reparação.

Todos ficaram espantados com sua generosidade e louvaram-no muito por ter o coração tão grande. E todos aqueles cavaleiros juraram-lhe fidelidade até a morte.

Eles se hospedam no castelo de Sir Brandemere.

Então, quando tudo isso tinha sido realizado, Sir Brandemere implorou a todos os que ali estavam que fossem consigo até o seu castelo, para se recuperarem com uma temporada de alegria e divertimento. Todos aceitaram o convite, e assim partiram. No castelo de Sir Brandemere houve grande festança e banquetes e torneios que duraram três dias.

Todos os que ali estavam ficaram encantados com Sir Pellias por causa do colar de esmeraldas, opalinas e ouro. Só que ninguém sabia do poder da joia, nem mesmo Sir Pellias.

Então Sir Pellias ficou lá por três dias. Quando chegou o quarto dia ele despertou de manhã e pediu que selassem seu cavalo, o palafrém da dama Parcenet e os cavalos de seus pajens.

Mas quando todos viram que ele pretendia partir, pediram-lhe que não fosse, no entanto Sir Pellias disse:

– Não me impeçam, pois preciso ir.

Então se aproximaram os dois cavaleiros da Corte do Rei Arthur, Sir Brandiles e Sir Mador de la Porte, e pediram-lhe que os deixasse acompanhá-lo naquela aventura. De início Sir Pellias não assentiu, mas eles pediram tanto que no final ele acabou dizendo:

– Irão comigo.

Então partiu dali com seu grupo, e todos os que permaneceram ficaram muito tristes que ele tinha ido embora.

Capítulo Terceiro

Como Sir Pellias lutou contra Sir Engamore, também
conhecido como Cavaleiro das Mangas Verdes,
e o que aconteceu a Lady Ettard

Pois bem, durante a tarde, Sir Pellias e seu grupo seguiram viagem com a donzela Parcenet e o grupo dela por um bom tempo, até que chegaram aos limites da floresta, onde acabava a mata e começavam muitos campos e prados, com fazendas e sítios e árvores com as folhas despontando e os brotos perfumados se espalhando sob o céu.

E Sir Pellias disse:

– Esta terra em que viemos dar é realmente linda.

Isso muito alegrou a donzela Parcenet, que disse:

– Senhor, fico deveras contente que o que vê lhe agrada, pois toda esta região pertence a Lady Ettard, e é minha casa. Além disso, do topo daquele morro ali pode-se ver o castelo de Grantmesnle, que fica no vale abaixo.

E Sir Pellias disse:

– Então vamos mais rápido! Desejo profundamente conhecer tal lugar.

Então esporearam os cavalos e galoparam morro acima. Quando alcançaram o topo – ora! –, abaixo deles surgiu o castelo de Grantmesnle, tão distante que parecia caber na palma da mão. Sir Pellias notou que *O grupo chega a Grantmesnle.* era um castelo incrivelmente belo, todo feito de pedra vermelha e muitas construções de tijolo dentro dos limites das muralhas. Elas protegiam uma pequena cidade da qual se podia ver as ruas e as pessoas passando. Então Sir Pellias, ao notar a magnitude daquele castelo, disse:

– Com certeza, donzela, aí está uma construção muito bonita.

– Sim – disse Parcenet –, nós que lá vivemos a consideramos uma construção muito especial.

Então Sir Pellias disse a Parcenet:

– Donzela, aquele bosque de árvores baixas perto do castelo parece um ótimo lugar. Portanto eu e meus companheiros montaremos acampamento ali e armaremos três tendas para nos abrigarmos de dia e de noite. Enquanto isso, peço-te que vás até a dama tua senhora e dize-lhe que um cavaleiro veio até aqui pois, embora não a conheça, acha que Lady Guinevere é a dama mais linda do mundo todo. E peço-te que digas a ela que estou aqui para provar o que digo a qualquer um que vier me enfrentar, e defenderei o mesmo com meu próprio corpo. Portanto, se a dama tiver qualquer campeão que lute em seu nome, bater-me-ei contra ele naquele campo amanhã ao meio-dia, pouco antes da minha refeição do meio do dia. Nessa hora proponho sair naquele campo e desfilar por ele até que meus amigos me peçam que entre para almoçar. Tomarei meu posto ali em honra de Lady Guinevere de Camelot.

– Sir Pellias – disse a donzela –, farei tudo o que me pede. Embora eu não queira que saia vitorioso dessa luta, lamento muito me despedir, pois o senhor é um cavaleiro tão valente quanto gentil, e sinto que lhe tenho grande amizade.

Então Sir Pellias riu e disse:

– Parcenet, estás sempre me enaltecendo mais do que mereço.

E Parcenet disse:

– Senhor, não é assim, pois merece todo elogio que eu puder lhe fazer.

Em seguida eles se despediram com imenso afeto e amizade e a donzela e seus três pajens foram para um lado, enquanto Sir Pellias e seus dois companheiros e os muitos atendentes que tinham trazido foram até o bosque de árvores baixas como Sir Pellias tinha ordenado.

Lá montaram três tendas sob a sombra das árvores: uma tenda de um tecido bem branco, a segunda de tecido verde e a terceira escarlate. No topo de cada tenda colocaram uma flâmula ostentando o emblema do cavaleiro a quem a tenda pertencia: sobre a tenda branca estava o emblema de Sir Pellias – três cisnes contra um fundo prateado –, sobre a tenda vermelha, que pertencia a Sir Brandiles, havia uma flâmula vermelha ostentando o seu emblema – uma mão coberta de malha[55] segurando um martelo –, e sobre a tenda verde, que pertencia a Sir Mador de la Porte, havia uma flâmula verde com o seu emblema – o esqueleto de um corvo segurando numa das patas um lírio branco e na outra uma espada.

Sir Pellias e os cavaleiros que o acompanhavam acampam numa clareira.

Quando veio o dia seguinte, e já era quase meio-dia, Sir Pellias avançou pelo campo em frente ao castelo conforme tinha prometido fazer, e estava vestido da cabeça aos pés com a armadura vermelha que tinha tomado de Sir Adresack, de modo que sua aparência era muito assustadora. E assim ele cavalgou de um lado para o outro em frente aos muros do castelo por bastante tempo, gritando a altas vozes:

---

55. A malha medieval era composta por anéis de metal ou ferro interligados para formar a veste.

– Ora! Ora! Aqui está um cavaleiro da Corte do Rei Arthur e de sua Távola Redonda que afirma, e está pronto a prová-lo com o próprio corpo, que Lady Guinevere, a Rainha do Rei Arthur de Camelot, é a dama mais linda de todo o mundo, superando qualquer outra. Portanto, se houver algum cavaleiro que discorde, que venha imediatamente até aqui para defender sua opinião com o próprio corpo.

Sir Pellias lança um desafio a Sir Engamore.

Pois bem, depois que Sir Pellias apareceu naquele prado deu-se enorme comoção dentro do castelo, e muita gente foi até os muros e olhou de lá para Sir Pellias, que desfilava pelo campo. Passado algum tempo, a ponte levadiça do castelo foi baixada e de lá saiu um cavaleiro muito robusto e de modos incrivelmente arrogantes. Tal cavaleiro estava vestido da cabeça aos pés com uma armadura verde e as mangas de cada braço eram verdes, donde ele era às vezes chamado de o Cavaleiro das Mangas Verdes.

Então esse Cavaleiro Verde cavalgou até Sir Pellias e Sir Pellias cavalgou até o Cavaleiro Verde. Quando se encontraram saudaram-se com enorme cortesia e civilidade cavalheiresca. Então o Cavaleiro Verde disse a Sir Pellias:

– Senhor Cavaleiro, conceder-me-ia o enorme favor de me informar seu nome?

Ao que Sir Pellias respondeu:

– Isso farei. Sou Sir Pellias, cavaleiro da Corte do Rei Arthur e de sua Távola Redonda.

Então o Cavaleiro Verde respondeu:

– Ah, Sir Pellias, é uma enorme honra para mim bater-me com um cavaleiro tão famoso, pois quem é que nas Cortes de Cavalaria nunca ouviu falar do senhor? Pois bem, se eu tiver a boa sorte de derrotá-lo, toda essa fama será então minha. Agora, em troca de sua cortesia em me informar seu nome, dou-lhe meu nome e título, que é Sir Engamore de Malverat, mais conhecido como o Cavaleiro das Mangas Verdes. Além disso, posso dizer-lhe que sou o campeão de Lady Ettard de Grantmesnle, e que venho defendendo sua fama de beleza inigualável por onze meses, contra todos os que aparecem, portanto, se eu a continuar defendendo por mais um mês, ganharei sua mão e toda essa bela propriedade. Por isso estou pronto para usar de tudo o que estiver em meu poder para defender sua honra.

Então Sir Pellias disse:

– Senhor Cavaleiro, agradeço-lhe por essas palavras de saudação. Também farei tudo o que estiver ao meu alcance nessa luta.

Em seguida cada cavaleiro saudou o outro com sua lança, indo cada um até o local combinado.

Àquela altura uma multidão enorme tinha descido até a parte mais baixa dos muros do castelo e da cidade para assistir ao embate de armas que estava para acontecer, era portanto difícil de imaginar uma ocasião tão ilustre para dois cavaleiros duelarem numa justa amistosa. Por isso cada cavaleiro se preparou de todas as maneiras, e aprontou sua lança com grande cuidado e atenção. Quando tudo estava pronto para o embate, um arauto, que tinha vindo do castelo até o campo, deu o sinal para o ataque. Naquele mesmo instante, cada cavaleiro esporeou seu cavalo e avançou contra o outro numa velocidade tão grande que o chão tremeu e sacudiu com o galope. Então se chocaram no meio do campo de batalha, enquanto um cavaleiro golpeava o outro no centro de seu escudo com uma violência terrível de se ver. E a lança de Sir Engamore se despedaçou em uns trinta pedaços, mas a lança de Sir Pellias permaneceu inteira, de modo que o Cavaleiro Verde foi lançado da sela com tanta violência que bateu no chão a uma lança de distância da garupa do cavalo.

Sir Pellias derruba Sir Engamore.

Pois bem, quando os que estavam nos muros viram como o Cavaleiro Verde tinha sido derrubado no embate, começaram a lamentar bem alto, pois não havia nenhum outro cavaleiro por ali como Sir Engamore. Sobretudo Lady Ettard lastimou muito, pois gostava imensamente de Sir Engamore e ao vê-lo derrubado tão violentamente no chão, achou que talvez tivesse sido morto.

Então três escudeiros correram até Sir Engamore, levantaram-no e desataram seu elmo para que ele pudesse respirar. Viram então que não estava morto, mas só desmaiado. Dali a pouco ele abriu os olhos, o que deixou Sir Pellias bastante contente pois teria ficado muito triste de ter abatido aquele cavaleiro. Pois bem, quando Sir Engamore voltou a si, pediu insistentemente para continuar o embate com Sir Pellias a pé num duelo de espadas. Mas Sir Pellias não quis aceitar.

– Não, Sir Engamore – disse ele –, não lutarei consigo de forma tão séria, pois não lhe tenho tanto despeito – o que fez com que Sir Engamore caísse aos prantos de pura vergonha e humilhação com sua completa derrota.

Então Sir Brandiles e Sir Mador de la Porte vieram e parabenizaram Sir Pellias pela maneira excelente como tinha se portado durante a luta, e ao mesmo tempo consolaram Sir Engamore e confortaram-no pelo infortúnio que lhe tinha acontecido. Mas Sir Engamore não achou quase consolo algum em suas palavras.

Enquanto estavam assim todos juntos, Lady Ettard veio do castelo trazendo consigo um séquito extraordinariamente vivaz e enfeitado de escudeiros e damas que veio atravessando o prado até onde Sir Pellias e os outros estavam.

Quando Sir Pellias viu a dama se aproximando, puxou sua adaga, cortou os cadarços do elmo, retirou-o da cabeça e avançou, com a cabeça exposta, para encontrá-la.

Mas ao se aproximar percebeu que era dez vezes mais linda do que o retrato pintado no painel de marfim que ele tinha visto, e naquele instante sentiu por ela uma forte afeição. Então ajoelhou-se diante dela e disse:

Sir Pellias cumprimenta Lady Ettard de um modo cortês.

– Senhora, peço-lhe encarecidamente perdão por ter desafiado sua fama, pois, embora eu o tenha feito pela minha Rainha, preferiria, se fosse outro o caso, ter sido seu campeão do que de qualquer outra dama que jamais vi.

Acontece que naquele momento Sir Pellias trazia no pescoço o colar de esmeraldas, opalinas e ouro que a Dama do Lago lhe tinha dado. Então, quando olhou para Sir Pellias, o encanto do colar fez com que Lady Ettard ficasse completamente atraída por ele. Ela assim sorriu para Sir Pellias muito alegre, deu-lhe a mão e ajudou-o a se levantar de onde tinha se ajoelhado. E falou:

– Cavaleiro, o senhor é muito famoso, pois imagino que não haja ninguém que, por menos que saiba de cavalaria, não tenha ouvido falar da fama de Sir Pellias, o Cavaleiro Gentil. Portanto, embora meu campeão Sir Engamore de Malverat tenha até agora derrotado todos os que aqui aparecem, não deve se sentir envergonhado de ter sido derrotado por um cavaleiro tão incrivelmente forte.

Então Sir Pellias ficou muito feliz com as palavras delicadas que Lady Ettard tinha lhe dito, e em seguida apresentou-a a Sir Brandiles e a Sir Mador de la Porte. Também com esses cavaleiros Lady Ettard falou com muita gentileza, movida pelo respeito extraordinário que sentia por Sir Pellias. Por isso insistiu com os cavaleiros para que viessem até o castelo para descansar e festejar, e os cavaleiros disseram que iriam naquele mesmo instante. Assim cada um voltou para sua tenda, onde se

Sir Pellias e seus companheiros vão até o castelo de Grantmesnle.

arrumou com vestimentas finas e ornamentos de ouro e prata, de tal modo que fariam nobres figuras em qualquer Corte. Então os três cavaleiros foram até o castelo de Grantmesnle, e quando lá chegaram todos ficaram impressionados com sua elegância.

Mas Sir Engamore, que a essa altura já tinha se recuperado do tombo, estava muito abatido, pois dizia para si mesmo: "Quem sou eu na presença desses nobres senhores?" E ficou à parte, cabisbaixo e oprimido.

Então Lady Ettard organizou um grandioso banquete, o que muito alegrou Sir Pellias, Sir Brandiles e Sir Mador de la Porte. À sua direita ela colocou Sir Pellias e à sua esquerda ela colocou Sir Engamore. Isso fez com que Sir Engamore ficasse ainda mais tristonho, pois até então ele tinha sempre se sentado à direita de Lady Ettard.

Pois bem, como Sir Pellias estava usando o colar maravilhoso que a Dama do Lago tinha lhe dado, Lady Ettard não conseguia tirar os olhos dele. E assim, depois de acabarem de comer e beber, quando saíram nos jardins para caminhar sob o sol, a dama buscava o tempo todo ter Sir Pellias ao seu lado. E quando chegou a hora de os cavaleiros visitantes irem embora do castelo, ela pediu que Sir Pellias ficasse ainda um pouco mais. Acontece que Sir Pellias fez isso com prazer, pois estava deveras encantado com a graça e a beleza de Lady Ettard.

Então, dali a pouco, Sir Brandiles e Sir Mador de la Porte voltaram para suas tendas, enquanto Sir Pellias ficou no castelo de Grantmesnle mais um pouco.

Pois bem, naquela noite Lady Ettard pediu que preparassem um jantar para ela e para Sir Pellias, e durante o jantar ela e Sir Pellias sentaram-se à mesa sozinhos, enquanto a donzela Parcenet fazia companhia à dama. Enquanto co-

Sir Pellias e Lady Ettard jantam juntos. miam, alguns jovens pajens e escudeiros tocavam harpas lindamente, e algumas donzelas que serviam a Corte da dama cantavam tão docemen-

te que enchiam o coração de quem ouvia. Sir Pellias estava tão encantado com a doçura da música e com a beleza de Lady Ettard que não sabia se estava na terra ou no Paraíso, de modo que, em meio a tanto deleite, disse a Lady Ettard:

— Senhora, gostaria de poder fazer-lhe algo que mostrasse o tamanho da estima e admiração que lhe tenho.

Pois bem, enquanto Sir Pellias estava sentado ao seu lado, Lady Ettard, que não conseguia tirar os olhos do maravilhoso colar de ouro, esmeraldas e opalinas que ele trazia no pescoço, teve um grande desejo de possuí-lo. Então ela disse para Sir Pellias:

— Cavaleiro, o senhor poderá realmente fazer-me um grande favor se quiser.

— Que favor posso fazer-lhe, Senhora? – disse Sir Pellias.

— Senhor – disse Lady Ettard –, pode me dar esse colar que traz pendurado no pescoço.

Nisso a expressão no rosto de Sir Pellias perdeu o viço, e ele disse:

— Senhora, isso não posso fazer, pois este colar me veio de uma forma tão extraordinária que dele não posso me separar.

Então Lady Ettard disse:

— Por que não pode se separar dele, Sir Pellias?

Então Sir Pellias contou-lhe toda a extraordinária aventura com a Dama do Lago, e como aquela fada tinha lhe dado o colar.

Lady Ettard ficou muito espantada com tudo aquilo e disse:

– Sir Pellias, essa é uma história realmente muito incrível. Mesmo assim, ainda que não me dê esse colar, pode me deixar usá-lo só um pouco. Estou tão encantada com a beleza dele que lhe imploro: deixe-me usá-lo nem que seja por um pouco de tempo apenas.

Sir Pellias não podia continuar recusando, então disse:

– Senhora, poderá usá-lo um pouco – e retirou o colar do pescoço, pendurando-o em torno do pescoço de Lady Ettard.

Sir Pellias deixa Lady Ettard usar o colar.

Assim, dali a pouco o poder da joia deixou Sir Pellias e passou para Lady Ettard, e Lady Ettard começou a ver Sir Pellias com olhos diferentes dos de antes. Então disse para si mesma: "Ah! O que será que me deu para que eu tivesse ficado tão encantada com esse cavaleiro que desonrou meu campeão, o qual me tratou com tanta lealdade? Afinal, não foi esse o cavaleiro que me desonrou terrivelmente? E não foi ele que veio até aqui com este único propósito? Não foi ele que derrotou meu próprio cavaleiro dedicado, para escarnecer de mim? O que será que me deu para que eu o tratasse do modo como o tratei?" No entanto, embora pensasse tudo isso, a Sir Pellias ela não demonstrava nada, mas parecia rir e conversar animadamente. Contudo começou de imediato a planejar um meio de se vingar de Sir Pellias, e dizia para si mesma: "Ora! Então não é ele meu inimigo? E não é que meu inimigo está agora em meu poder? Portanto, não devo então executar uma vingança total contra tudo o que ele nos causou a todos em Grantmesnle?"

Dali a pouco ela deu uma desculpa, deixou Sir Pellias e puxou Parcenet para um canto, dizendo à donzela:

– Vai e traze-me aqui imediatamente alguma poderosa poção do sono.

Então Parcenet disse:

– Senhora, o que pretende fazer?

E Lady Ettard disse:

– Não importa.

Lady Ettard inventa um plano contra Sir Pellias.

E Parcenet disse:

– Pretende dar uma poção do sono a esse nobre cavaleiro?

E a dama disse:

– Pretendo.

Então Parcenet disse:

– Senhora, seria com certeza uma maldade fazer isso com alguém que está sentado em paz à sua mesa comendo do seu sal.

Ao que Lady Ettard disse:

– Não te preocupes com isto, menina, mas vai imediatamente e faze o que te mandei.

Então Parcenet viu que não seria prudente desobedecer à dama. Portanto saiu depressa e fez o que lhe tinha sido mandado. Então trouxe até a dama a poção do sono num cálice de vinho puro, e Lady Ettard pegou o cálice e disse para Sir Pellias:

– Tome este cálice de vinho, Senhor Cavaleiro, e beba à minha saúde de acordo com a estima que me tem.

Enquanto isso, Parcenet tinha ficado atrás da cadeira de sua senhora, de modo que quando Sir Pellias apanhou o cálice ela franziu o cenho e sacudiu a cabeça para ele. Mas Sir Pellias não viu, pois estava deslumbrado com a beleza de Lady Ettard e sob o efeito do encanto do colar de esmeraldas, opalinas e ouro que ela estava usando. Então ele disse a ela:

– Senhora, ao seu pedido, eu beberia deste vinho mesmo que houvesse veneno neste cálice.

Lady Ettard desfez-se em risos diante disso, e falou:

– Senhor Cavaleiro, não há veneno nesse cálice.

Então Sir Pellias pegou o cálice e bebeu o vinho, e disse:

– Senhora, como é possível? O vinho está amargo.

Ao que Lady Ettard respondeu:

– Senhor, não pode ser.

Sir Pellias adormece. Dali a pouco Sir Pellias sentiu a cabeça tão pesada que parecia feita de chumbo, e deixou-a cair sobre a mesa onde estava. Enquanto isso, Lady Ettard o observava de um modo estranho, até que disse:

– Senhor Cavaleiro, está dormindo? – ao que Sir Pellias não respondeu, pois os eflúvios da poção do sono tinham lhe subido à cabeça e ele dormia.

Então Lady Ettard se levantou rindo, bateu palmas e chamou seus atendentes. E disse a eles:

– Levem embora esse cavaleiro e coloquem-no num dos aposentos do fundo do castelo. Uma vez lá, dispam-no de suas belas roupas e de seus ornamentos, de modo que fique somente com a roupa de baixo. Quando assim tiverem feito, deitem-no sobre um catre e levem-no para fora do castelo até aquele campo sob as muralhas onde derrotou Sir Engamore. Assim, quando amanhecer, ele será motivo de chacota e escárnio de todos que o virem. Com isso o humilharemos no mesmo campo onde derrotou Sir Engamore, e sua vergonha será ainda maior.

Pois bem, quando a donzela Parcenet ouviu aquilo ficou tão aflita que foi para um canto e começou a chorar por Sir Pellias. Mas os outros levaram Sir Pellias e fizeram com ele o que Lady Ettard tinha mandado.

Quando veio a manhã seguinte, Sir Pellias acordou com o sol batendo no rosto. Não tinha a menor ideia de onde estava pois ainda se sentia zonzo da poção do sono que tinha tomado. Então disse para si mesmo: "Será que estou sonhando, ou estou acordado? Pois embora a última coisa de que me lembre é de estar sentado à mesa jantando com Lady Ettard, estou agora num campo aberto sob o sol."

Nisso apoiou-se no cotovelo para levantar e – olhem só! – viu que estava perto das muralhas do castelo, próximo ao portão dos fundos. Mas sobre ele, debruçada nas muralhas, havia uma multidão de gente que, quando viu que ele tinha acordado, ria e zombava dele. E até Lady Ettard estava debruçada numa janela e ele pôde ver que ela também ria dele e se divertia. E – ora! – percebeu que estava ali coberto somente de sua roupa de baixo de linho e estava descalço como se estivesse pronto para ir dormir à noite. Então sentou-se no catre, dizendo para si mesmo: "Este com certeza é um sonho horrível que me aflige." Mas não conseguia recuperar-se de tamanho espanto.

Acontece que, enquanto estava ali sentado, o portão dos fundos se abriu de repente e a donzela Parcenet surgiu. Seu rosto estava todo molhado de lágrimas e ela trazia nas mãos um manto cor de fogo. Ela correu direto até Sir Pellias e disse:

A donzela Parcenet socorre Sir Pellias.

– Ó cavaleiro bom e gentil, tome e se embrulhe nisto.

Isso fez com que Sir Pellias percebesse que não se tratava de um sonho, mas de uma humilhação de verdade. Sentiu então uma vergonha tão profunda e sofrida que começou a tremer, seus dentes batendo como se estivesse febril. Então disse a Parcenet:

– Donzela, te agradeço – mas não conseguia achar mais palavras para dizer. Então tomou o manto e envolveu-se nele.

Pois bem, quando as pessoas sobre a muralha viram o que Parcenet tinha feito, vaiaram-na e xingaram-na com muitas palavras rudes. Com isso a donzela correu de volta para o castelo, mas Sir Pellias levantou-se e foi até a sua tenda enrolado no manto. Porém, enquanto caminhava, tropeçava e cambaleava como se estivesse bêbado, pois a vergonha lhe pesava de um modo quase insuportável.

Então quando Sir Pellias chegou à tenda, entrou nela, jogou-se de bruços sobre o leito e lá ficou sem dizer nada. Dali a pouco Sir Brandiles e Mador de la Porte ouviram sobre o que tinha acontecido com Sir Pellias, correram até onde estava e condoeram-se muito dele. Também ficaram terrivelmente zangados com a vergonha a que ele tinha sido submetido, de modo que disseram:

Sir Pellias fica arrasado de vergonha.

Parcenet cobre Sir Pellias com um manto.

– Buscaremos reforços em Camelot e invadiremos esse castelo, e faremos Lady Ettard vir até aqui para lhe pedir perdão por esta afronta. Isso faremos nem que tenhamos que trazê-la até aqui pelos cabelos.

Mas Sir Pellias não levantava a cabeça, só gemia e dizia:

– Deixem estar, senhores, pois sob nenhuma circunstância poderão fazer isso, já que ela é uma mulher. Sendo assim, eu até morreria defendendo a honra dela, pois não sei se fui enfeitiçado ou o que me atormenta, mas amo-a com uma paixão enorme e não consigo separar-me dela.

Isso deixou Sir Brandiles e Sir Mador de la Porte chocados. Então disseram um para o outro:

– Com certeza aquela dama lançou algum poderoso feitiço sobre ele.

Depois de algum tempo, Sir Pellias pediu que fossem embora e o deixassem, o que eles fizeram, embora sem boa vontade.

Sir Pellias ficou daquele jeito o resto do dia até a tarde. Então levantou-se e pediu a seu escudeiro que lhe trouxesse sua armadura. Pois quando Sir Brandiles e Sir Mador de la Porte souberam daquilo, foram até onde estava e disseram-lhe:

– Senhor, o que pretende fazer?

Ao que Sir Pellias respondeu:

– Buscarei ir até a presença de Lady Ettard.

Então eles disseram:

– Que loucura é essa?

– Não sei dizer – respondeu Sir Pellias –, mas me parece que, se eu não puder ver Lady Ettard e conversar com ela, morrerei da vontade louca de vê-la.

Eles então disseram:

– Isso com certeza é loucura.

Ao que ele respondeu:

– Não sei se é loucura ou se sou vítima de algum feitiço.

Então o escudeiro trouxe a armadura de Sir Pellias como ele tinha ordenado, e ajeitou-a em Sir Pellias armando-o da cabeça aos pés. Em seguida ele montou em seu cavalo e foi até o castelo de Grantmesnle.

Acontece que quando Lady Ettard viu Sir Pellias atravessando novamente o prado em frente ao castelo, chamou seis dos seus melhores cavaleiros e lhes disse:

– Vejam, senhores, lá vem aquele cavaleiro que tanto nos humilhou ontem. Pois bem, peço-lhes que vão até lá imediatamente e o punam da forma como merece.

Assim os seis cavaleiros foram, armaram-se e em seguida cavalgaram até onde estava Sir Pellias.

Acontece que, ao vê-los se aproximando, o coração de Sir Pellias se encheu de raiva e ele gritou bem alto e avançou contra eles. Por algum tempo eles conseguiram bloqueá-lo, mas ele estava decidido e lutou com uma fúria enorme até que eles se dispersaram e fugiram. Entretanto ele os perseguiu com incrível ira através do campo e derrubou quatro deles dos seus cavalos. Então, sobrando só dois cavaleiros, Sir Pellias de repente interrompeu a luta e gritou:

Sir Pellias derrota seis cavaleiros.

– Senhores, agora me rendo.

Isso deixou os dois cavaleiros completamente perplexos, pois tinham ficado apavorados com sua força e não entendiam por que ele

Sir Pellias deixa-se fazer prisioneiro.

cedia a eles. Mesmo assim vieram, agarraram-no e levaram-no até o castelo. Enquanto isso Sir Pellias dizia para si mesmo: "Agora eles me levarão até a presença de Lady Ettard e poderei falar com ela." Pois era por isso que ele tinha deixado que os dois cavaleiros o prendessem.

Mas não foi como Sir Pellias queria, pois quando chegaram perto do castelo, Lady Ettard gritou-lhes de uma janela na muralha, dizendo:

– O que estão fazendo com esse cavaleiro?

E eles disseram:

– Estamos levando-o até a senhora.

Mas ela gritou muito irritada:

– Não o tragam até aqui. Levem-no e amarrem suas mãos para trás, amarrem seus pés sob seu cavalo e mandem-no de volta aos seus companheiros.

Então Sir Pellias olhou para a janela e gritou com paixão e desespero:

– Dama, foi à senhora que me rendi, e não a esses cavaleiros indignos.

Mas Lady Ettard gritou ainda mais irritada:

– Levem-no daqui, pois odeio sua presença.

Lady Ettard humilha Sir Pellias. Então os dois cavaleiros fizeram como ela mandou: levaram Sir Pellias e amarram seus pés e mãos em seu cavalo e depois deixaram que o cavalo o levasse de volta naquele estado até seus companheiros.

Mas quando Sir Brandiles e Sir Mador de la Porte viram como Sir Pellias chegou com as mãos presas para trás e os pés atados sob o cavalo, encheram-se de tristeza e desespero. Logo desamarraram as cordas de suas mãos e pés e exclamaram:

– Senhor Cavaleiro, Senhor Cavaleiro, não sente vergonha de permitir uma infâmia dessas?

E Sir Pellias tremia da cabeça aos pés, como se estivesse febril, e gritava em desespero:

– Não me importo com o que acontece comigo!

Eles disseram:

– Não com o senhor, Cavaleiro, mas sim a vergonha que traz para o Rei Arthur e sua Távola Redonda!

Então Sir Pellias gritou bem alto, com uma voz assustadora e terrível:

– Também não me importo com eles.

Tudo isso aconteceu por causa do feitiço poderoso do colar de esmeraldas, opalinas e ouro que Sir Pellias tinha dado a Lady Ettard e que ela continuou usando, pois estava além do poder de qualquer homem resistir ao feitiço daquele colar. Foi assim que Sir Pellias foi enfeitiçado e levado a passar tanta vergonha.

Capítulo Quarto

Como a Rainha Guinevere brigou com Sir Gawaine e como
Sir Gawaine deixou a Corte do Rei Arthur por algum tempo

Pois bem, a Rainha Guinevere tinha Sir Pellias em tão alta conta quanto desgostava de Sir Gawaine. Embora Sir Gawaine tivesse a fama de ser bom com as palavras e de às vezes conseguir convencer os outros do que queria, ainda assim tinha um temperamento orgulhoso e era muito áspero e altivo. Portanto nem sempre tolerava que Lady Guinevere lhe desse ordens como fazia com outros cavaleiros da Corte. Além do mais, ela nunca esquecera como, naquela vez em Cameliard, Sir Gawaine a havia recusado quando ela pedira a ele e a seus companheiros que a ajudassem num momento de dificuldade, tampouco se esquecera das palavras descorteses que ele lhe dissera. Portanto não havia muita amizade entre essas duas almas orgulhosas, pois não havia forma de a Rainha Guinevere ou de Sir Gawaine mudar de ideia.

Pois bem, aconteceu uma vez que Sir Gawaine, Sir Griflet e Sir Constantine da Cornualha conversavam com cinco damas do séquito da Rainha sentados num jardim rodeado por cercas vivas sob a torre da Rainha Guinevere. Conversavam alegremente: às *Sir Gawaine e outros se sentam sob a janela da Rainha.* vezes falavam, divertindo-se com gracejos e fábulas, outras vezes um deles tomava um alaúde que tinha trazido e tocava e cantava.

Enquanto esses nobres e damas se divertiam assim conversando e cantando, a Rainha Guinevere estava sentada numa janela voltada para o jardim, não tão alta que não conseguisse escutar o que todos diziam. Entretanto, os nobres e as damas não sabiam que a Rainha podia ouvi-los, então conversavam e riam bem à vontade enquanto a Rainha se divertia muito com o que diziam e a música que tocavam.

Era um dia extraordinariamente ameno e, como já avançava a tarde, tanto os nobres quanto as damas estavam vestidos com roupas bem festivas. De todos os que lá estavam, Sir Gawaine era o que usava as roupas mais festivas, trajando seda azul-celeste bordada com fios prateados. E Sir Gawaine tocava o alaúde e cantava uma canção com uma voz tão encantadora que a Rainha Guinevere, sentada perto da janela aberta, sentiu imenso prazer em ouvi-lo.

Pois bem, havia um galgo do qual a Rainha Guinevere gostava tanto que ao redor do pescoço dele pusera uma coleira de ouro incrustada de pedras preciosas.

Sir Gawaine dá um soco no cão da Rainha. Bem naquele instante o cão entrou correndo no jardim com as patas sujas de lama e, ouvindo Sir Gawaine que cantava e tocava o alaúde, correu e jogou-se sobre ele. Sir Gawaine, irritando-se muito, cerrou o punho e deu um soco na cabeça do cão, que saiu ganindo bem alto.

Só que, ao presenciar aquele soco, a Rainha Guinevere ofendeu-se muito, e gritou da janela:

– Por que bate no meu cão, Meu Senhor? – o que fez com que os nobres e as damas que estavam lá embaixo, no jardim, ficassem muito surpresos e envergonhados de perceber que a Rainha estava tão próxima a ponto de ouvir e ver tudo o que diziam e faziam.

Mas Sir Gawaine respondeu muito atrevido, dizendo:

– Seu cão me ofendeu, Senhora, e eu não perdoo quem me ofende.

A Rainha Guinevere ficou muito zangada com Sir Gawaine, então disse:

– Fala de um modo atrevido demais, Meu Senhor.

E Sir Gawaine disse:

– Não é atrevido demais, Senhora, apenas o suficiente para defender meus direitos.

Da briga entre a Rainha e Sir Gawaine. Quando ouviu isso, o rosto da Rainha Guinevere ficou vermelho como fogo e seus olhos faiscavam. Então disse:

– Com certeza o senhor esquece com quem está falando, Senhor Cavaleiro – o que fez Sir Gawaine sorrir amargamente e dizer:

– E a senhora esquece que sou filho de um rei tão poderoso que não precisa da ajuda de outro rei para garantir seus direitos.

Ao ouvir essas palavras todos ali ficaram mudos como se tivessem virado pedra, pois eram palavras ousadas e altivas demais. Assim todos fitaram o chão, pois não tinham coragem de olhar nem para a Rainha Guinevere nem para Sir Gawaine. Também Lady Guinevere ficou em silêncio por bastante tempo, tentando se recuperar da afronta, e quando falou era como se estivesse meio engasgada de raiva. E ela disse:

– Senhor Cavaleiro, é orgulhoso e arrogante demais, pois nunca ouvi ninguém que ousasse responder à sua Rainha do modo como o senhor falou comigo. Mas aqui é a minha Corte, e eu mando nela como quiser. Portanto, ordeno-lhe agora que vá embora e não apareça mais por aqui, nem no salão nem em qualquer lugar onde eu estiver com meu séquito, pois me ofende. Portanto, em nenhum desses lugares poderá aparecer até que me peça perdão pela ofensa que me causou.

Então Sir Gawaine levantou-se, fez uma profunda reverência à Rainha Guinevere e disse:

– Senhora, eu vou. Não voltarei aqui até que a senhora deseje me dizer que lamenta o modo descortês como falou comigo na frente de meus pares não só agora mesmo, mas também outras vezes.

E assim dizendo, Sir Gawaine partiu sem olhar para trás. E a Rainha Guinevere entrou em seus aposentos e chorou de raiva e vergonha em segredo, pois estava realmente muito triste com o que havia acontecido. No entanto, era tão orgulhosa que jamais teria retirado as palavras que disse, mesmo que pudesse.

Pois bem, quando a notícia daquela briga se espalhou pelo castelo, chegou aos ouvidos de Sir Ewaine, que foi imediatamente até Sir Gawaine e perguntou-lhe o que tinha havido. Sir Gawaine, que parecia arrasado e em grande desespero, contou-lhe tudo. Então Sir Ewaine disse:

– Com certeza erraste ao falar com a Rainha daquele jeito. Mesmo assim, se fores banido desta Corte, vou contigo, pois és meu primo e companheiro, e meu coração é preso ao teu.

Então Sir Ewaine foi até o Rei Arthur e disse:

– Senhor, meu primo, Sir Gawaine, foi banido desta Corte pela Rainha. E embora eu não possa dizer que ele não mereceu o castigo, gostaria de lhe pedir permissão para ir com ele.

Isso deixou o Rei Arthur muito triste, mas ele manteve o rosto impassível e disse:

– Meu Senhor, não o impedirei de ir aonde quiser. Quanto ao seu primo, devo dizer que, pela ofensa que causou à Rainha, ela não poderia ter agido de outro modo.

Então tanto Sir Ewaine quanto Sir Gawaine foram até seus aposentos e ordenaram que seus escudeiros os armassem. Em seguida eles e seus escudeiros partiram de Camelot, dirigindo-se para o bosque.

Sir Gawaine e Sir Ewaine deixam a Corte.

Os dois cavaleiros e seus escudeiros viajaram por todo o dia até o crepúsculo do ocaso, quando os pássaros cantavam suas últimas canções antes de fecharem os olhos para dormir. Ao perceber como a tarde avançava rápido, os cavaleiros temeram não encontrar um pouso adequado caso a noite caísse logo, então confabularam longamente sobre o assunto. Mas ao chegarem ao topo de um morro avistaram um vale lá embaixo que era muito belo e arado, onde havia muitas casas e fazendas. No meio do vale erguia-se uma abadia grande e bonita. Então Sir Gawaine disse para Sir Ewaine:

– Se aquela for uma abadia de monges, creio que lá poderemos conseguir excelente pouso para a noite.

Chegam a uma abadia de monges. Então cavalgaram até o vale e até a abadia, e deram com um guarda-portão na cancela, de quem souberam que se tratava de fato de uma abadia de monges. Isso os deixou muito alegres e satisfeitos.

Mas quando o abade soube quem eram – de que classe e condição – ficou tão encantado em recebê-los que os conduziu até a parte da abadia onde ele próprio residia. Lá deu-lhes boas-vindas e serviu-lhes um belo jantar, o que muito os alegrou. Como o abade tinha um espírito alegre e gostava muito de conversar com forasteiros, perguntou detalhes sobre o motivo que havia levado os dois cavaleiros a viajarem. No entanto, eles nada lhe contaram sobre a disputa na Corte, somente disseram que saíam em busca de aventuras. Quando ouviu isso, o abade disse:

– Ah, meus senhores, se procuram aventuras, encontrarão uma não muito longe daqui.

Então Sir Gawaine disse:

– Que aventura é essa?

E o abade respondeu:

O abade conta aos cavaleiros sobre uma boa aventura. – Contarei: se viajarem para leste daqui acabarão chegando a um local onde encontrarão um bonito castelo de pedra cinzenta. Em frente ao castelo há um prado largo e plano e no meio do prado, um plátano, e no plátano um escudo que algumas damas atacam de um jeito muito incomum. Se impedirem que essas damas golpeiem o escudo, descobrirão uma ótima aventura.

Então Sir Gawaine disse:

– Isso é muito estranho. Pois bem, amanhã de manhã vamos até lá e tentaremos descobrir que tipo de aventura é essa.

E o abade disse:

– Façam isto – e riu muito.

Assim, quando veio a manhã seguinte, Sir Gawaine e Sir Ewaine despediram-se do abade e partiram dali, cavalgando para o leste como o abade tinha orientado. Depois de mais duas ou três horas seguindo nessa direção deram com a entrada de uma floresta verde e densa, muito encantadora no calor de uma manhã de verão. E – ora! – no final do bosque havia um castelo fortificado e belo, feito de pedra cinzenta, com janelas envidraçadas que reluziam refletindo o céu.

Então Sir Gawaine e Sir Ewaine viram que era tudo exatamente como o abade tinha dito: em frente ao castelo havia um prado liso com um plátano bem no meio. E quando se aproximaram notaram que um escudo negro estava pendurado nos galhos da árvore e logo viram que trazia o emblema de três falcões brancos. Mas o mais extraordinário era que, em frente ao escudo, estavam sete jovens donzelas de rosto incrivelmente belo, e as sete atacavam o escudo sem parar. Algumas o golpeavam o tempo todo com uma vara limpa de salgueiro enquanto outras lhe atiravam pilhas de lama, de modo que o escudo estava totalmente deformado. Acontece que, ao lado do escudo, havia um cavaleiro com um aspecto muito nobre numa armadura toda negra e sentado num corcel negro. Dava para ver que o escudo pertencia a ele, pois ele não possuía outro. Todavia, embora aquele provavelmente fosse o seu escudo, o cavaleiro não oferecia qualquer resistência, fosse em palavras ou atos, que interrompesse a afronta das donzelas.

Sir Gawaine e Sir Ewaine observam as damas atacando o escudo.

Então Sir Gawaine disse para Sir Ewaine:

– Vejo ali algo muito estranho. Acho que um de nós deveria ir até aquele cavaleiro.

E Sir Gawaine disse:

– Talvez.

Então Sir Ewaine disse:

– Se assim for, então me ofereço para lançar-me nesta aventura.

– Isso não – disse Sir Gawaine –, pois sou eu que irei lançar-me nela, já que sou o mais velho de nós dois e o cavaleiro mais experiente.

Então Sir Ewaine disse:

– Muito bem. Que assim seja, pois és um cavaleiro muito mais forte do que eu e seria uma pena que um de nós falhasse nesta empreitada.

Com isto Sir Gawaine disse:

– Pois que seja, irei me lançar nessa aventura.

Em seguida esporeou seu cavalo e foi direto até onde as donzelas estavam agredindo o escudo negro. Preparou a lança e gritou bem alto:

– Saiam daí! Saiam daí!

Quando as donzelas viram aquele cavaleiro armado que avançava para elas, fugiram gritando.

Então o Cavaleiro Negro, que estava sentado não muito longe dali, avançou em seu cavalo de um modo muito majestoso até Sir Gawaine e disse:

– Senhor Cavaleiro, por que se meteu com aquelas damas?

Ao que Sir Gawaine respondeu:

– Porque insultavam o que me parecia um escudo nobre e respeitável.

Então o Cavaleiro Negro retrucou de um modo muito arrogante, dizendo:

– Senhor Cavaleiro, aquele escudo pertence a mim e garanto-lhe que sou perfeitamente capaz de cuidar dele sem a interferência de quem quer que seja.

Ao que Sir Gawaine disse:

– Não é o que parece, Senhor Cavaleiro.

Então o Cavaleiro Negro disse:

– Meu Senhor, se acha que pode cuidar daquele escudo melhor do que eu deveria provar suas palavras com o próprio corpo.

A isso Sir Gawaine disse:

– Farei o melhor que puder para lhe mostrar que sou mais capaz de defender aquele escudo do que o senhor de possuí-lo.

Ao ouvir isso, o Cavaleiro Negro, sem mais, cavalgou até o plátano e retirou dele o escudo que lá estava pendurado. E pôs o escudo no braço, empunhou a lança e se preparou para se defender. Assim também Sir Gawaine se preparou, e então cada cavaleiro se posicionou no campo da forma que lhe pareceu adequada.

Sir Gawaine e o Cavaleiro Negro travam uma luta.

Pois bem, quando as pessoas do castelo perceberam que um duelo armado estava para acontecer, aglomeraram-se em multidão sobre as muralhas, tanto que devia haver cerca de quarenta damas e escudeiros e gente de variadas classes assistindo ao campo de batalha.

Quando os cavaleiros estavam prontos, Sir Ewaine deu o sinal para o ataque e cada cavaleiro deu um grito, enfiou as esporas em seu alazão e avançou para a luta com um estrondo tão alto como o de um trovão.

Pois bem, Sir Gawaine achou que poderia vencer seu adversário com facilidade no ataque e que poderia derrubá-lo da sela sem muito esforço, pois não havia quase nenhum cavaleiro naquele reino que se equiparasse a Sir Gawaine em destreza. Na verdade ele nunca tinha sido derrubado do cavalo numa luta a não ser pelo Rei Arthur. Então, quando ambos avançaram para o ataque, um contra o outro, Sir Gawaine tinha como certo que derrubaria seu adversário. Mas não foi o que aconteceu, pois naquele ataque a lança de Sir Gawaine arrebentou em muitos pedaços, mas a lança do Cavaleiro Negro ficou inteira, o que fez com que Sir Gawaine caísse da sela com grande força, batendo no chão com um barulho horrível. A queda deixou-o tão perplexo que lhe parecia que, em vez de ter caído da sela, era como se o chão tivesse subido e batido nele. Portanto ele ficou algum tempo deitado muito atordoado pelo golpe e pela surpresa.

O Cavaleiro Negro derruba Sir Gawaine.

Mas quando ouviu os gritos das pessoas nas muralhas do castelo, imediatamente se levantou do chão e ficou tão cheio de raiva e vergonha que parecia enlouquecido. Então desembainhou a espada e avançou furioso na direção do inimigo, com a intenção de derrubá-lo só com a força. Nisso o outro cavaleiro, ao ver que ele avançava para cima de si, logo desceu da própria sela, puxou a espada e se posicionou tanto para o ataque quanto para a defesa. Então se bateram juntos, daqui e dali, e golpeavam com tamanha fúria que os golpes que davam eram terríveis de assistir. Mas quando Sir Ewaine percebeu como era feroz aquele ataque, esporeou seu cavalo e, colocando-o entre os dois adversários, gritou bem alto:

– Senhores Cavaleiros! Senhores Cavaleiros! O que é isso? Não há motivo para uma batalha tão extremada.

Mas Sir Gawaine gritou com muita raiva:

– Deixa ser! Deixa ser e não estejas na frente, pois esta briga não é da tua conta!

E o Cavaleiro Negro disse:

– A cavalo ou a pé, estou pronto para encarar esse cavaleiro a qualquer momento.

Mas Sir Ewaine disse:

– De jeito nenhum. Não lutarão mais. Que vergonha, Gawaine! Que vergonha envolver-te numa briga tão violenta com um cavaleiro que te encontrou de uma forma amigável e lutou contigo de forma justa!

Então Sir Gawaine se deu conta de que Sir Ewaine tinha razão, por isso baixou a espada em silêncio embora quisesse chorar de raiva pela vergonha de ter sido derrubado. E o Cavaleiro Negro também baixou a espada e os dois fizeram as pazes.

Então o Cavaleiro Negro disse:

– Fico feliz que esta briga tenha terminado, pois percebo, senhores, que são com certeza cavaleiros de origem nobre e gentil. Por isso desejo que de agora em diante sejamos amigos e companheiros ao invés de inimigos. Portanto peço-lhes que venham comigo até aqui perto onde estou hospedado para que possamos descansar e comer juntos na minha tenda.

Ao ouvir isso Sir Ewaine disse:

– Agradeço-lhe muito a cortesia, Senhor Cavaleiro. Seguiremos consigo com todo prazer.

E Sir Gawaine disse:

– Estou de acordo.

E assim os três cavaleiros saíram do campo de batalha.

Quando alcançaram as cercanias da floresta, Sir Gawaine e Sir Ewaine avistaram sob uma árvore uma tenda de seda verde muito elegante. E em volta da tenda havia muitos atendentes de variados tipos, todos vestidos de verde e branco. Então Sir Gawaine perce-

Sir Gawaine e Sir Ewaine chegam na tenda do Cavaleiro Negro.

beu que o cavaleiro que o tinha derrubado era com certeza alguém de muito alta estirpe, o que o fez sentir-se muito reconfortado. Em seguida vieram os escudeiros dos três cavaleiros e cada um retirou o elmo do seu cavaleiro para deixá-lo mais à vontade. Quando isso foi feito, Sir Gawaine e Sir Ewaine perceberam que o Cavaleiro Negro era muito bem-apessoado, seu rosto era corado e seu cabelo vermelho como cobre. Então Sir Ewaine disse ao cavaleiro:

– Caro Cavaleiro Desconhecido, esse cavaleiro aqui, meu companheiro, é Sir Gawaine, filho do Rei Urien de Gore, e eu sou Sir Ewaine, o filho do Rei Lot de Orkney. Agora, peço-lhe que se apresente a nós da mesma maneira.

– Ah – disse o outro –, alegro-me de saber que são cavaleiros tão famosos e importantes, pois também possuo sangue real. Sou Sir Marhaus, filho do Rei da Irlanda.

Então, Sir Gawaine ficou muito feliz de descobrir a classe tão elevada daquele cavaleiro que o tinha derrubado, e disse a Sir Marhaus:

– Meu Senhor, juro que é um dos mais indômitos cavaleiros em todo o mundo, pois o que me fez hoje somente um outro cavaleiro jamais havia feito, e trata-se do Rei Arthur, meu tio e senhor. Pois bem, o senhor agora precisa vir até a Corte do Rei Arthur, pois ele ficará imensamente feliz de vê-lo e talvez o faça um Cavaleiro da Távola Redonda, não pode haver maior honra neste mundo.

Falou aquilo sem pensar, e logo se lembrou. Então bateu na testa e exclamou:

– Haha! Haha! Quem sou eu para convidá-lo a vir até a Corte do Rei Arthur, pois se não foi ontem mesmo que fui desgraçado e banido de lá?

Então Sir Marhaus ficou com muita pena de Sir Gawaine, e perguntou qual tinha sido o problema, então Sir Ewaine contou a Sir Marhaus sobre a briga. Isso fez com que Sir Marhaus sentisse ainda mais pena de Sir Gawaine, então disse:

– Meus Senhores, como gostei imensamente dos dois, gostaria muito de acompanhá-los nas aventuras que encontrarão, pois não preciso mais ficar aqui. Devem saber que fui obrigado a defender aquelas damas que atacavam meu escudo até que eu tivesse vencido sete cavaleiros em nome delas. Então devo dizer-lhes que Sir Gawaine foi o sétimo cavaleiro que derrubei. Portanto, já que o derrubei, estou agora livre de minhas obrigações e posso ir com os senhores.

Então Sir Gawaine e Sir Ewaine ficaram perplexos de que um cavaleiro pudesse ficar preso a uma obrigação tão estranha quanto aquela – defender as que atacavam seu escudo – e pediram a Sir Marhaus que explicasse por que tinha sido obrigado a cumprir tal promessa. Então Sir Marhaus disse:

– Vou lhes contar. Aconteceu o seguinte: algum tempo atrás eu viajava por aqui com um falcão preso no pulso. Naquela ocasião eu vinha vestido com roupas de passeio bem leves: usava uma túnica de seda verde e uma meia verde e outra branca. Não trazia arma de defesa, somente um pequeno escudo e um espadim. Pois bem, chegando a um rio de água muito funda e caudalosa, avistei uma ponte de pedra que o atravessava, mas que era tão estreita que somente um cavaleiro poderia atravessar de cada vez. Então comecei a cruzar a ponte e estava já na metade dela quando avistei um cavaleiro armado que vinha no sentido oposto. E atrás desse cavaleiro, sentada na garupa, vinha uma dama muito bela, de cabelos louros e um jeito altivo. Pois bem, quando o cavaleiro me viu na ponte, gritou: "Para trás! Para trás! Deixe-me passar!" Só que isso eu não fiz, mas disse: "De jeito nenhum, Senhor Cavaleiro, pois já estou atravessando esta ponte, então é claro que tenho o direito de chegar até o final e é o senhor que deve aguardar e me deixar passar." Mas o cavaleiro não aceitou e imediatamente pôs-se na ofensiva e avançou contra mim sobre a ponte com a intenção ou de me matar ou de me forçar de volta para a outra ponta. Isso ele não conseguiu fazer, pois defendi-me muito bem com minhas armas leves. Então joguei meu cavalo contra o dele até lançá-lo para trás fazendo com que caísse da ponte, de modo que o cavalo, o cavaleiro e a dama todos caíram na água com enorme estrondo.

Sir Marhaus conta sua história.

"A dama começou a gritar muito e tanto ela quanto o cavaleiro quase se afogaram na água, já que ele, com a armadura, não conseguia se manter na corrente. Vendo o aperto em que se encontravam, saltei do cavalo e mergulhei na água com bastante esforço e risco, até que consegui arrastá-los para a margem.

"Mas a dama ficara furiosa comigo, pois a água tinha molhado e estragado suas belas roupas, de modo que ela começou a ralhar comigo com muita raiva. Então ajoelhei-me à sua frente e pedi-lhe com toda a humildade que me perdoasse, mas ela continuou a ralhar. Então ofereci pagar a prenda que ela escolhesse. Aquilo pareceu acalmá-la muito, pois disse: 'Está bem, escolherei uma prenda.' E quando o cavaleiro tinha se recuperado, ela disse: 'Venha conosco', e assim montei em meu cavalo e os segui. Então, tendo viajado uma distância considerável, chegamos aqui e ela me deu a seguinte ordem: 'Senhor Cavaleiro', ela disse, 'este castelo pertence a mim e a este cavaleiro que é meu esposo. Pois bem, será esta a prenda pela ofensa que me causou: deverá tomar este escudo e pendurá-lo naquele plátano ali. Todo dia enviarei do castelo algumas de minhas damas, que irão agredir o escudo. E o senhor não só deverá aguentar todas as agressões que fizerem como deverá defendê-las de qualquer um que vier, até que derrote sete cavaleiros.'

"Assim fiz até esta manhã, quando o senhor, Sir Gawaine, aqui chegou. O senhor é o sétimo cavaleiro contra quem lutei, e como o derrotei, minha penitência terminou e agora estou livre."

Então Sir Gawaine e Sir Ewaine se alegraram muito com Sir Marhaus que sua penitência havia terminado e ficaram assim todos muito satisfeitos. Portanto Sir Gawaine e Sir Ewaine passaram aquela noite na tenda de Sir Marhaus e na manhã seguinte, tendo levantado e se lavado no riacho da floresta, partiram do local onde estavam.

Em seguida entraram na floresta e mais uma vez percorreram algumas trilhas sem saber aonde iam. E viajaram toda a manhã, até que veio a tarde.

Pois bem, no meio do caminho Sir Marhaus disse, de repente:

– Senhores, por acaso sabem onde viemos parar?

Os três cavaleiros entram na Floresta da Aventura.

– Não – eles disseram –, não sabemos.

Então Sir Marhaus disse:

– Esta parte da floresta é chamada Arroy e também é conhecida como Floresta da Aventura, pois é bem sabido que quando um cavaleiro, ou um grupo de cavaleiros, entra aqui, com certeza encontra algum tipo de aventura, que traz glória para alguns e derrota para outros.

E Sir Ewaine disse:

– Fico feliz que tenhamos vindo. Agora sigamos pela floresta.

Assim, os três cavaleiros e seus escudeiros seguiram adiante naquele bosque onde o silêncio era tão profundo que só se ouvia o passo dos cavalos no chão. Não havia um só canto de passarinho e uma só voz de gente, e quase nenhuma luz penetrava na escuridão da floresta. Portanto os cavaleiros disseram uns para os outros:

– Este é um lugar realmente estranho e talvez encantado.

Eles avistam um cervo branco na floresta.

Acontece que, ao chegarem bem no meio daqueles bosques escuros, perceberam de repente, numa trilha à sua frente, um cervo branco como leite. E ao redor do seu pescoço havia uma coleira de puro ouro. E o cervo ficou parado, olhando para eles, mas quando se aproximaram, virou-se e correu por uma trilha muito estreita. Então Sir Gawaine disse:

– Vamos seguir aquele cervo e ver aonde vai.

E os outros disseram:

– Estamos de acordo.

Então seguiram pela trilha estreita até que de repente chegaram aonde havia um pequeno gramado aberto todo iluminado de sol. No meio do gramado havia uma fonte d'água e o cervo tinha sumido, mas – ora! – ao lado da fonte

A Dama do Lago numa fonte da Floresta da Aventura.

estava sentada uma dama lindíssima, toda vestida de verde. E a dama penteava os cabelos com um pente dourado, e seus cabelos eram como as asas do melro de tão pretos. E nos braços ela usava maravilhosos braceletes de ouro trabalhado incrustado de esmeraldas e opalinas. Além disso, o rosto da dama era branco como marfim, e seus olhos brilhantes como joias incrustadas em marfim. Pois bem, quando a dama viu os cavaleiros, levantou-se e deixou de lado seu pente dourado, amarrou os cachos de seus cabelos com fitas de seda escarlate e, em seguida, foi até eles e os cumprimentou.

Eles encontram uma linda dama na floresta.

Então os três cavaleiros imediatamente apearam dos seus cavalos e Sir Gawaine disse:

— Senhora, creio que não pode ser mortal, mas sim uma fada.

Ao que a dama respondeu:

— Tem razão, Sir Gawaine.

E Sir Gawaine ficou surpreso que ela soubesse seu nome. Então disse para ela:

– Quem é a senhora?

E ela respondeu:

– Meu nome é Nymue e sou a líder das Damas do Lago de quem deve ter ouvido falar. Fui eu que dei ao Rei Arthur sua espada Excalibur, pois sou muito amiga do Rei Arthur e de todos os nobres Cavaleiros da sua Corte. Portanto conheço-os todos. E sei que o senhor, Sir Marhaus, se tornará um dos mais famosos cavaleiros da Távola Redonda.

E todos ficaram perplexos com o que a dama dizia.

Então ela disse:

– Peço-lhes, digam-me, o que procuram por aqui?

E eles disseram:

– Procuramos aventuras.

– Bem – ela disse –, eu os levarei até onde haverá aventura, mas essa será para Sir Gawaine.

E Sir Gawaine disse:

– Essa é uma ótima notícia.

Então a Dama disse:

– Leve-me em sua garupa, Sir Gawaine, e o apresentarei a essa aventura.

Então Sir Gawaine colocou a dama na garupa, e – ora! – ela tinha um perfume que ele nunca tinha sentido antes, pois era um aroma tão suave que parecia a Sir Gawaine como se fosse a floresta que estivesse exalando o perfume que a Dama do Lago trazia consigo.

Assim a Dama do Lago conduziu-os por muitos caminhos tortuosos para fora daquela parte da floresta e guiou-os por muitas estradas e trilhas até que saíram num campo aberto muito viçoso e belo. E ela os levou até o topo de um morro bem alto, e de lá podiam avistar uma planície muito lisa e verde como se fosse uma mesa posta à sua frente. E viram que no meio da planície havia um belo castelo de pedra vermelha e tijolos. Viram que havia uma pequena cidade também toda de tijolos vermelhos.

Pois bem, enquanto descansavam os cavalos no alto do morro viram de repente um cavaleiro todo vestido de armadura vermelha saindo de um pequeno bosque. E viram que ele desfilava a cavalo através de um prado que ficava em frente ao castelo e viram que desafiava os que estavam dentro do castelo. Então viram que a ponte levadiça do castelo de repente se abriu e de lá saíram dez

Os três cavaleiros assistem a uma luta muito singular. cavaleiros todos armados. E viram os dez cavaleiros atacando o cavaleiro da armadura vermelha, e viram o cavaleiro atacando os outros dez. E viram que, durante algum tempo, os dez resistiram

264

ao cavaleiro, mas ele os atacava tão ferozmente que logo conseguiu derrubar quatro. Então viram que os outros se dispersaram e fugiram e que o Cavaleiro Vermelho os perseguiu pelo prado com enorme fúria. E viram que ele derrubou um da sela e outro e mais outro até que só dois tinham sobrado.

Então Sir Gawaine disse:

– Isso é realmente algo incrível de se ver.

Mas a Dama do Lago disse:

– Espere um pouco.

Então esperaram e viram que, depois de derrubar todos os seus inimigos menos os últimos dois, e quando os dois corriam grande perigo de vida já ao alcance das suas mãos, o Cavaleiro Vermelho de repente colocou a espada de volta na bainha e se rendeu. E viram como os dois cavaleiros levaram o Cavaleiro Vermelho até o castelo e, quando estavam chegando lá, uma dama numa janela da muralha dirigiu-se para o Cavaleiro Vermelho com palavras violentas. E viram que os dois cavaleiros levaram o Cavaleiro Vermelho, amarraram suas mãos para trás e seus pés sob o cavalo, e mandaram-no embora dali.

Tudo isso viram do alto do morro, e a Dama do Lago disse a Sir Gawaine:

– Ali encontrarás tua aventura, Sir Gawaine.

E Sir Gawaine disse:

– Irei até lá.

E a Dama do Lago disse:

– Faça isso.

E então – ora! – ela desapareceu no ar e eles ficaram inteiramente perplexos.

Capítulo Quinto

Como Sir Gawaine encontrou Sir Pellias e como prometeu ajudá-lo com Lady Ettard

Pois bem, depois que a dama mágica desapareceu no ar daquele jeito, os três cavaleiros ficaram por algum tempo ali, completamente atônitos, pois não sabiam como acreditar no que seus olhos haviam visto. Então, dali a pouco, Sir Gawaine falou, e disse:

– O que nos aconteceu foi realmente muito incrível, pois em toda a minha vida nunca tinha visto um milagre desses. Agora, está claro que deve haver alguma grande aventura naquilo que vimos, portanto vamos até aquele vale, pois lá certamente descobriremos o que significa isso que acabamos de assistir. De fato juro que jamais vi um cavaleiro tão valente como aquele que vimos lutando, então não consigo entender de jeito nenhum por que, quando estava prestes a vencer seus inimigos, rendeu-se como fez.

E Sir Ewaine e Sir Marhaus concordaram que seria bom descer e descobrir o significado daquilo que tinham visto acontecer.

Então os três e seus atendentes cavalgaram até o vale.

Ao alcançarem um pequeno bosque viram três belas tendas que lá estavam: uma de tecido branco, a segunda de tecido verde e a terceira de tecido escarlate.

Pois bem, quando os três cavaleiros se aproximaram das tendas, dois outros cavaleiros vieram na sua direção. E quando Sir Gawaine e Sir Ewaine viram seus escudos, imediatamente reconheceram Sir Brandiles e Sir Mador de la Porte. E da mesma forma Sir Brandiles e Sir Mador de la Porte reconheceram Sir Gawaine e Sir Ewaine, de modo que uns ficaram muito surpresos de encontrar os outros naquele lugar desconhecido. Assim, quando se encontraram saudaram-se muito calorosamente, com apertos de mão cheios de afeto e companheirismo.

Os três cavaleiros encontram os outros dois.

Então Sir Gawaine apresentou Sir Marhaus a Sir Brandiles e Sir Mador de la Porte e os cinco cavaleiros seguiram juntos até as três tendas, enquanto conversavam animadamente e com grande amizade. Quando entraram na tenda de Sir Brandiles, encontraram uma refeição de pão branco e vinho delicioso.

Então, depois de algum tempo, Sir Gawaine disse para Sir Brandiles e Sir Mador de la Porte:

– Meus senhores, assistimos há pouco a algo muito estranho: enquanto estávamos no topo daquele monte ali olhando para esta planície, vimos um único cavaleiro, todo vestido com armadura vermelha, que lutou contra dez outros. E esse único cavaleiro da armadura vermelha lutou contra os outros com uma fúria que os espantou a todos, embora eles fossem muitos e ele somente um. Realmente, juro que nunca vi um cavaleiro mostrar tanta habilidade em armas como ele. Todavia, depois de ter vencido todos menos dois, e quase conseguindo uma vitória completa, ele de repente se rendeu aos dois cavaleiros e deixou que o levassem, amarrassem e expulsassem indignamente do campo. Agora, por favor, digam-me o que significa isso a que assistimos, e quem era aquele cavaleiro que lutava tão bem e que mesmo assim se rendeu de forma tão vergonhosa.

A isso Sir Brandiles e Sir Mador de la Porte não responderam, só desviaram os olhos, pois não sabiam o que dizer. Mas, quando viu como estavam constrangidos, Sir Gawaine começou a suspeitar o que aquilo significava. Então disse:

– O que é isso? Por que não me respondem? Exijo que me digam o que significam esses olhares e quem é aquele cavaleiro vermelho!

Então, depois de algum tempo, Sir Mador de la Porte disse:

– Não lhe direi, mas pode vir e ver por si mesmo.

Então Sir Gawaine começou a pensar que talvez houvesse algo naquilo que tivesse que ser mantido em segredo, e que provavelmente seria melhor que ele investigasse sozinho. Então disse aos outros cavaleiros:

– Por favor, esperem aqui um pouco, senhores, que vou com Sir Mador de la Porte.

Então Sir Gawaine foi com Sir Mador de la Porte, e Sir Mador levou-o até a tenda branca. E quando lá chegaram, Sir Mador abriu a cortina da tenda e disse:

– Entre! – e Sir Gawaine entrou.

Pois bem, quando entrou na tenda, percebeu que havia um homem sentado num leito de juncos coberto com um pano azul, e dali a pouco percebeu que ele era Sir Pellias. Mas Sir Pellias não o viu de imediato, permanecendo sentado com a cabeça baixa, como se estivesse tomado de grande desespero.

Sir Mador de la Porte leva Sir Gawaine até Sir Pellias.

No entanto, quando Sir Gawaine viu quem estava sentado no leito, ficou muito surpreso e exclamou:

– Ah! É o senhor, Sir Pellias? É o senhor?

Quando Sir Pellias escutou a voz de Sir Gawaine e percebeu quem estava lhe falando, soltou um grito incrivelmente doído, levantou de onde estava e correu para o mais longe que podia, até a outra ponta da tenda, virando o rosto contra o tecido.

Então, depois de algum tempo, Sir Gawaine falou com Sir Pellias muito sério, dizendo:

– Senhor, estou pasmo e envergonhado demais de ver que um Cavaleiro da Corte Real do Rei Arthur e da sua Távola Redonda se comporte de forma tão desonrosa como o vi se comportando hoje. Dificilmente se poderia crer que um cavaleiro da sua fama e nobreza pudesse se sujeitar a ser preso e amarrado por dois cavaleiros quaisquer como fez o senhor hoje. Como foi capaz de se submeter a tanta injúria e ofensa? Pois bem, exijo que me explique o motivo.

Sir Gawaine repreende Sir Pellias.

Mas Sir Pellias ficou em silêncio e não queria responder. Então Sir Gawaine gritou muito zangado:

– Ah! Não vai responder?

E Sir Pellias sacudiu a cabeça.

Então Sir Gawaine disse, ainda com muita raiva:

– Meu senhor! Deve me responder de um jeito ou de outro! Pois ou bem me explica o sentido de sua conduta vergonhosa, ou então deverá duelar comigo até o fim. Não permitirei que traga tamanha vergonha ao Rei Arthur e sua Távola Redonda sem que eu mesmo defenda a honra e a fama de ambos. Até hoje fomos grandes amigos, mas se não se justificar imediatamente hei de desprezá-lo e considerá-lo um inimigo.

Nisso Sir Pellias falou quase como se não desse conta de si, e disse:

– Contarei tudo.

Então confessou tudo a Sir Gawaine, contando o que tinha acontecido desde que ele tinha se separado do séquito da Rainha Guinevere no passeio de primavera para seguir naquela aventura. Enquanto isso Sir Gawaine ia ouvindo muito espantado. Quando Sir Pellias terminou de contar tudo o que lhe aconteceu, Sir Gawaine disse:

– Isso com certeza é inacreditável. Na verdade, não consigo entender como pôde ficar tão enredado pelo charme dessa dama a não ser que ela o tenha enfeitiçado com uma magia muito poderosa.

A isso Sir Pellias respondeu:

– Sim, fui enfeitiçado, pois estou fora de mim e me sinto completamente incapaz de controlar minha paixão.

Então Sir Gawaine ficou bastante tempo pensativo, meditando seriamente sobre o assunto, e dali a pouco disse:

– Tenho um plano, que é o seguinte: irei eu mesmo até Lady Ettard e perguntarei em detalhes sobre esse assunto. E se descobrir que alguém o enredou em algum feitiço, farei o que for preciso para punir o culpado com muito sofrimento. Não deixarei que algum outro feiticeiro o engane como já enganaram Merlin, o Sábio.

Então Sir Pellias disse para Sir Gawaine:

— Como pretende conseguir ser levado à presença de Lady Ettard?

Ao que Sir Gawaine respondeu:

— Eis o plano. Nós trocaremos de armadura, e eu irei até o castelo usando a sua armadura. Quando eu lá chegar, direi que o derrotei num duelo e que tomei para mim a sua armadura. Então eles irão me deixar entrar no castelo querendo ouvir minha história, e assim poderei conversar com ela.

Sir Gawaine aconselha Sir Pellias.

Então Sir Pellias disse:

— Muito bem, assim será.

Então Sir Pellias chamou um escudeiro, e Sir Gawaine chamou seu escudeiro, e os dois retiraram a armadura de Sir Pellias e vestiram-na em Sir Gawaine. Depois disso, Sir Gawaine montou no cavalo de Sir Pellias e cavalgou pelo mesmo prado onde Sir Pellias havia antes desfilado a cavalo.

Pois bem, aconteceu que naquele instante Lady Ettard estava passeando pela muralha do castelo, de onde espiou o prado lá embaixo. Então quando viu um cavaleiro vermelho desfilando pelo prado, pensou que era Sir Pellias vindo novamente, e isso a deixou furiosa e revoltada além da conta. Então ela disse aos que estavam com ela:

— Aquele cavaleiro me enfurece tanto que sou capaz de ficar doente de tanta raiva se ele continuar vindo até aqui. Gostaria de saber um jeito para me livrar dele, pois somente há uma hora mandei dez bons cavaleiros afugentarem-no, mas ele os venceu a todos com máxima prontidão, causando grande humilhação a eles e a mim.

Então ela chamou o Cavaleiro Vermelho até onde estava, e quando ele se aproximou das muralhas do castelo, ela lhe disse:

— Senhor Cavaleiro, por que vem aqui para me atormentar e me ofender assim? Será que não entende que quanto mais o senhor vem me provocar, mais o odeio?

Então Sir Gawaine abriu o visor do elmo e mostrou seu rosto, e Lady Ettard viu que o Cavaleiro Vermelho não era Sir Pellias. E Sir Gawaine disse:

— Senhora, não sou quem imagina, mas sim um outro. Pois, veja!, trago a armadura de seu inimigo no corpo, assim pode ver que o derrotei. Pois deve supor que eu dificilmente estaria usando a armadura dele se não a tivesse conquistado à força. Portanto não precisa mais se preocupar com isso.

Então ela não podia acreditar em outra coisa, senão que aquele cavaleiro (que ela não conhecia) havia realmente derrotado Sir Pellias numa luta e tomado para si a armadura dele. De fato ela ficou bastante surpresa que aquilo pudesse ter acontecido pois lhe parecia que Sir Pellias era um dos melhores cavaleiros do mundo. Então ficou muito impressionada, imaginando quem seria esse cavaleiro que o tinha derrotado na luta. Portanto ordenou a atendentes que a acompanhavam que trouxessem para o castelo aquele cavaleiro vermelho e que o tratassem com grande mesura, pois ele certamente deveria ser um dos maiores campeões do mundo.

Então Sir Gawaine entrou no castelo e foi levado até Lady Ettard, que o esperava num salão gigantesco e suntuoso. Esse salão era iluminado por sete altas janelas com vitrais, e as paredes eram todas cobertas de tapeçarias e adornos muito finos e de excelente qualidade, de modo que Sir Gawaine ficou extasiado com a magnificência de tudo o que via.

Sir Gawaine entra em Grantmesnle.

Pois bem, Sir Gawaine tirou o elmo e o segurava sob o braço, contra o quadril, e com a cabeça exposta todos ali podiam ver seu rosto com muita nitidez. Assim, todos viram como era verdadeiramente formoso, e seus olhos eram azuis feito aço, seu nariz longo e curvo, e seu cabelo e barba muito escuros e viçosos. Além do mais, tinha um porte extremamente seguro e altivo, o que fez com que todos ali ficassem deslumbrados com seu aspecto tão cavalheiresco.

Então Lady Ettard se aproximou de Sir Gawaine e deu-lhe a mão, e ele se ajoelhou e beijou-a. E a dama falou-lhe muito suavemente, dizendo:

— Senhor Cavaleiro, me daria muito prazer se me dissesse seu nome, e se nos declarasse seu grau e condição.[56]

A isso Sir Gawaine respondeu:

— Senhora, não posso neste momento informar-lhe nenhuma dessas coisas pois encontro-me agora sob juramento de mantê-las em segredo. Portanto peço-lhe um pouco de paciência.

Então Lady Ettard disse:

— Senhor Cavaleiro, é uma grande pena que não possamos saber seu nome ou grau; mesmo assim, embora ainda não saibamos de sua real condição, espero que nos dê o prazer de sua companhia por algum tempo, e que aceite ficar neste pobre lugar por mais dois ou três dias enquanto lhe oferecemos aquilo que pudermos.

---

56. Conforme a Cavalaria moldada pelo feudalismo, o valor de um cavaleiro advém do grau de excelência a que ele chegou, geralmente marcado pela cerimônia de "investidura" das armas, e de sua condição social aristocrática.

Só que naquele instante aconteceu algo muito adverso. Foi o seguinte: Lady Ettard tinha passado a adorar aquele colar de esmeraldas, opalinas e ouro que pegara emprestado de Sir Pellias, tanto que nunca largava dele, de dia ou de noite. Portanto ela o estava usando naquele exato momento no pescoço. Ou seja, enquanto conversava com Sir Gawaine, ele olhou para o colar e o feitiço começou a tomar conta dele. Logo começou a sentir como se seu coração saísse do peito e voasse ardendo para Lady Ettard. Tanto que dali a pouco já não conseguia tirar os olhos dela. E quanto mais mirava o colar e a dama, mais o encantamento da joia o tomava. Por isso, quando Lady Ettard falou com ele com tanta amabilidade, ele aceitou sua gentileza de muito bom grado, e declarou avidamente:

O colar mágico enfeitiça Sir Gawaine.

– Senhora, é gentil demais em tratar-me com tanta cortesia, por isso fico até mais que contente em compartilhar de sua companhia por algum tempo.

Essas palavras deixaram Lady Ettard muito feliz, pois dizia consigo mesma: "Com certeza esse cavaleiro (embora eu não saiba quem ele é) é um campeão de extraordinária habilidade e famosas conquistas. Portanto, se eu conseguir convencê-lo a ficar no castelo como meu campeão, isso por certo me trará muita glória e fama. Terei assim para me defender alguém que é certamente o maior cavaleiro do mundo." Assim ela usava todo o charme e o encanto para agradar a Sir Gawaine, enquanto Sir Gawaine estava completamente maravilhado com suas gentilezas.

Pois bem, Sir Engamore estava ali presente naquele instante, e portanto estava muito perturbado. Quanto mais Sir Gawaine recebia as gentilezas de Lady Ettard, mais Sir Engamore ficava abatido de tristeza e sofrimento – era de dar pena. E assim Sir Engamore dizia para si mesmo: "Antigamente, antes que esses cavaleiros de fora viessem, Lady Ettard era muito gentil comigo, e queria que eu fosse seu campeão e esposo. Mas primeiro veio Sir Pellias e me derrotou, e agora vem esse cavaleiro de fora e o derrotou. Com isso, perto de um campeão tão forte como esse tornei-me insignificante aos olhos dela." Então Sir Engamore saiu dali e foi até seu quarto, onde ficou sentado muito triste.

Acontece que Lady Ettard tinha dado ordem para que se preparasse um banquete muito nobre e esplêndido para Sir Gawaine e para ela própria, e enquanto isso ela e Sir Gawaine passearam juntos nos jardins do castelo. Havia lá uma sombra muito agradável, onde brotavam flores em abundância, e muitos pássaros cantavam docemente entre os brotos nas árvores. Enquanto Sir Gawaine e a dama caminhavam juntos, os atendentes ficavam a uma certa distância, observando-os. E diziam entre si:

– Seria ótimo se Lady Ettard tomasse esse cavaleiro como seu campeão, e se ele ficasse aqui em Grantmesnle para sempre.

Então Sir Gawaine e a dama caminharam juntos, conversando animadamente, até o pôr do sol, quando o jantar ficou pronto e eles voltaram e se sentaram à mesa. Enquanto jantavam, vários pajens de belos rostos tocavam harpas para eles, e várias donzelas cantavam docemente acompanhando a música, o que fez com que Sir Gawaine sentisse uma alegria sem fim. Então disse para si mesmo: "Por que ir embora daqui? Ora! Já que fui banido da Corte do Rei Arthur, por que então não me estabeleço aqui, criando minha própria Corte que, com o tempo, pode acabar ganhando tanto renome quanto a dele?" E aos seus olhos Lady Ettard era tão linda que esse pensamento lhe pareceu maravilhoso.

Sir Gawaine e Lady Ettard jantam juntos.

Sir Gawaine janta com Lady Ettard.

AGORA VOLTEMOS a Sir Pellias:

Pois depois que Sir Gawaine o tinha deixado, sentiu no coração o temor de não ter sido mais cauteloso. Finalmente disse para si mesmo: "E se por acaso Sir Gawaine esquecer o que combinou comigo quando encontrar Lady Ettard? Porque me parece que ela possui algum encanto poderoso que bem pode atrair o coração de Sir Gawaine para ela. E assim, se Sir Gawaine cair nas garras de um feitiço como esse, poderá esquecer o que combinou comigo e atentar contra a honra de sua condição de cavaleiro."

Sir Pellias começa a duvidar.

Quanto mais Sir Pellias pensava nisso, mais preocupado ficava, até que finalmente, quando caiu a noite, chamou um escudeiro e disse:

– Vai e traze-me um traje de frade, pois pretendo ir até o castelo de Grantmesnle disfarçado.

Então o escudeiro fez o que ele mandou e trouxe o traje, com o qual Sir Pellias se vestiu.

Pois bem, àquela altura a escuridão tinha tomado conta do mundo, de modo que ninguém poderia ter reconhecido o rosto de Sir Pellias, mesmo que o tivesse visto. Assim ele foi até o castelo, e os que lá estavam, pensando que se tratava de um frade, que era o que parecia ser, deixaram-no entrar pelo portão dos fundos.

Assim que Sir Pellias entrou no castelo pôs-se a perguntar como poderia encontrar o cavaleiro que tinha chegado lá durante a tarde, e os que estavam no castelo, pensando que ele era um frade, responderam:

– O que deseja com aquele cavaleiro?

Ao que Sir Pellias respondeu:

– Tenho uma mensagem para ele.

Sir Pellias vai até o castelo disfarçado.

Os do castelo disseram:

– Não poderá ir até o cavaleiro neste instante pois ele está jantando com Lady Ettard e os dois conversam agradavelmente.

Aquilo deixou Sir Pellias muito zangado, pois detestava a ideia de que Sir Gawaine pudesse estar se divertindo com Lady Ettard. Então disse, falando de um jeito muito severo:

– Devo falar com aquele cavaleiro imediatamente, portanto peço-lhes que o tragam até aqui sem demora.

Então os do castelo disseram:

– Espere e veremos se o cavaleiro deseja que o senhor vá até ele.

Então um dos atendentes foi até onde Sir Gawaine estava jantando com Lady Ettard, e disse:

– Senhor Cavaleiro, veio aqui um frade que pede para falar-lhe imediatamente. Não aceita recusa, apenas insiste o tempo todo em falar com o senhor.

Ao ouvir isso Sir Gawaine ficou com a consciência muito pesada, pois sabia que não estava agindo direito com Sir Pellias, e começou a pensar que talvez esse frade fosse um mensageiro vindo da parte de seu amigo. Mas não sabia como poderia negar que o frade viesse lhe falar. Então, depois de algum tempo pensando, disse:

– Traga o frade até aqui e deixe que ele me entregue a mensagem.

Assim Sir Pellias, vestido de frade, foi trazido pelos atendentes até a antessala de onde Sir Gawaine jantava com a dama. Contudo, durante algum tempo Sir Pellias não entrou no salão, mas ficou atrás da cortina da antessala observando-os, pois queria saber com certeza se Sir Gawaine dizia a verdade ou mentia.

Pois bem, o salão onde estavam o cavaleiro e a dama estava todo enfeitado com extraordinário esplendor e era iluminado pelas chamas de várias dezenas de velas de cera que exalavam um perfume delicioso enquanto ardiam. E enquanto Sir Pellias estava atrás da cortina, viu que Sir Gawaine e Lady Ettard estavam sentados juntos à mesa, e viu que se deleitavam na companhia um do outro. E viu que Sir Gawaine e a dama bebiam vinho do mesmo cálice, e que o cálice era de ouro. E ao ver como os dois se divertiam um com o outro, foi tomado de enorme raiva e indignação, pois se deu conta de que Sir Gawaine o tinha traído.

Assim, quando dali a pouco não conseguiu mais se conter, deu cinco passos até o salão e postou-se perante Sir Gawaine e Lady Ettard. E no instante em que os dois olharam para ele muito surpresos, puxou para trás o capuz e os dois o reconheceram. Então Lady Ettard gritou desesperada, exclamando:

– Fui traída!

E Sir Gawaine permaneceu em completo silêncio, pois não tinha uma só palavra a dizer tanto à dama quanto a Sir Pellias.

Então Sir Pellias se aproximou de Lady Ettard com uma tal expressão no rosto que ela nem conseguia se mexer de medo. E quando chegou perto dela, agarrou o colar de esmeraldas, opalinas e ouro com tal brutalidade que rompeu o fecho e arrancou-o do pescoço da dama. Então disse:

Sir Pellias ofende Sir Gawaine. – Isto é meu e não seu! – e imediatamente colocou-o sobre seu peito. Então virou-se para Sir Gawaine e disse:

– Foi falso tanto com a sua condição de cavaleiro quanto com a sua amizade, pois me traiu tão completamente – e, erguendo o braço, golpeou Sir Gawaine tão forte no rosto com as costas da mão que deixou a marca vermelha dos dedos na face dele.

Então Sir Gawaine ficou pálido como cera e exclamou:

– Senhor, realmente o traí, mas o senhor agora me humilhou de tal forma que estamos quites.

A isso Sir Pellias respondeu:

– De jeito nenhum, pois a injúria que lhe fiz está somente em seu rosto, mas a injúria que me fez está em meu coração. Mesmo assim, responderei pela agressão que lhe fiz, mas também terá que responder pela ofensa que me causou ao me trair.

Então Sir Gawaine disse:

– Estou disposto a responder-lhe integralmente.

E Sir Pellias disse:

– Assim fará.

E com isso ele se virou e saiu sem nem olhar para Sir Gawaine ou para Lady Ettard.

Todavia, agora que Lady Ettard não estava mais usando o colar mágico no pescoço, Sir Gawaine não sentia mais aquele enorme encanto que antes o tinha atraído tão fortemente para ela. Ao contrário, sentia agora antipatia por ela, tão forte quanto a afeição que antes o tinha atraído. Portanto, dizia para si mesmo: "Como pude trair minha condição de cavaleiro e causar tanto mal ao meu amigo somente por essa dama!" Então empurrou violentamente para trás a cadeira onde estava sentado e levantou da mesa com a intenção de deixá-la.

Mas quando Lady Ettard viu o que ele ia fazer, dirigiu-se a ele com muita raiva, pois tinha ficado muito ofendida por ele a ter enganado ao dizer que derrotara Sir Pellias. Então ralhou, enfurecida:

– Pode ir, e quero mais é que vá embora, pois mentiu para mim quando me disse que havia derrotado Sir Pellias. Agora percebo que ele é um cavaleiro mais nobre e mais forte que o senhor, pois o golpeou como se fosse um empregado dele, e as marcas dos dedos ainda estão em seu rosto.

Isso deixou Sir Gawaine furioso demais e completamente envergonhado do que lhe tinha acontecido, então disse:

– Senhora, acho que deve ter me enfeitiçado para me causar tanta desonra. Quanto a Sir Pellias, espere até amanhã, quando poderá ver naquele prado lá embaixo se por acaso não deixarei uma marca mais profunda nele do que ele jamais deixou em mim.

Sir Gawaine e Lady Ettard falam asperamente um com o outro.

E saiu dali, desceu até o pátio e chamou os atendentes que estavam lá para buscarem seu cavalo. Então fizeram como tinha mandado e ele logo saiu cavalgando pela noite.

Estava gostando da escuridão da noite, pois lhe parecia mais fácil aceitar sua vergonha no escuro. Por isso, ao chegar ao pequeno bosque não queria entrar na tenda onde estavam seus amigos. Também, quando Sir Ewaine e Sir Marhaus foram até ele e pediram-lhe que entrasse, ele recusou, e ficou lá fora no escuro. E dizia para si mesmo: "Se eu for até onde há luz, com certeza eles verão a marca da mão de Sir Pellias em meu rosto."

Então ficou lá fora no escuro e pediu-lhes que fossem embora e o deixassem sozinho.

Mas quando eles se foram, ele chamou seu escudeiro e disse:

– Retira esta armadura vermelha de mim e leva-a até a tenda de Sir Pellias, pois a detesto.

Então o escudeiro fez como Sir Gawaine mandou, e Sir Gawaine ficou andando de um lado para o outro a noite toda, com a alma e o coração muito aflitos.

Capítulo Sexto

Como a Dama do Lago tomou
de volta o colar de Sir Pellias

POIS BEM, quando chegou a manhã seguinte, Sir Gawaine chamou seu escudeiro e disse:

– Traze aqui minha armadura e coloca-a em mim.

E o escudeiro assim fez. Então Sir Gawaine disse:

– Ajuda-me a subir no meu cavalo.

E o escudeiro assim fez. Ainda era muito cedo de manhã e a grama estava toda brilhante e reluzente de orvalho, e os passarinhos cantavam tão alto que fariam qualquer um feliz de estar vivo. Por isso, quando estava sentado em seu cavalo e de armadura completa, Sir Gawaine começou a se sentir mais confiante e os ares negros que o tinham escurecido até então começaram a se dispersar um pouco. Portanto falou com seu escudeiro com a voz mais firme, e disse:

– Toma esta luva e leva-a até Sir Pellias e diz-lhe que Sir Gawaine está aguardando no prado em frente ao castelo e que lá desafia Sir Pellias a lutar com ele a cavalo ou a pé, o que quer que ele prefira.[57]

Sir Gawaine desafia Sir Pellias.

O escudeiro ficou muito surpreso com aquilo, pois Sir Gawaine e Sir Pellias tinham sempre sido amigos tão próximos que poucos havia como eles por aquelas terras, tanto que a amizade que tinham um pelo outro servia de exemplo para todos. Mas manteve seus pensamentos em silêncio e somente disse:

– Não deseja comer algo antes de seguir para a luta?

E Sir Gawaine disse:

– Não comerei antes de lutar. Portanto vai e faze como te mandei.

Então o escudeiro de Sir Gawaine foi até a tenda de Sir Pellias, entregou-lhe a luva de Sir Gawaine e transmitiu a mensagem. E Sir Pellias disse:

---

57. Nesta passagem, o duelo entre Sir Pellias e Sir Gawaine, embora faça uso da tradição medieval da *gage de bataille* (luva de batalha), ocorre para desagravo de uma questão de honra entre cavaleiros: Pellias sentiu-se traído por Gawaine e golpeou-o no rosto, em sinal de desafio. Na Idade Média, o duelo judicial era uma luta ordálica (de *ordálio* ou "juízo de Deus"), em que os combatentes se submetiam a provas, nem sempre mortíferas, com a finalidade de conhecer o julgamento divino acerca de seus crimes. Tal prática foi logo condenada pelos clérigos como sacrílega, mas nunca desapareceu de todo e sofreu várias modificações até o séc.XIX.

– Diz a teu senhor que irei até lá encontrá-lo assim que tiver feito meu desjejum.

Pois bem, quando a notícia do desafio chegou aos ouvidos de Sir Brandiles, de Sir Mador de la Porte, de Sir Ewaine e de Sir Marhaus, esses cavaleiros todos ficaram completamente confusos, e Sir Ewaine disse aos outros:

– Meus senhores, vamos averiguar o que está acontecendo.

Então os quatro cavaleiros foram até a tenda branca onde Sir Pellias estava fazendo o desjejum.

E quando chegaram à presença de Sir Pellias, Sir Ewaine lhe perguntou:

– Que disputa é essa entre o senhor e meu primo?

E Sir Pellias respondeu:

– Não lhe contarei, então deixe estar e não pergunte mais.

Então Sir Ewaine perguntou:

– Pretende travar uma luta séria contra seu amigo?

Ao que Sir Pellias respondeu:

– Ele não é mais meu amigo.

Então Sir Brandiles exclamou:

– É muita pena que uma briga se interponha entre amigos como o senhor e Sir Gawaine. Não podemos fazer as pazes entre vocês dois?

Mas Sir Pellias respondeu:

– Não podem fazer as pazes, pois essa briga não pode ser interrompida até que termine.

Então os cavaleiros viram que suas palavras de nada adiantariam, e assim saíram dali e deixaram Sir Pellias.

Quando terminou o desjejum, Sir Pellias chamou um escudeiro de nome Montenoir, e pediu-lhe que lhe preparasse com a armadura vermelha que vinha usando todo esse tempo, e Montenoir assim fez. Então, estando todo coberto com essa armadura, Sir Pellias avançou a cavalo pelo prado em frente ao castelo onde Sir Gawaine desfilava. Quando chegou lá, os quatro outros cavaleiros vieram novamente até ele e pediram-lhe que deixasse que eles fizessem as pazes entre ele e Sir Gawaine, mas Sir Pellias não quis ouvi-los. Então eles foram embora novamente e o deixaram, e ele seguiu pelo campo em frente ao castelo de Grantmesnle.

Acontece que uma grande multidão tinha descido até as muralhas do castelo para assistir à luta, pois as novas dela já tinham se espalhado. E também ficaram sabendo que o cavaleiro que iria lutar contra Sir Pellias era o famosíssimo cavaleiro real chamado Sir Gawaine, filho do Rei Lot de Orkney e sobrinho do Rei Arthur. Portanto toda a gente queria assistir à luta de um cavaleiro tão famoso.

Também Lady Ettard desceu até as muralhas e se posicionou numa torre menor que dava para o campo de batalha. Ao se acomodar, viu que Sir Pellias estava usando sobre a armadura o colar de esmeraldas, opalinas e ouro e por isso sentiu-se afeiçoada por ele, e começou a torcer para que ele saísse vencedor daquele embate.

Então cada cavaleiro se posicionou no local que lhe pareceu adequado, desembainhou a lança e o escudo e se preparou para o ataque. Quando estavam completamente prontos, Sir Marhaus deu o sinal para o ataque. Em seguida cada cavaleiro imediatamente saiu de onde estava, voando na direção do outro com a rapidez de um raio, e com uma tal fúria que a terra rugia e sacudia sob as patas dos cavalos. Então chocaram-se mais ou menos no meio do caminho, cada cavaleiro golpeando o outro bem no meio de suas defesas. E no choque a lança de Sir Gawaine se despedaçou até o punho, mas a lança de Sir Pellias ficou inteira, de modo que Sir Gawaine foi lançado de sua sela com terrível violência, caindo no chão com tanta força que rolou ainda umas três vezes na poeira, até que ficou deitado imóvel como se estivesse sem vida.

Sir Pellias e Sir Gawaine lutam.

Sir Pellias derruba Sir Gawaine.

Com isso, toda a gente que estava nas muralhas gritou bem alto, pois tinha sido um embate incrivelmente nobre.

Então os quatro cavaleiros que estavam assistindo àquela luta correram até onde Sir Gawaine estava e Sir Pellias também cavalgou de volta e ficou esperando em seu cavalo ali perto. O escudeiro de Sir Ewaine e de Sir Gawaine desamarrou o elmo de Sir Gawaine com toda pressa, e – puxa! – seu rosto estava pálido e ele parecia não estar respirando.

Então Sir Marhaus disse:

– Acho que o senhor matou esse cavaleiro, Sir Pellias.

E Sir Pellias disse:

– Acha mesmo?

– Sim – disse Sir Marhaus –, e é uma grande pena.

Ao que Sir Pellias respondeu:

– Ele não sofreu mais do que mereceu.

Ao ouvir isso Sir Ewaine se encheu de indignação, e exclamou:

– Senhor Cavaleiro, acho que se esquece do nível desse cavaleiro, pois não só é um companheiro da Távola Redonda, a quem o senhor jurou completa fraternidade, mas também é filho de um rei e sobrinho do próprio Rei Arthur.

Mas Sir Pellias continuou impassível, e respondeu:

– Não me arrependeria disso mesmo que esse cavaleiro fosse ele próprio um rei, em vez de filho de rei.

Então Sir Ewaine elevou a voz com grande indignação, gritando para Sir Pellias:

– Vá embora! Ou algo de muito ruim lhe acontecerá.

– Bem – disse Sir Pellias –, vou embora.

Sir Pellias parte para a floresta. E com isso ele deu meia-volta em seu cavalo e partiu dali, entrou pela floresta e sumiu das suas vistas.

Então os outros presentes levantaram Sir Gawaine e levaram-no dali para a tenda que tinha sido de Sir Pellias, e lá deitaram-no no catre de Sir Pellias. Mas levou mais de uma hora para que ele se recuperasse, e durante a maior parte do tempo aqueles que estavam ao seu lado achavam que ele estava morto.

Mas nenhum daqueles cavaleiros sabia qual era a real situação: naquele choque Sir Pellias tinha sido ferido tão gravemente no flanco que provavelmente **Sir Pellias fica gravemente ferido.** não sobreviveria um dia mais. Pois embora a lança de Sir Gawaine tivesse se despedaçado e embora Sir Pellias o tivesse derrubado, a ponta da lança de Sir Gawaine tinha atravessado a armadura de Sir Pellias, penetrado em seu flanco e se partido lá dentro. De modo que o ferro da lança, de um palmo de comprimento, ficara cravado no corpo de Sir Pellias logo acima do diafragma. Por isso, enquanto Sir Pellias falava tão impassível com os quatro cavaleiros, na verdade estava morrendo de dor, e o sangue escorria em abundância por sua armadura. Portanto, com a perda de sangue e a grande dor que sofria, enquanto falava com os outros Sir Pellias sentia a cabeça rodar como uma pluma. Mas nada disse a eles sobre o terrível ferimento que tinha recebido; em vez disso foi-se embora muito orgulhosamente para dentro da floresta.

Só que, ao chegar à floresta, já não aguentava mais, então começou a gemer muito, exclamando:

– Ai de mim! Ai de mim! Com certeza fui ferido de morte nessa luta!

Acontece que naquela manhã a donzela Parcenet tinha saído a cavalo para fazer voar um falcão, e um anão que pertencia a Lady Ettard tinha vindo para lhe fazer companhia. Então, enquanto a donzela e o anão cavalgavam nas cercanias da floresta não muito longe de Grantmesnle onde começava a parte mais fechada da folhagem e acabava a parte mais aberta, a donzela ouviu uma voz vinda da mata, gemendo de muita dor. Ela parou e escutou, e dali a pouco ouviu a voz novamente gemendo bem alto. Então Parcenet disse ao anão:

– O que é isso que estou ouvindo? Com certeza é a voz de alguém que está sofrendo. Vamos ver quem está gemendo assim.

E o anão disse:

– Como queira.

Então a donzela e o anão seguiram um pouco adiante e lá viram sob um carvalho um cavaleiro montado num cavalo negro. E o cavaleiro trazia uma armadura vermelha, o que levou Parcenet a achar que deveria ser Sir Pellias. E viu que Sir Pellias se mantinha sobre o cavalo apoiando a ponta de sua lança no chão, pois de outra forma cairia de tanta fraqueza, e toda hora soltava os gemidos que Parcenet tinha escutado. Portanto, vendo-o nesse estado lamentável, Parcenet foi tomada de enorme pena e correu até ele exclamando:

Como Parcenet encontra Sir Pellias ferido na floresta.

– Pobre Sir Pellias, o que o aflige?

Então Sir Pellias olhou para ela como se estivesse muito distante e, por causa da fraqueza que sentia, via-a toda embaçada. E ele disse, com a voz muito fraca:

– Donzela, estou gravemente ferido.

E ela disse:

– Como está ferido, Sir Pellias?

E ele respondeu:

– Tenho uma ferida horrível no flanco, pois a ponta de uma lança ficou encravada tão fundo que quase alcança meu coração, por isso acho que não sobreviverei por mais muito tempo.

Ao ouvir aquilo, a donzela exclamou:

– Ai! Ai! O que é isso? – e começou a se lamentar e torcer as mãos de tristeza que um cavaleiro tão nobre tivesse chegado a essa aflição extrema.

Então o anão que acompanhava Parcenet, vendo como ela estava desesperada de tristeza, disse:

– Donzela, conheço um certo lugar nesta floresta, embora esteja bastante longe daqui, onde mora um eremita muito santo que é um médico extraordinariamente habilidoso. Pois bem, se conseguirmos levar esse cavaleiro até a capela onde mora o eremita, creio que ele poderá voltar a ter saúde e conforto.

Então Parcenet disse:

– Gansaret – pois esse era o nome do anão –, Gansaret, levemos este cavaleiro até esse lugar o mais rápido que pudermos. Pois vou dizer-te que tenho muito amor por ele.

– Bem – disse o anão –, vou te mostrar onde fica a capela.

Então o anão tomou o cavalo de Sir Pellias pela rédea e conduziu-o pela floresta, e Parcenet cavalgava ao lado de Sir Pellias e o amparava na sela. Às vezes Sir Pellias desmaiava de dor e mal-estar e teria caído se ela não o estivesse segurando. Assim seguiram muito tristes e tão devagar que já era meio-dia quando alcançaram a parte densa e solitária da floresta onde o eremita morava.

Quando chegaram lá o anão disse:

– Lá adiante, donzela, fica a capela de que falei.

Então Parcenet levantou os olhos e viu uma pequena capela campestre construída entre as árvores frondosas da floresta. Em volta da capela havia um gramado aberto cheio de flores e perto da porta da ermida havia uma fonte de água cristalina. Era um lugar bem escondido e solitário e também silencioso e tranquilo, pois na frente da capela viram uma corça selvagem e seu filhote pastando pela relva macia sem qualquer medo. E quando o anão, a donzela e o cavaleiro ferido se aproximaram, a corça e o filhote olharam para eles com os olhos arregalados e levantaram as orelhas, espantados, mas não fugiram, e dali a pouco voltaram a pastar. Da mesma forma, em volta da capela, nos galhos das árvores, havia grandes quantidades de pássaros cantando e piando alegremente. E os pássaros estavam aguardando a refeição do meio-dia que o eremita costumava jogar para eles.

(Acontece que esse era o mesmo santuário na floresta para onde o Rei Arthur tinha vindo ao ser tão gravemente ferido por Sir Pellinore, como já foi contado nesta história.)

Quando a donzela, o anão e o cavaleiro ferido se aproximaram da capela, um pequeno sino começou a tocar tão docemente que o som ecoava através de todo aquele bosque silencioso, pois era agora o meio-dia. Sir Pellias ouviu o som do sino como se viesse de bem longe, e primeiro disse:

– Onde vim dar? – e em seguida fez menção de fazer o sinal da cruz.

E Parcenet fez o sinal da cruz e o anão se ajoelhou e fez o sinal da cruz. Quando o sino parou de tocar, o anão exclamou bem alto:

– Socorro! Socorro! Há aqui alguém necessitado de ajuda!

Então a porta do santuário se abriu e saiu de lá um homem muito respeitável com uma longa barba branca como se fosse feita de lã finamente penteada. E – ora! – enquanto se aproximava, todos os passarinhos que lá aguardavam começaram a voar ao seu redor em bandos, pois achavam que ele tinha vindo alimentá-los. Por isso o eremita teve que afastar as pequenas aves com as mãos para chegar até onde os três estavam.

Parcenet e o anão levam Sir Pellias até a ermida na floresta.

Quando se aproximou deles perguntou quem eram e por que tinham vindo ali com aquele cavaleiro ferido. Então Parcenet contou-lhe o que tinha havido, como tinham encontrado Sir Pellias tão gravemente ferido na floresta naquela manhã e o tinham trazido até ali.

Depois de ouvir toda a história, o eremita disse:

– Está bem, ficarei com ele.

Então o eremita levou Sir Pellias até a sua cabana, eles o deitaram no catre e Parcenet e o anão partiram de volta para casa.

Depois que partiram, o eremita examinou a ferida de Sir Pellias enquanto Sir Pellias jazia desacordado. E estava tão profundamente desmaiado que o eremita viu que era o desmaio de morte, e que o cavaleiro estava perto do fim. Então disse:

– Esse cavaleiro com certeza morrerá logo, logo, pois não há nada que eu possa fazer para salvá-lo – e saiu da cabeceira de Sir Pellias e correu para preparar a extrema-unção adequada a um nobre cavaleiro que estava prestes a morrer.

Acontece que, enquanto o eremita cuidava disso, a porta se abriu e de repente entrou uma dama muito estranha vestida de verde e com os braços cobertos de braceletes de esmeraldas e opalinas incrustadas em ouro. E seus cabelos, que eram muito macios, eram completamente negros e estavam presos com uma fita carmesim. E o eremita viu que seu rosto parecia feito de marfim, de tão branco, e seus olhos eram brilhantes como se fossem joias incrustadas em marfim, portanto ele percebeu que ela não podia ser uma mortal comum.

A Dama do Lago aparece para Sir Pellias.

A Dama do Lago encontra Sir Pellias ferido.

A dama foi direto até Sir Pellias e debruçou-se sobre ele de modo que sua respiração tocava a testa dele. E ela disse:

– Ai, Sir Pellias, que pena vê-lo assim.

– Senhora – disse o eremita –, deve mesmo lamentar, pois esse cavaleiro só tem mais alguns minutos de vida.

Ao que a dama disse:

– Não é verdade, ó homem santo, pois digo-lhe que esse cavaleiro tem uma vida longa para viver – e ao dizer essas palavras ela se inclinou, retirou do pescoço dele o colar de esmeraldas, opalinas e ouro e pendurou-o no próprio pescoço.

Acontece que, quando viu o que ela tinha feito, o eremita disse:

– Senhora, o que é que está fazendo, e por que retira o ornamento de um moribundo?

Mas a dama respondeu com muita tranquilidade:

– Fui eu quem o dei a ele, portanto estou apenas tomando de volta o que é meu. Mas agora lhe peço que me deixe a sós um pouco com esse cavaleiro pois tenho grandes esperanças de trazê-lo de volta à vida.

Então o eremita ficou na dúvida e disse:

– Tentará curá-lo com magia?

E a dama respondeu:

– Se eu o fizer, não será por magia negra.

Com isso o eremita se satisfez e foi embora, deixando a dama a sós com Sir Pellias.

Pois bem, quando a dama estava assim sozinha com o cavaleiro ferido, começou imediatamente a fazer muitas coisas estranhas. Primeiro tirou da manga um ímã muito poderoso e o colocou na ferida. E – ora! – o ferro da ponta da lança começou a sair, enquanto Sir Pellias gemia muito alto. Quando a ponta da lança saiu por inteiro, o sangue começou a jorrar como uma fonte vermelha. Só que a dama imediatamente pressionou um lenço perfumado de fina cambraia sobre o ferimento, estancando o sangue e, através de poderosos encantos mágicos, fazendo com que ele se mantivesse nas veias e parasse de jorrar. Tendo estancado o sangue dessa maneira, a dama então tirou da manga um frasquinho de cristal cheio de um elixir azulado e com um cheiro muito especial. Ela derramou um pouco desse elixir entre os lábios frios e pálidos do cavaleiro. E quando o elixir tocou-lhe os lábios a vida começou a entrar no seu corpo novamente, pois dali a pouco ele abriu as pálpebras e olhou em volta com um olhar muito estranho. A primeira coisa que viu foi aquela dama vestida de verde que estava ali ao seu lado, e ela era tão linda que ele achou que com certeza tinha morrido e ido para o Paraíso, pois disse:

A Dama do Lago cura Sir Pellias.

284

– Então estou morto?

– Não, não está morto – disse a dama –, no entanto esteve perigosamente perto de falecer.

– E onde estou? – disse Sir Pellias.

E ela respondeu:

– Numa parte profunda da floresta, e esta é a cabana de um beato eremita que mora na floresta.

Ao que Sir Pellias disse:

– Quem foi que me trouxe de volta à vida?

Ao ouvir isso a dama sorriu e disse:

– Fui eu.

Pois bem, Sir Pellias ficou em silêncio por algum tempo, até que disse:

– Senhora, sinto-me muito estranho.

– Sim – disse a dama –, isso é porque tem agora uma vida diferente.

Então Sir Pellias disse:

– O que está me acontecendo?

E a dama disse:

– O seguinte: para trazê-lo de volta à vida dei-lhe um pouco de um elixir da vida para beber. Portanto agora o senhor é somente metade do que era antes; se uma metade sua é mortal, a outra agora pertence ao mundo das fadas.

Então Sir Pellias olhou e viu que a dama usava no pescoço o colar de esmeraldas, opalinas e ouro que ele vinha usando. E – ora! – seu coração se encheu de paixão por ela, e ele disse:

Sir Pellias se apaixona pela Dama do Lago.

– Senhora, diz que sou metade fada e percebo que a senhora é completamente fada. Pois bem, peço-lhe que de agora em diante eu possa sempre estar perto de onde vive.

E a dama disse:

– Será como pede, pois foi exatamente por isto que eu quase o deixei morrer, e depois o trouxe de volta à vida.

Então Sir Pellias disse:

– Quando poderei partir em sua companhia?

E ela disse:

– Em breve, quando tiver bebido um pouco.

– Como será possível? – disse Sir Pellias. – Já que ainda me sinto como uma criança indefesa, de tão fraco.

Ao que a dama respondeu:

– Quando beber um pouco d'água sua força retornará e se sentirá completamente recuperado e inteiro de novo.

Então a Dama do Lago saiu, logo retornando, trazendo na mão uma moringa de barro cheia de água da fonte que ficava ali ao lado. Depois de beber dessa água, Sir Pellias sentiu de repente toda a sua força que lhe voltava.

No entanto, ele estava muito diferente do que era antes, pois seu corpo agora parecia leve como o ar, e seu espírito parecia inflado de pura alegria como ele nunca tinha sentido antes na vida. Tanto que, erguendo-se logo do leito de morte, disse:

– A senhora me devolveu a vida, agora quero dar-lhe essa vida para sempre.

Então a dama olhou para ele e sorriu com grande carinho, e disse:

– Sir Pellias, sempre gostei do senhor, desde que o vi um dia, quando ainda não era há muito cavaleiro, bebendo um gole de leite na cabana de um camponês nesta floresta. Era um dia quente e o senhor tinha retirado o elmo, e uma jovem leiteira de rosto moreno e pés descalços veio e lhe trouxe uma tigela de leite que o senhor bebeu com grande avidez. Aquela foi a primeira vez que o vi, embora o senhor não tenha me visto. Desde então tenho tido muita amizade por todos os companheiros da Corte do Rei Arthur, e pelo próprio Rei Arthur, tudo por sua causa.

Então Sir Pellias disse:

– Senhora, me aceitaria como seu cavaleiro?

E ela disse:

– Sim.

Então Sir Pellias disse:

– Posso saudá-la?

E ela disse:

– Sim, se quiser.

Então Sir Pellias beijou-a nos lábios, e assim selaram seu amor.

AGORA VOLTEMOS a Parcenet e ao anão:

Depois que deixaram a ermida na floresta, os dois rumaram novamente em direção a Grantmesnle, e quando estavam prestes a sair da floresta, num lugar não longe do bosque onde os cavaleiros tinham montado suas tendas, encontraram um dos cavaleiros vestido com meia armadura, e este cavaleiro era Sir Mador de la Porte. Então Parcenet o chamou pelo nome, dizendo:

Parcenet dá notícias de Sir Pellias a Sir Mador de la Porte.

– Ai, Sir Mador, há pouco saí da cabana de um eremita na floresta onde deixei Sir Pellias gravemente ferido de morte, e temo que ele só tenha pouco tempo de vida.

Então Sir Mador de la Porte exclamou:

– Ah! Donzela, o que é que me dizes? Isso é muito difícil de acreditar, pois quando Sir Pellias nos deixou esta manhã, não trazia sinal de ferimento nem parecia sofrer de qualquer mal.

Mas Parcenet respondeu:

– Contudo eu mesma o vi deitado sofrendo de dor e aflição e, antes de perder a consciência, ele próprio me disse que tinha o ferro de uma lança no flanco.

Então Sir Mador de la Porte disse:

– Ai, ai, que notícia triste! Agora, donzela, com a tua permissão, vou deixar-te e correr até meus companheiros para contar-lhes essas novas.

E Parcenet disse:

– Peço que o faça.

Então Sir Mador de la Porte correu até a tenda onde seus companheiros estavam e contou-lhes tudo o que tinha ouvido.

Acontece que, àquela altura, Sir Gawaine tinha se recuperado completamente da queda que sofrera pela manhã. Portanto, quando ouviu a notícia que Sir Mador de la Porte trouxe, bateu palmas e exclamou:

– Ai de mim! O que foi que eu fiz! Primeiro traí meu amigo e agora o matei. Vou agora mesmo encontrá-lo e implorar seu perdão antes que morra.

Mas Sir Ewaine disse:

– O que pretendes fazer? Não estás ainda em condição de fazer qualquer viagem.

Sir Gawaine disse:

– Não me importa, estou decidido a ir e encontrar meu amigo.

E não queria deixar que nenhum de seus companheiros fosse com ele. Pediu que seu escudeiro lhe trouxesse seu cavalo, montou nele e partiu sozinho floresta adentro, indo para o oeste e lamentando-se com grande tristeza enquanto seguia.

Sir Gawaine parte para encontrar Sir Pellias.

Pois bem, já ia se aproximando o final da tarde, com o sol começando a baixar para se pôr, e a luz reluzindo vermelha como fogo através da folhagem da floresta, quando Sir Gawaine chegou à cabana do eremita lá naquela parte solitária e silenciosa da mata. E viu que o eremita estava do lado de fora da cabana cuidando de uma pequena horta de lentilhas. Quando o eremita viu o cavaleiro armado que atravessava a relva naquela luz vermelha do pôr do sol, parou de cavar e pôs de lado a pá. Então Sir Gawaine se aproximou, e do alto de seu cavalo contou ao beato o motivo de sua vinda.

Ao ouvi-lo, o eremita disse:

– Veio uma dama aqui há muitas horas, toda vestida de verde com uma aparência tão singular que se podia ver que era uma fada. E usando alguns encantos mágicos ela curou seu amigo e, depois que o tinha curado, os dois partiram juntos pela floresta.

Sir Gawaine ficou muito surpreso, e disse:

– Isso que acaba de me dizer é muito estranho, que um cavaleiro que está à morte possa ser trazido de volta à vida em tão pouco tempo e logo em seguida sair cavalgando do leito de morte. Agora peço-lhe, diga-me para onde foram.

O eremita disse:

– Foram para o oeste.

Quando Sir Gawaine ouviu essas palavras, disse:

– Vou atrás deles.

E assim saiu cavalgando, enquanto o eremita o observava de longe. E à medida que avançava, o ocaso veio chegando rápido, de modo que dali a pouco a mata à sua volta ficou escura e desconhecida. Mas quando a noite ia caindo, *Sir Gawaine segue uma luz estranha.* um estranho milagre aconteceu, pois – ora! – surgiu diante de Sir Gawaine uma luz azulada que ondulava na sua frente, mostrando-lhe o caminho, enquanto ele a seguia, maravilhado.

Pois bem, depois de ter seguido a luz por muito tempo, ele acabou chegando de repente no final da mata onde havia uma ampla planície aberta. E a planície era toda iluminada por uma luminosidade diferente, que era como a luz da lua cheia, embora não houvesse lua no céu. Naquela luz pálida e prateada Sir Gawaine conseguia ver tudo com incrível nitidez. Assim, viu que estava numa planície toda coberta de flores de vários tipos, cujo perfume de tal forma se espalhava pela noite que parecia encher-lhe o peito de grande prazer. E viu que na sua frente havia um grande lago, muito amplo e calmo. E tudo isso parecia tão estranho naquela luz que Sir Gawaine sabia que tinha vindo dar na terra das fadas. Foi cavalgando entre as flores altas até o lago com um pouco de receio, pois não sabia o que podia lhe acontecer.

Pois bem, ao se aproximar do lago, percebeu que um cavaleiro e uma dama se aproximavam dele e, quando chegaram perto, viu que o cavaleiro era Sir Pellias e que seu rosto estava incrivelmente mudado. E notou que a dama era a mesma que no passado ele tinha encontrado toda vestida de verde quando atravessou a Floresta da Aventura com Sir Ewaine e Sir Marhaus.

Sir Gawaine encontra Sir Pellias. Logo que viu Sir Pellias, Sir Gawaine ficou cheio de medo, pois pensou que o que via era um espírito. Mas quando percebeu que Sir Pellias estava vivo, sentiu no peito uma alegria tremenda, tão grande quanto o medo que tinha sentido, então correu até ele. E quando chegou perto de Sir Pellias, pulou do cavalo, exclamando:

– Perdão! Perdão! – de modo desesperado.

Então tentou abraçá-lo, mas Sir Pellias desviou do contato com Sir Gawaine, embora sem qualquer raiva. E Sir Pellias, falando com uma voz muito baixa, de uma clareza prateada como se viesse de muito longe, disse:

– Não encoste em mim, pois não sou o mesmo, não sou todo humano, mas parte fada. Mas com relação ao meu perdão: eu o perdoo por tudo o que possa ter sofrido em suas mãos. E mais do que isso, dou-lhe minha amizade, e torço de coração pela sua felicidade e alegria. Mas agora parto, caro amigo, e provavelmente não o verei de novo, então deixo-lhe este meu último pedido: que volte à Corte do Rei Arthur e faça as pazes com a Rainha. E assim lhes dará as notícias de tudo o que me aconteceu.

Então Sir Gawaine perguntou, muito triste:

– Para onde vai?

E Sir Pellias disse:

– Vou para a maravilhosa cidade de ouro e pedras azuis que fica naquele vale de flores.

Então Sir Gawaine disse:

– Não vejo cidade alguma, só um lago.

Ao que Sir Pellias respondeu:

– Entretanto há uma cidade e é para lá que vou, portanto despeço-me agora.

Então Sir Gawaine olhou o rosto de Sir Pellias e viu novamente aquela luz estranha de aparência muito singular, pois – ora! – estava branco como mármore e seus olhos brilhavam como joias incrustadas em mármore, e havia um sorriso em seus lábios que não aumentava nem diminuía, mas ficava sempre igual. (Pois tanto a Dama do Lago quanto Sir Pellias e Sir Lancelot do Lago tinham sempre essa aparência singular e sorriam daquele jeito.)

Então Sir Pellias e a Dama do Lago viraram-se e deixaram Sir Gawaine ali, foram até o lago, entraram nele, e quando as patas do cavalo de Sir Pellias tocaram a água – ora! – Sir Pellias desapareceu e Sir Gawaine não pôde mais vê-lo, embora tenha ficado ali ainda por muito tempo, chorando desconsolado.

Assim acaba a história de Sir Pellias.

Sir Pellias desaparece no lago.

Mas Sir Gawaine voltou à Corte do Rei Arthur como tinha prometido a Sir Pellias, e fez as pazes com a Rainha Guinevere e, dali por diante, embora a

Rainha não gostasse dele, havia paz entre os dois. E Sir Gawaine contou tudo isso na Corte do Rei Arthur e todos ficaram impressionados com o que disse.

E somente duas vezes depois de então Sir Pellias foi visto por companheiros antigos seus.

E Sir Marhaus foi sagrado Companheiro da Távola Redonda e se tornou um dos maiores cavaleiros de sua história.

E Lady Ettard voltou a favorecer Sir Engamore. Naquele verão os dois se casaram e Sir Engamore se tornou dono de Grantmesnle.

Assim acaba esta história.

PARTE III

A História de Sir Gawaine

Aqui segue a história de Sir Gawaine e de como desenvolveu uma lealdade tão grande ao Rei Arthur, seu senhor, que não creio que outra como ela jamais tenha havido antes.

De fato, embora Sir Gawaine tivesse às vezes modos muito rudes e ásperos, e embora pudesse ser tão direto que suas palavras escondiam sua natureza gentil, sob esse jeito orgulhoso havia muita cordialidade e às vezes ele tinha maneiras tão polidas e era tão bom com as palavras que era chamado por muitos de o Cavaleiro Eloquente.

Agora, portanto, lerão como sua lealdade ao Rei Arthur trouxe-lhe tantas retribuições que quase todos no mundo poderiam invejar sua boa sorte.

Capítulo Primeiro

Como um cervo branco apareceu diante do Rei Arthur,
e como Sir Gawaine e Gaheris, seu irmão, partiram
em busca dele, e o que lhes aconteceu nessa demanda

Numa certa vez, o Rei Arthur, junto com a Rainha Guinevere e toda a sua Corte, atravessava uma parte de seu reino que não era muito próxima a Camelot. Naquela ocasião o Rei viajava com grande pompa, e a Rainha Guinevere trazia todo o seu séquito, portanto havia muitos escudeiros e pajens e, somados aos cavaleiros, nobres e damas de companhia, havia mais de cento e vinte pessoas com o Rei e a Rainha.

Já que, por acaso, era uma época bem quente do ano, quando veio o meio-dia o Rei ordenou que algumas tendas fossem montadas para que descansassem até que passasse o calor daquela hora. Assim os atendentes espalharam as tendas numa clareira agradável na beira da floresta.

Isso feito, o Rei ordenou que se colocassem mesas sob a sombra das árvores onde pudessem comer seu repasto do meio-dia, pois, como havia uma brisa suave e muitos pássaros cantando, seria bastante agradável sentar ao ar livre.

Os atendentes da Corte fizeram como o Rei tinha ordenado, e as mesas foram colocadas sobre a grama na sombra, e o Rei e a Rainha e todos os nobres e damas dos seus séquitos se sentaram para aquele alegre repasto.

Acontece que, enquanto estavam ali sentados comendo muito satisfeitos e alegres e conversando animadamente, ouviram de repente um grande tumulto vindo do bosque lá perto, e do manto de folhagem pulou um cervo branco muito lindo perseguido por um cão de igual beleza. E nenhum dos dois animais possuía um só fio de pelo que não fosse branco como leite, e cada um trazia no pescoço uma belíssima coleira de ouro.

Um cervo branco e um cão branco aparecem durante o banquete do Rei Arthur.

O cão perseguia o cervo branco latindo e fazendo grande alarido, e o cervo fugia aterrorizado. Correram desse modo três vezes em torno da mesa onde o Rei Arthur e a sua Corte comiam, e duas vezes o cão alcançou o cervo e abocanhou-o na coxa, fazendo com que o cervo saltasse para longe e todos os que lá estavam viram que havia sangue nos dois pontos da coxa onde o cão o havia mordido.

Mas, como a cada vez o cervo escapava do cão e o cão o perseguia latindo muito alto, o Rei Arthur e a Rainha Guinevere e toda a Corte ficaram incomodados com o ruído e o tumulto que causavam. Nisso, o cervo fugiu para a floresta novamente por uma outra trilha, o cão o perseguiu e os dois sumiram, enquanto os latidos do cão ficavam cada vez mais distantes à medida que ele corria pela mata.

Pois bem, antes que o Rei, a Rainha e a sua Corte tivessem se recuperado do susto, de repente surgiram, vindos do mesmo lado da floresta de onde vieram o cervo e o cão, um cavaleiro e uma dama, e o cavaleiro tinha um tipo muito nobre e a dama era incrivelmente bela. O cavaleiro usava meia armadura e a dama estava vestida de verde como se fosse para uma caçada. E o cavaleiro estava montado num cavalo baio e a dama num palafrém malhado. Acompanhavam-nos dois escudeiros, também vestidos para a caça.

Ao notarem o grupo grande de gente que lá estava, pararam surpresos. Nisso surgiu, de repente, um outro cavaleiro, montado num cavalo negro e vestido de armadura completa. Parecia muito zangado, pois foi até o cavaleiro com meia armadura e golpeou-o com a espada tão forte que este caiu do cavalo e ficou no chão como morto, enquanto a dama que o acompanhava gritou de horror.

O Rei Arthur e sua Corte assistem a um cavaleiro tomar uma dama como prisioneira.
Então o cavaleiro todo armado no cavalo negro correu até a dama, agarrou-a, puxou-a de seu palafrém, atravessou-a sobre sua sela, e seguiu de volta para a floresta. A dama gritava desesperada, que dava dó de ouvir, mas o cavaleiro parecia indiferente, e levou-a à força para dentro da floresta.

Depois que tinham partido, os dois escudeiros vieram e ajudaram o cavaleiro ferido a subir em seu cavalo, e eles também voltaram para a floresta e partiram.

O Rei Arthur e sua Corte assistiram a tudo isso de longe, e estavam tão distantes que não puderam impedir o cavaleiro no cavalo negro de carregar a dama para dentro da floresta, nem puderam ajudar o outro cavaleiro que viram ser derrubado daquele modo. Portanto estavam todos muito aflitos com o que tinham visto e não conseguiam entender o que acontecera. Então o Rei Arthur disse para sua Corte:

– Não haverá um entre os senhores que possa seguir nessa aventura e descobrir o que significa isso a que assistimos, e que obrigue aquele cavaleiro a contar por que se comportou daquele jeito?

Ao ouvir isso, Sir Gawaine disse:

– Senhor, ficaria realmente muito feliz de assumir essa aventura, se me der permissão.

E o Rei Arthur disse:

– Tem minha permissão.

Então Sir Gawaine disse:

– Senhor, gostaria que me deixasse levar comigo nessa empresa meu irmão mais novo, Gaheris, como meu escudeiro, pois já está quase homem e no entanto ainda não viu uma só aventura maior de armas.

Então o Rei Arthur disse:

– Tem minha permissão para levar consigo seu irmão.

Isso deixou Gaheris muito feliz, pois tinha um espírito aventureiro, então a ideia de ir com seu irmão naquela demanda deu-lhe imenso prazer.

Assim os dois foram até a tenda de Sir Gawaine e lá Gaheris ajudou Sir Gawaine, como seu escudeiro, a colocar a armadura. Em seguida partiram a cavalo para aquela demanda que Sir Gawaine tinha assumido.

Sir Gawaine e Gaheris partem na aventura.

Estavam viajando para bem longe, seguindo na direção que viram o cervo tomar quando escapou do cão. E quando, vez ou outra, encontravam algum morador da floresta, perguntavam-lhe por onde tinham ido o cão branco e o cervo branco, e para onde tinham ido o cavaleiro e a dama, e assim iam seguindo céleres para sua aventura.

Por fim, depois de muito tempo – já sendo o final da tarde –, de repente começaram a ouvir um grande ruído de briga, como se uma luta feroz estivesse acontecendo. Então seguiram o ruído e depois de algum tempo chegaram a um prado aberto forrado de uma relva muito lisa e clara. Lá viram dois cavaleiros que lutavam violentamente até a morte. Então Sir Gawaine disse:

Eles veem dois cavaleiros lutando.

– O que é isso? Vamos lá ver.

Então ele e Gaheris cavalgaram até onde os dois cavaleiros se atacavam e, quando se aproximaram, os dois interromperam a luta e baixaram as armas. Então Sir Gawaine disse:

– Ah, senhores, o que se passa e por que lutam assim com tanta ferocidade um contra o outro?

Então um dos cavaleiros disse para Sir Gawaine:

– Senhor, isso não é da sua conta.

E o outro disse:

– Deixe-nos em paz, pois esta luta é escolha nossa.

– Meus senhores – disse Sir Gawaine –, teria pena de interferir na luta, mas procuro um cervo branco e um cão branco que vieram nessa direção, e também um cavaleiro que capturou uma dama e seguiu pelo mesmo caminho. Pois eu lhes ficaria muito grato se me dissessem se viram algum deles.

Então o cavaleiro que tinha falado primeiro disse:

– Senhor, isso é muito estranho. Pois é justamente por causa desse mesmo cervo branco e do cão, e do cavaleiro e da dama, que estamos os dois agora lutando, como viu. Pois acontece o seguinte: somos irmãos e estávamos cavalgando juntos muito amigavelmente quando aquele cervo e aquele cão passaram por aqui. Então meu irmão disse que torcia para que o cervo escapasse do cão e eu disse que torcia para que o cão alcançasse e derrubasse o cervo. Então apareceram aquele cavaleiro e aquela dama, sua prisioneira, e eu disse que seguiria o cavaleiro e resgataria a dama, e meu irmão disse que era ele que iria nessa aventura.

Um dos cavaleiros conta a sua história.

"Aí começou a nossa briga, pois me parecia que eu tinha simpatizado muito com o cão, enquanto meu irmão tinha adorado o cervo branco, e que, como eu tinha falado primeiro, era meu direito seguir naquela aventura. Mas meu irmão, tendo se afeiçoado pelo cervo e considerando que ele é o mais velho, achava que era ele quem tinha o direito de seguir naquela aventura. Assim discutimos e dali a pouco passamos a lutar como acaba de presenciar."

Isso deixou Sir Gawaine completamente perplexo, e ele disse:

– Meus Senhores, não consigo entender como uma briga tão grande tenha começado com uma desavença tão pequena. E com certeza é uma grande lástima que dois irmãos briguem assim, ferindo-se um ao outro como vejo que fizeram.

– Meus Senhores – disse o segundo cavaleiro –, acho que tem razão, e agora estou muito envergonhado dessa briga.

E o outro disse:

– Eu também lamento o que fiz.

Então Sir Gawaine disse:

– Senhores, ficaria muito feliz se me dissessem seus nomes.

E um dos cavaleiros disse:

– Me chamo Sir Sorloise da Floresta.

E o outro disse:

– Eu me chamo Sir Brian da Floresta.

Então Sir Sorloise disse:

– Senhor Cavaleiro, tomaria como uma grande cortesia se me dissesse quem é.

– Me agradaria muito fazê-lo – disse Sir Gawaine, e então lhes disse seu nome e condição.

Quando eles ouviram quem Sir Gawaine era, os dois cavaleiros ficaram completamente surpresos e felizes, pois não havia ninguém mais famoso nas cortes de cavalaria do que Sir Gawaine, filho do Rei Lot de Orkney. Então os dois irmãos disseram:

Sir Gawaine, filho do Rei Lot de Orkney.

– Com certeza é uma enorme alegria conhecer um cavaleiro tão famoso como o senhor, Sir Gawaine.

Então Sir Gawaine disse:

– Senhores Cavaleiros, o cervo e o cão passaram há pouco tempo por onde o Rei Arthur, a Rainha Guinevere e os seus séquitos de nobres e damas banqueteavam, e foi lá também que todos vimos quando o cavaleiro capturou a dama e a fez prisioneira. Portanto, eu e meu irmão viemos em obediência à ordem do Rei Arthur de que descobríssemos o que significava o que vimos. Agora, eu consideraria uma enorme gentileza sua se abandonassem essa aventura e fossem como amigos até a Corte do Rei, e lhe contassem o que viram, como lutaram e como nos conhecemos. Senão eu próprio terei que lutar contra ambos, o que seria muita pena, pois estão cansados da luta, mas eu não.

Então os dois cavaleiros disseram:

– Senhor, faremos o que pede, pois não desejamos nos meter com um cavaleiro tão forte como o senhor.

Em seguida, os dois cavaleiros partiram e foram até onde estava a Corte do Rei Arthur conforme Sir Gawaine tinha ordenado, e Sir Gawaine e seu irmão seguiram para sua aventura.

Sir Gawaine e Gaheris encontram um cavaleiro na beira de um rio. Pois bem, dali a pouco se aproximaram de um grande rio, e lá avistaram um cavaleiro sozinho, todo armado, trazendo uma lança na mão e um escudo pendurado na sela. Então Sir Gawaine galopou até lá e chamou o cavaleiro, e o cavaleiro parou e esperou até que Sir Gawaine o alcançasse. E quando Sir Gawaine se aproximou do cavaleiro, disse:

– Senhor Cavaleiro, por acaso viu um cervo branco e um cão branco passando por aqui? E por acaso viu também um cavaleiro levando uma dama prisioneira?

Ao que o cavaleiro disse:

– Sim, vi todos eles, e agora mesmo os estou perseguindo para saber para onde foram.

Então Sir Gawaine disse:

– Senhor Cavaleiro, peço-lhe que não prossiga nessa aventura, pois eu próprio me lancei nela. Portanto peço-lhe que desista para que eu possa segui-la em seu lugar.

– Senhor – disse o outro cavaleiro de um modo bem inflamado –, não sei quem é e nem me importo. Mas com relação a essa aventura, afirmo-lhe que eu próprio pretendo segui-la até o fim e assim farei. Aquele que quiser, que tente me impedir.

Nisso, Sir Gawaine disse:

– Senhor, não seguirá nesta aventura antes que primeiro se meta comigo.

E o cavaleiro disse:

– Senhor, isso farei de bom grado.

Então cada cavaleiro se posicionou no campo como achou melhor e se colocou em posição de defesa e empunhou seu escudo e sua lança. Então, quando estavam totalmente prontos, imediatamente dispararam na direção um do outro, *Sir Gawaine derruba o cavaleiro.* avançando velozmente e com tal estrondo que o chão tremia e sacudia sob eles. E assim se chocaram no meio do caminho e a lança do cavaleiro desconhecido se despedaçou, mas a lança de Sir Gawaine ficou inteira. E assim ele derrubou o cavaleiro de sua sela com tanta violência que ele atingiu o chão com um estrondo de terremoto.

Então Sir Gawaine cavalgou de volta até o seu inimigo (pois o cavaleiro não conseguia se levantar), e retirou o elmo da cabeça do cavaleiro caído e viu que era muito jovem e formoso.

Pois bem, quando o cavaleiro sentiu o ar fresco no rosto, logo acordou do desmaio e recobrou os sentidos. Então Sir Gawaine disse:

– Rende-se a mim?

E o cavaleiro disse:

– Sim.

Então Sir Gawaine disse:

– Quem é?

E o cavaleiro disse:

– Me chamo Sir Alardin das Ilhas.

– Muito bem – disse Sir Gawaine –, então ordeno-lhe o seguinte: vá até a Corte do Rei Arthur e entregue-se como prisioneiro derrotado pela minha destreza. E deve dizer-lhe que viu o cervo, o cão, o cavaleiro e a dama. E lhe dirá tudo o que lhe aconteceu nessa luta.

Então o cavaleiro disse que assim faria, e assim se separaram, uns indo para um lado e o outro indo para o outro lado.

Sir Gawaine e seu irmão, Gaheris, já tinham cavalgado uma distância considerável quando foram chegando através da mata a uma planície aberta, já na hora do pôr do sol. E avistaram no meio da planície um castelo muito imponente e bonito com cinco torres e muito fortificado.

E ali mesmo eles viram algo que os encheu de enorme tristeza, pois viram o corpo do cão branco caído na beira da estrada feito carniça. E viram que o cão tinha sido atravessado por três flechas, portanto tinha sido morto violentamente.

Sir Gawaine e Gaheris veem o cão morto.

Pois bem, quando Sir Gawaine viu aquele lindo cão, morto, deitado ali daquele jeito, encheu-se de grande tristeza.

– Que pena – ele exclamou – que este nobre cão tenha morrido desse modo. Acho que era o cão mais bonito que eu jamais havia visto em toda a minha vida. Com certeza ele foi traído, pois trataram-no terrivelmente por causa daquele cervo branco que ele perseguia. Agora, juro que se encontrar aquele cervo, mato-o com minhas próprias mãos, pois foi naquela perseguição que esse cão encontrou a morte.

Depois disso cavalgaram em direção ao castelo e quando se aproximaram – ora! – viram o cervo branco com a coleira de ouro vagando pelos prados em frente ao castelo.

Pois bem, assim que viu os dois estranhos, o cervo branco fugiu com toda pressa para o castelo, correndo pelo pátio adentro. E ao ver o cervo, Sir Gawaine correu a persegui-lo e Gaheris seguiu seu irmão.

Sir Gawaine mata o cervo branco.

Então Sir Gawaine perseguiu o cervo até entrar no pátio do castelo sabendo que de lá ele não poderia escapar. Então Sir Gawaine pulou do cavalo, puxou a espada e matou o cervo com um só golpe de sua arma.

Fez isso de forma muito apressada, mas tão logo o tinha feito e visto que não tinha mais jeito, arrependeu-se demais.

Todo aquele tumulto atraiu o castelão e a castelã; o castelão tinha uma aparência muito nobre e altiva e a castelã era extraordinariamente graciosa e linda. E Sir Gawaine olhou a castelã e achou que provavelmente nunca tinha visto uma dama tão bonita, o que o fez ficar ainda mais arrependido de, na pressa, ter matado o cervo branco.

Mas quando a castelã viu que o cervo branco jazia morto no piso de pedra do pátio, levou as mãos ao rosto e soltou um grito tão agudo e alto que parecia atravessar os ouvidos. E exclamou:

– Ó, meu cervo branco, estás morto? – e começou a chorar desesperadamente.

Então Sir Gawaine disse:

– Senhora, lamento muito pelo que fiz, queria poder desfazê-lo.

Então o castelão disse a Sir Gawaine:

– Foi o senhor que matou o cervo?

– Sim – disse Sir Gawaine.

– Senhor – disse o castelão –, cometeu um grave erro nessa situação, e se aguardar um pouco, vingar-me-ei do senhor.

Ao que Sir Gawaine disse:

– Aguardarei o quanto for preciso.

Então o castelão foi até os seus aposentos e vestiu sua armadura, e dali a pouco voltou muito enfurecido.

– Senhor – disse Sir Gawaine –, qual é a sua disputa comigo?

E o castelão disse:

– O senhor matou o cervo branco que minha esposa tanto amava.

Ao que Sir Gawaine disse:

– Eu não teria matado o cervo branco se, por causa dele, o cão branco não tivesse sido traiçoeiramente vitimado.

Ao ouvir essas palavras o castelão ficou mais zangado do que nunca. Correu

O castelão atinge Sir Gawaine.

até Sir Gawaine e golpeou-o sem aviso, de modo que perfurou a ombreira de sua armadura, atingiu a carne e afundou a arma até o osso do ombro, deixando Sir Gawaine agonizando da dor do golpe. A dor da ferida fez Sir Gawaine encher-se de raiva, portanto desferiu um golpe tão violento no cavaleiro que atravessou seu elmo e atingiu o osso. O cavaleiro caiu de joelhos com a ferocidade do golpe, e não conseguia mais se levantar. Então Sir Gawaine levou as mãos até o elmo e retirou-o de sua cabeça.

Em seguida o cavaleiro falou com uma voz fraca:

– Senhor Cavaleiro, peço-lhe perdão e me rendo.

Mas Sir Gawaine estava ainda muito enfurecido de raiva por causa do golpe inesperado que tinha recebido e por causa da intensa dor da ferida, portanto não queria dar perdão, mas levantou a espada com a intenção de matar o cavaleiro. *Sir Gawaine faz menção de matar o castelão.* Quando a castelã viu o que Sir Gawaine pretendia fazer, livrou-se de suas damas, correu e lançou-se sobre o cavaleiro para protegê-lo com o próprio corpo. Mas naquele momento Sir Gawaine já estava investindo e não conseguiu evitar o golpe a tempo. Mas conseguiu girar a espada na mão de modo que o fio não *Sir Gawaine atinge a castelã sem querer.* atingiu a dama. No entanto, a aresta da lâmina atingiu-a em cheio no pescoço, causando um pequeno corte e fazendo com que o sangue escorresse pelo seu colo alvo e suave e manchasse seu lenço. A dama caiu no chão com o impacto do golpe e ficou lá como se estivesse morta.

Pois bem, quando Sir Gawaine viu aquilo, achou que tinha inadvertidamente assassinado a dama, e ficou horrorizado com o que tinha feito, exclamando:

– Ai de mim! O que foi que eu fiz?

– Puxa – disse Gaheris –, foi mesmo um golpe vergonhoso que deste e a vergonha é também minha, pois sou teu irmão. Agora preferia não ter vindo contigo até aqui.

O castelão ficou tomado de grande melancolia, pois achou que sua esposa estava morta, então gritou desesperado:

– Agora não quero mais sua misericórdia, pois o senhor é um cavaleiro sem misericórdia e sem pena. E como assassinou minha esposa, que me era mais cara do que a minha própria vida, pode me matar. Esse é o único favor que poderá me fazer.

Mas a essa altura as damas de companhia da castelã tinham ido para onde ela estava, e a principal delas exclamou para o castelão:

– Ah, senhor, sua esposa não está morta, mas só desmaiada, e logo se recuperará.

Quando o castelão ouviu essas palavras, começou a chorar copiosamente de pura alegria, pois agora que sabia que sua esposa estava viva, não conseguia conter-se de tanta felicidade. Então Sir Gawaine aproximou-se dele, ergueu-o do chão e beijou-lhe o rosto. Logo outros vieram e levaram a dama até seus aposentos, onde ela dali a pouco recobrou os sentidos e viu-se que o golpe recebido não tinha lhe feito tanto mal assim.

Naquela noite, Sir Gawaine e seu irmão Gaheris se hospedaram com o cavaleiro e a dama, e quando o cavaleiro soube quem Sir Gawaine era, sentiu-se muito honrado de ter um cavaleiro tão famoso ali. Então jantaram juntos naquela noite como grandes amigos.

Pois bem, depois de terem comido e bebido, Sir Gawaine disse:

– Peço-lhe, senhor, diga-me o que significam o cervo branco e o cão branco que me levaram a esta aventura.

A isso o castelão (cujo nome era Sir Ablamor de Marise) disse:

– Contarei.

E falou assim:

– Deve saber, senhor, que tenho um irmão que sempre me foi muito caro, e quando tomei esta dama por esposa, ele tomou a irmã dela por esposa.

"Pois bem, meu irmão morava num castelo próximo daqui, e tínhamos uma grande relação de amizade. Mas um dia minha esposa e a esposa de meu irmão cavalgavam pela floresta juntas conversando agradavelmente. De repente apareceu-lhes uma dama incrivelmente bela e de aparência muito singular, pois creio que nem minha esposa nem sua irmã jamais a tinham visto.

O castelão conta a história do cervo branco e do cão branco.

"Essa estranha dama trouxe-lhes um cervo branco e um cão branco, e ela trazia cada um preso por uma coleira de ouro de onde saía uma corrente prateada. Ela deu o cervo branco para minha esposa e o cão branco ela deu para a irmã de minha esposa. E em seguida partiu, deixando-as muito felizes.

"Mas a alegria delas não durou muito, pois desde então só havia discórdia entre meu irmão e eu, e entre minha esposa e sua irmã, pois o cão branco perseguia o cervo branco o tempo todo para matá-lo. Isto fez com que eu e minha esposa ficássemos muito ofendidos com meu irmão e sua esposa porque não mantinham o cão preso em casa. O que nos levou a tentar matar o cão branco várias vezes, donde meu irmão e sua esposa ficaram igualmente ofendidos conosco.

"Acontece que hoje por acaso eu estava nos confins da floresta a leste daqui, quando ouvi uma gritaria vinda do mato, e dali a pouco o cervo branco que pertencia à minha esposa saiu correndo de dentro do mato e o cão branco que pertencia à esposa de meu irmão o perseguia. E meu irmão e sua esposa, acompanhados de dois escudeiros, vinham galopando atrás do cervo e do cão.

"Aquilo me deixou muito zangado, pois me pareceu que estavam perseguindo o cervo branco de pura maldade contra minha esposa e eu, portanto fui atrás deles com toda pressa.

"Acabei alcançando-os nos confins da mata, perto de onde havia várias tendas montadas na sombra de algumas árvores no meio de um prado, e lá, em plena raiva, desferi um pesado golpe em meu irmão e derrubei-o do cavalo. Então apanhei sua esposa, atravessei-a na sela e trouxe-a até aqui, e aqui a tenho mantida prisioneira por vingança, porque perseguiam o cervo branco que pertencia à minha esposa. A verdade é que, além de mim, aquele cervo era o que minha esposa mais amava no mundo todo."

– Senhor – disse Sir Gawaine –, esse é um caso muito estranho. Agora peço que me diga: como era essa dama que deu o cervo branco e o cão branco para as duas damas?

– Meu senhor – disse o cavaleiro –, ela estava toda vestida de vermelho, e em volta do pescoço e dos braços trazia muitos enfeites de ouro incrustados de pedras coloridas, e seu cabelo era vermelho como ouro e estava preso numa rede dourada, e seus olhos eram muito negros e incrivelmente brilhantes, e seus lábios eram feito coral, portanto a sua aparência era muito estranha.

Sir Gawaine ouve sobre Vivien.

– Ah! – disse Sir Gawaine. – Por sua descrição penso que essa dama só podia ser a feiticeira Vivien. Pois sei que agora ela passa todo o tempo causando males como esse por meio de seus feitiços, por pura maldade. E realmente acho que seria ótimo se ela fosse expulsa deste mundo para que parasse de causar tanto mal. Mas diga-me, Meu Senhor, onde está agora aquela dama, a irmã de sua esposa?

– Senhor – disse o cavaleiro –, ela está aqui neste castelo e é prisioneira de honra.

– Bem – disse Sir Gawaine –, agora que tanto o cervo quanto o cão estão mortos, o senhor com certeza não é mais inimigo nem dela nem de seu irmão, portanto peço-lhe que a deixe ir e volte a ser amigo dos dois, da forma como era antes.

E o castelão disse:

– Senhor, assim será.

Então naquele instante libertou a dama, e dali por diante houve amizade entre eles conforme Sir Gawaine tinha ordenado.

No dia seguinte Sir Gawaine e seu irmão, Gaheris, voltaram para a Corte do Rei e ele contou ao Rei Arthur e sua Corte tudo o que tinha acontecido, sem esconder-lhes nada.

Pois bem, a Rainha Guinevere ficou muito chateada de saber como Sir Gawaine não tivera misericórdia do cavaleiro e golpeara a dama com sua espada. Então comentou com as pessoas que estavam ao seu lado:

– Parece-me muito estranho que um cavaleiro graduado aja assim: recusando misericórdia a um cavaleiro caído e golpeando uma dama com sua espada. Acho mesmo que uma espada que tenha atingido uma dama e a feito sangrar desse modo deva ser desonrada. Não consigo imaginar ninguém que pudesse golpear uma dama desse jeito e se considerar inocente quanto ao seu juramento de cavaleiro.

A Rainha Guinevere fica insatisfeita com Sir Gawaine.

Sir Gawaine escutou aquilo e ficou morrendo de raiva. Mas naquele momento escondeu seu ressentimento. Só depois que tinha se afastado disse a Gaheris, seu irmão:

– Acho que aquela dama me odeia de coração. Mas algum dia vou mostrar-lhe que em mim há mais cordialidade e gentileza do que ela pensa. Quanto à minha espada, já que ela a considera desonrada por causa daquele golpe, não a usarei novamente.

Sir Gawaine quebra sua espada.

Então desembainhou a espada, quebrou-a sobre os joelhos e jogou-a fora.

Pois bem, tudo isso foi contado para preparar o que vem a seguir. Pois agora vocês ficarão sabendo dos grandes atos de nobreza que Sir Gawaine realizava quando lhe convinha, embora provavelmente os que leram esta história terão sentido, como a Rainha Guinevere, que na aventura que se passou Sir Gawaine não foi cortês como cabia a um cavaleiro graduado.

Capítulo Segundo

Como o Rei Arthur se perdeu na floresta, e
como acabou se envolvendo numa aventura
muito singular no castelo aonde chegou

Pois bem, algum tempo depois disso, o Rei Arthur estava em Tintagalon cuidando de assuntos de estado. E a Rainha Guinevere e seu séquito e o séquito do Rei viajavam de Camelot para Carleon, onde ficaram até que o Rei terminasse de resolver seus assuntos em Tintagalon e fosse lá encontrá-los.

Era então primavera, quando tudo fica muito agradável e alegre, o que deixou o Rei muito inclinado à aventura. Então ele chamou um escudeiro que era o seu favorito, chamado Boisenard, e disse a ele:

– Boisenard, hoje está um dia tão agradável que nem consigo me conter de tanta alegria que me dá, pois parece que meu coração está prestes a arrebentar de tão animado que estou. Então me deu vontade de sair gazeteando por aí, e levar-te comigo como única companhia.

Ao que Boisenard disse:

– Senhor, não sei de nada que me daria prazer maior.

Então o Rei Arthur disse:

– Muito bem, vamos sair daqui de modo que ninguém perceba que partimos. E assim iremos até Carleon surpreender a Rainha, chegando lá tão inesperadamente.

Então Boisenard trouxe a armadura, sem o emblema, e vestiu o Rei com ela, e em seguida os dois saíram a cavalo, e ninguém percebeu que tinham saído do castelo.

O Rei Arthur parte com seu escudeiro.

Quando alcançaram os campos, o Rei Arthur assobiava, cantava, ria e se divertia, pois se sentia como um corcel que, deixado solto no pasto sob o sol e o ar morno que ama, volta a ser potro novamente.

Assim, dali a pouco entraram na floresta e cavalgaram por lá muito contentes. Tomaram aquele caminho e o fizeram por nenhum outro motivo que não fosse o dia estar tão alegre e agradável. Dali a algum tempo acabaram se perdendo pelos bosques labirínticos e não sabiam mais onde estavam.

Pois bem, quando perceberam que estavam assim perdidos, passaram a viajar mais concentrados, primeiro tentando uma direção, depois outra, mas naquela confusão de trilhas não conseguiam encontrar o caminho certo de jeito nenhum.

Os dois se perdem na floresta. Quando caiu a noite, não sabiam onde estavam, ao passo que tudo em torno ficou bem escuro e turvo, e a mata ao redor se encheu de ruídos estranhos e incomuns.

Então o Rei Arthur disse:

– Boisenard, o que está acontecendo é muito inesperado e não sei onde poderemos passar esta noite.

Ao que Boisenard disse:

– Senhor, se me der permissão, subirei numa dessas árvores para ver se consigo descobrir algum sinal de gente nesta selva.

E o Rei Arthur disse:

– Faze-o, por favor.

Boisenard avista uma luz. Então Boisenard subiu numa árvore bem alta e do topo dela avistou uma luz muito distante, e disse:

– Senhor, vejo uma luz naquela direção – e desceu da árvore novamente.

Então o Rei Arthur e Boisenard seguiram na direção de onde Boisenard tinha visto a luz e aos poucos saíram da floresta e deram numa clareira onde encontraram um castelo enorme com várias torres altas e de aspecto muito soturno e intimidador. A luz que Boisenard tinha visto vinha daquele castelo. Portanto os dois cavalgaram até ele e Boisenard chamou e bateu no portão. Imediatamente surgiu um guarda-portão e perguntou a eles o que queriam. Então Boisenard respondeu:

– Senhor, gostaríamos de passar a noite aqui pois estamos muito cansados.

Então o guarda-portão disse:

– Quem são? – falando com eles de um jeito bem rude e grosseiro pois não conseguia ver que tipo de gente eram por causa da escuridão.

Então Boisenard disse:

– Esse aqui é um cavaleiro de muito alta estirpe e eu sou seu escudeiro. Nos perdemos na floresta e agora viemos até aqui buscando abrigo.

– Senhor – disse o guarda-portão –, o melhor é irem dormir na floresta em vez de virem até aqui, pois este não é um bom retiro para cavaleiros andantes buscarem abrigo.

Ao ouvir essas palavras, o Rei Arthur resolveu falar com o guarda-portão, pois o que ele tinha dito o deixou muito curioso. Então disse:

– Não, não iremos embora e pedimos pouso por esta noite.

Então o guarda-portão disse:

– Muito bem, podem entrar – então abriu o portão e eles adentraram o pátio do castelo.

Só que, com o ruído de sua chegada, muitas luzes se acenderam no castelo, e surgiram vários atendentes. Alguns deles ajudaram o Rei Arthur e Boisenard a desmontar, outros levaram seus cavalos e outros trouxeram bacias d'água para que se lavassem. Depois de lavarem o rosto, foram levados para dentro do castelo por outros atendentes.

O Rei Arthur e seu escudeiro entram no castelo.

Quando entraram no castelo perceberam que havia um grande ruído de gente falando e rindo, junto com o som de canto e harpa. Então ingressaram no salão do castelo e viram que estava todo iluminado por várias velas e tochas. Lá contemplaram uma multidão reunida numa mesa preparada para um banquete, e na cabeceira da mesa estava sentado um cavaleiro bem idoso, cujo cabelo e barba eram brancos como leite. Todavia, possuía uma constituição forte e robusta, com ombros incrivelmente largos e um peito amplo. Esse cavaleiro tinha uma aparência severa e ameaçadora, estava todo vestido de preto e usava em torno do pescoço uma corrente de ouro com um medalhão de ouro pendurado nela.

Pois bem, quando esse cavaleiro viu o Rei e Boisenard entrando no salão, chamou-os com uma voz bem alta para que viessem e sentassem com ele na cabeceira da mesa. E assim fizeram, enquanto os que estavam na cabeceira abriram espaço para eles, e então os dois se sentaram ao lado do cavaleiro.

Acontece que o Rei Arthur e Boisenard estavam famintos, portanto comeram com grande apetite e se regozijaram da recepção que estavam tendo. Enquanto isso, o cavaleiro conversava com eles agradavelmente sobre os assuntos que mais os entreteriam. Assim, depois de algum tempo, o banquete terminou e eles pararam de comer.

Então, de repente, o cavaleiro disse para o Rei Arthur:

– Meu senhor, é jovem e viçoso e não tenho dúvida de que tem bom coração. O que diz de jogarmos um pouco, nós dois?

O castelão desafia o Rei Arthur para uma aventura.

O Rei Arthur então olhou o cavaleiro mais detidamente e achou que seu rosto não era tão velho quanto parecia, pois seus olhos eram muito brilhantes e reluziam como faíscas. Por isso ficou na dúvida, e disse:

– Senhor, de que jogo gostaria?

Nisso o cavaleiro caiu na gargalhada e disse:

– Há um jogo muito diferente que pensei, que é assim: vamos provar um ao outro quanta coragem cada um tem.

E o Rei Arthur disse:

– E como faremos isso?

Ao que o cavaleiro respondeu:

– Eis o que faremos: o senhor e eu iremos até o meio do salão e o senhor tentará decepar minha cabeça; se eu sobreviver a esse golpe, então tentarei decepar a sua do mesmo jeito.

Aquelas palavras deixaram o Rei Arthur muito horrorizado, então ele disse:

– Esse é um jogo muito estranho de se jogar.

Pois bem, quando o Rei Arthur disse aquilo, todos os que estavam no salão caíram na gargalhada de tal forma que era como se não fossem mais parar de rir. Então, quando tinham se aquietado o suficiente novamente, o castelão disse:

– Senhor, tem medo desse jogo?

Ao que o Rei Arthur ficou muito zangado e disse:

– Não, não tenho medo, pois ninguém jamais teve motivo para dizer que tive medo de quem quer que fosse.

– Muito bem – disse o castelão –, então vamos jogar o jogo de que falei.

E o Rei Arthur disse:

– De bom grado.

Então Boisenard foi até onde o Rei Arthur estava e disse:

– Senhor, não entre nisso, mas deixe que eu o faça em seu lugar, pois tenho certeza de que estão lhe tramando alguma grande traição.

E o Rei Arthur disse:

– Não. Ninguém vai se colocar em perigo pois assumo meus próprios riscos sem depender de ninguém para isso.

Então disse ao cavaleiro do castelo:

– Senhor, estou pronto para o jogo de que fala, mas como sortearemos aquele que desferirá o primeiro golpe?

– Meu senhor – disse o cavaleiro do castelo –, não sortearemos, pois, como o senhor é um convidado aqui no castelo, será o primeiro no jogo.

Em seguida, o cavaleiro se levantou e retirou seu manto negro, e sob ele vestia uma camisa de linho finamente trabalhada. E usava meias vermelhas. Então abriu o colarinho da veste de linho, expondo o pescoço para o golpe. Então disse:

– Agora, Senhor Cavaleiro, terá que dar um golpe certeiro, se quiser vencer o jogo.

Mas o Rei Arthur não demonstrou medo de fazê-lo: levantou-se, empunhou Excalibur, e a lâmina brilhou com uma claridade intensa. Então mediu a distância de onde estava, ergueu a espada e golpeou o castelão com toda força no pescoço. E – ora! – a lâmina atravessou o pescoço do castelão com a maior facilidade, fazendo com que sua cabeça voasse para bem longe do corpo.

O Rei Arthur decepa a cabeça do cavaleiro do castelo.

Mas o tronco não caiu. Em vez disso ficou em pé e caminhou até a cabeça, e as mãos pegaram a cabeça de volta e a colocaram de volta no corpo, e – ora! – o cavaleiro estava de novo inteiro e saudável como tinha estado toda a vida.

Com isso todos os do castelo gritaram e riram muito, avisando ao Rei Arthur que agora era a vez dele. Então o Rei se preparou, retirando a sobrecasaca e abrindo o colarinho da camisa, do mesmo modo como o cavaleiro havia feito. Em vista disso Boisenard começou a se lamentar. Então o cavaleiro do castelo disse:

– Senhor, está com medo?

E o Rei Arthur disse:

– Não, não estou com medo, pois todo homem algum dia deve morrer, e parece que chegou a minha hora, e que devo perder a vida dessa maneira tola sem que seja minha culpa.

Então o cavaleiro do castelo disse:

– Bem, fique um pouco mais longe para que eu não o atinja muito de perto e assim estrague o meu golpe.

Então o Rei Arthur foi até o meio do salão e o cavaleiro do castelo brandiu a espada várias vezes, mas não golpeou. E também encostou várias vezes a lâmina em seu pescoço, e estava muito fria. Então o Rei Arthur gritou, muito inflamado:

O cavaleiro atormenta o Rei Arthur.

– Senhor, tem o direito de golpear, mas peço que pare de me torturar desse jeito.

– Não – disse o cavaleiro do castelo –, tenho o direito de golpear quando eu bem quiser, e não o farei antes da hora. Pois se assim me der vontade, vou atormentá-lo por bastante tempo antes de matá-lo.

E com isso encostou a espada várias outras vezes no pescoço do Rei Arthur, mas o Rei Arthur não disse mais nada, e encarou o tormento com espírito firme.

Então o cavaleiro do castelo disse:

– O senhor parece ser um cavaleiro muito corajoso e honrado, então decidi fazer um acordo com o senhor.

E o Rei Arthur disse:

– Que acordo é esse?

– É o seguinte – disse o castelão –, pouparei sua vida por um ano e um dia se me der sua palavra de cavaleiro de que voltará aqui no final deste prazo.

Então o Rei Arthur disse:

– Muito bem, assim será.

E assim empenhou sua palavra de cavaleiro que voltaria no final daquele prazo, jurando sobre a cruz do cabo de Excalibur.

Então o castelão disse:

– Farei um outro acordo com o senhor.

– O que é? – disse o Rei Arthur.

– Meu segundo acordo é o seguinte – falou o castelão –, proponho-lhe uma charada, e se conseguir resolver essa charada ao voltar aqui, e se der uma resposta livre de erro, então pouparei sua vida e o libertarei.

O castelão propõe uma charada ao Rei Arthur.

E o Rei Arthur disse:

– Qual é a charada?

Ao que o cavaleiro respondeu:

– A charada é a seguinte: o que é que as mulheres mais querem neste mundo?

– Senhor – disse o Rei Arthur –, tentarei descobrir a resposta dessa charada, e lhe agradeço por poupar-me a vida pelo tempo que me deu, e por me dar a chance de escapar da morte.

A isso o castelão sorriu com desdém e disse:

– Não lhe ofereço isso por pena, mas porque me dá prazer atormentá-lo. Pois que prazer pode sentir em viver sua vida sabendo que, com certeza, morrerá no final de um breve ano? E que prazer pode o senhor sentir em viver esse ano quando o passará atormentado pela ansiedade de descobrir a resposta para a minha charada?

Então o Rei Arthur disse:

– Julgo-o muito cruel.

E o cavaleiro disse:

– Isso não nego.

O Rei Arthur e Boisenard dormiram no castelo e no dia seguinte partiram. E o Rei ia muito triste e preocupado, mas mesmo assim proibiu Boisenard de mencionar qualquer coisa do que tinha acontecido, mandando-o guardar segredo. Boisenard obedeceu, e nada contou dessa aventura.

Pois bem, naquele ano o Rei Arthur resolveu os seus assuntos, mas também procurou de todas as maneiras decifrar a charada. Muitos lhe deram várias respostas: um disse que o que as mulheres mais queriam era riqueza, outro disse que o que mais queriam era beleza, e outro disse ainda que o que desejavam era ter o poder de agradar, e outro disse que belas roupas eram o que mais queriam, e um disse isso, e outro disse aquilo, mas nenhuma resposta pareceu ao Rei Arthur boa e adequada ao seu propósito.

Assim passou o ano, até que só faltavam duas semanas. E o Rei Arthur não aguentava mais ficar parado, pois sentia que sua hora estava próxima e sua alma estava cheia de uma ansiedade amarga, de modo que desejava partir.

Então chamou Boisenard e disse:

– Boisenard, ajuda-me com a armadura, pois vou partir.

Então Boisenard caiu em prantos e disse:

– Senhor, não vá.

O Rei Arthur olhou seu escudeiro muito seriamente e disse:

– Como, Boisenard? Queres tentar me convencer a violar minha própria honra? Não custa muito morrer, mas seria terrível viver minha vida em desonra. Portanto não tentes mais me convencer, mas faze o que te mandei e fica quieto. Se eu não voltar dentro de um mês, então podes contar a todos o que aconteceu. E deves pedir a Sir Constantine da Cornualha que pegue meus papéis no gabinete, onde encontrará tudo o que deve ser feito caso a morte me leve.

Então Boisenard vestiu o Rei Arthur com uma armadura simples, embora mal conseguisse enxergar de tantas lágrimas que lhe rolavam dos olhos. E amarrou-lhe a cota[58] sem o emblema e entregou-lhe o escudo sem o emblema.[59] Em seguida o Rei partiu a cavalo sem saber direito para onde ia. E a todos que encontrava perguntava o que era que as mulheres mais queriam, mas ninguém conseguia dar-lhe uma resposta que parecesse satisfatória, portanto seguia com grandes dúvidas e com a alma atormentada.

O Rei Arthur parte para voltar ao castelo do cavaleiro cruel.

Pois bem, no dia anterior aó dia em que o Rei Arthur deveria cumprir sua parte do acordo no castelo, ele ia vagando pela floresta próxima de lá com a alma muito angustiada, pois não sabia o que poderia fazer para salvar a própria vida. Enquanto assim ia, chegou de repente numa pequena cabana construída sob um salgueiro chorão de tal modo que ficava difícil dizer onde acabava a árvore e onde começava a cabana. E como ao redor havia várias grandes pedras cobertas de musgo, o Rei Arthur poderia ter facilmente passado direto não fosse ver uma fumaça subindo da cabana, como se houvesse uma fogueira dentro. Então foi até a cabana, abriu a porta e entrou. Primeiro achou que não havia ninguém, mas quando olhou novamente viu uma velha curvada sobre um foguinho que queimava na lareira. O Rei Arthur jamais havia visto uma mulher tão feia como aquela que estava ali sentada, curvada sobre o fogo, pois tinha enormes orelhas de abano, os cabelos

O Rei Arthur chega na cabana de uma mulher muito velha.

---

58. Revestimento, em geral até a altura dos joelhos, usado sob a parte superior da armadura de um cavaleiro.

59. O "emblema" (termo muitas vezes substituído por "divisa" ou "insígnia") é geralmente representado por uma figura simbólica (ou alegórica) que serve de distintivo a brasões de armas, bandeiras, flâmulas, trajes. Costuma ser acompanhado por uma "divisa" ou sentença breve, não raramente propondo um enigma.

caíam-lhe da cabeça como cobras e seu rosto estava todo coberto de sulcos de um jeito que não havia um só canto dele sem uma única ruga. Seus olhos eram remelentos e embaçados, e as pálpebras eram vermelhas do constante lacrimejar, e ela tinha somente um dente na boca, e suas mãos, que ela estendia contra o fogo, pareciam garras ossudas.

Então o Rei Arthur a cumprimentou e ela o cumprimentou, e disse a ele:

– Meu senhor Rei, de onde veio? E por que veio até aqui?

Então o Rei Arthur ficou completamente surpreso que a velha mulher o reconhecesse e soubesse seu nome, e disse:

– Quem é a senhora que parece me conhecer?

– Não importa – disse ela –, sou alguém que lhe quer bem. Então me conte qual é o problema que o traz aqui a esta hora.

Então o Rei confessou à velha todos os seus problemas e perguntou-lhe se sabia a resposta para a charada "O que é que as mulheres mais querem neste mundo?".

– Claro – disse a velha mulher –, sei muito bem a resposta dessa charada, mas só lhe contarei se me prometer algo em troca.

Então o Rei Arthur ficou feliz demais de saber que a velha mulher conhecia a resposta da charada, mas ficou na dúvida sobre o que ela iria lhe pedir. Então disse:

– O que quer em troca da resposta?

Então a velha disse:

– Se eu o ajudar a adivinhar a charada, deve prometer que me tornarei esposa de um dos cavaleiros de sua Corte, o qual eu mesma escolherei quando o senhor voltar para lá.

– Ah! – disse o Rei Arthur. – Como posso prometer algo em nome de alguém?

Ao que a velha disse:

– E por acaso os cavaleiros de sua Corte não são nobres que fariam isso para salvá-lo da morte?

– Creio que sim – disse o Rei Arthur.

Então ficou pensando um longo tempo, dizendo para si mesmo: "O que será do meu reino se eu morrer agora? Não tenho o direito de morrer." Então disse para a velha:

– Muito bem então, farei essa promessa.

A velha conta ao Rei Arthur a resposta à charada.
Então ela disse assim para o Rei:

– Eis a resposta da charada: o que as mulheres querem é que façam as suas vontades – e a resposta pareceu ao Rei Arthur fazer todo sentido.

O Rei Arthur encontra uma velha numa cabana.

Então a velha falou:

— Meu senhor Rei, o senhor foi enganado pelo cavaleiro que o levou a isso, pois ele é um grande mago e um feiticeiro malvado. A vida dele não está em seu corpo, mas numa bola de cristal que ele carrega dentro de um medalhão pendurado no pescoço. Sua vida ficou guardada no medalhão e por isso ele não morreu. Mas se destruir o medalhão, ele morrerá imediatamente.

— Lembrarei disso – disse o Rei Arthur.

Então o Rei Arthur passou a noite ali com a velha, e ela lhe serviu comida e bebida e cuidou dele muito bem. E na manhã seguinte ele partiu para o castelo onde tinha feito o acordo e seu coração estava mais feliz do que tinha estado um ano inteiro.

Capítulo Terceiro

Como o Rei Arthur derrotou o Cavaleiro-Feiticeiro, e como
Sir Gawaine demonstrou seu alto valor de cavaleiro

Pois bem, quando o Rei Arthur chegou ao castelo, o portão imediatamente se abriu e ele entrou. E quando estava lá dentro, vários atendentes vieram e levaram-no até o salão onde ele tinha estado antes. Lá encontrou o castelão e várias outras pessoas que tinham vindo assistir ao fim daquela aventura. E quando o cavaleiro viu o Rei Arthur, disse-lhe:

O Rei Arthur retorna ao castelo do cavaleiro malvado.

– Senhor, veio cumprir a sua palavra?

– Sim – disse o Rei Arthur –, pois fiz-lhe um juramento.

Então o cavaleiro do castelo disse:

– Senhor, conseguiu adivinhar a charada?

E o Rei Arthur disse:

– Creio que sim.

O cavaleiro do castelo disse:

– Então deixe-me ouvir a resposta. Mas se cometer qualquer erro, ou se não adivinhar corretamente, então pagará com a vida.

– Muito bem – disse o Rei Arthur –, que assim seja. Pois bem, eis a resposta à charada: o que as mulheres mais desejam é que façam as suas vontades.

Quando o castelão ouviu o Rei Arthur adivinhar a charada, não soube o que dizer ou para onde olhar, e aqueles que lá estavam também viram que o Rei tinha acertado.

Então o Rei Arthur chegou bem perto daquele cavaleiro e, com muita severidade no falar, disse:

– Agora, seu cavaleiro traidor! Pediu-me que jogasse um jogo consigo um ano atrás, então agora é a minha vez de lhe propor um jogo. E o jogo que quero jogar consigo é que me dê a corrente e o medalhão que traz pendurados no pescoço.

Ao ouvir isso, o cavaleiro ficou completamente pálido, como as cinzas da lareira, e soltou um som parecido com o emitido por uma lebre quando o cão a alcança. Então o Rei Arthur agarrou-o violentamente pelo braço, segurou o medalhão e arrancou-o do pescoço do cavaleiro, o que fez com que o cavaleiro gritasse bem alto e caísse de joelhos, pedindo ao Rei misericórdia e causando um grande tumulto.

Então o Rei Arthur abriu o medalhão e – ora! – dentro dele havia uma bola de cristal brilhante e transparente. E o Rei Arthur disse:

O Rei mata o cavaleiro do castelo.

– Não terei misericórdia – e jogou a bola com toda força no chão de pedra, quebrando-a com estardalhaço.

Então, naquele mesmo instante, o cavaleiro-feiticeiro soltou um grito terrível estridente e caiu no chão. Quando correram para levantá-lo – vejam só! –, estava completamente morto.

Pois bem, quando a gente do castelo viu que seu castelão tinha morrido assim de repente, e vendo o Rei Arthur que lá estava investido da fúria de sua majestade, encheram-se de medo e se afastaram dele. Então o Rei virou-se e foi embora daquele castelo, e ninguém tentou impedi-lo; e ele montou em seu cavalo e partiu sem que ninguém lhe desse permissão ou proibição de fazê-lo.

Depois de sair do castelo desse jeito, o Rei foi direto para a cabana onde vivia a velha e disse a ela:

– A senhora me ajudou demais quando tive necessidade, então agora vou cumprir a promessa que lhe fiz, pois a levarei até minha Corte onde escolherá um de meus cavaleiros para ser seu marido. Creio não haver um só cavaleiro em toda a minha Corte que não fique muito feliz de fazer o que estiver em seu poder para retribuir a alguém que me salvou, como a senhora fez hoje.

Em seguida tomou a velha e ergueu-a até a garupa de seu cavalo. Então ele próprio montou em seu cavalo e partiram dali. E o Rei tratou a velha com a maior consideração em todos os sentidos,

O Rei Arthur leva a velha embora consigo.

como se ela fosse uma linda dama e da mais alta estirpe da região. E também lhe mostrou tanto respeito que, fosse ela uma dama de sangue real, não a teria tratado melhor.

Assim, no prazo esperado chegaram à Corte, que naquela ocasião estava em Carleon. E chegaram perto do meio-dia.

Pois bem, acontece que naquele momento a Rainha e vários nobres e damas da Corte tinham saído para os campos para aproveitar as delícias da primavera, pois ninguém em todo o mundo, exceto o escudeiro Boisenard, sabia do perigo que o Rei Arthur estava correndo. Portanto estavam todos alegres aproveitando a agradável estação. Acontece que, quando o Rei Arthur foi se aproximando e eles o viram vindo, ficaram mais do que perplexos de vê-lo cavalgando pelo campo com aquela anciã na garupa, portanto ficaram parados esperando que ele os alcançasse.

Mas quando o Rei Arthur chegou aonde estavam, não desmontou do cavalo, permanecendo sentado nele e encarando-os a todos muito sério. E a Rainha Guinevere disse:

– Senhor, o que é isso? Será que decidiu fazer alguma brincadeira hoje trazendo aqui essa velha?

– Senhora – disse o Rei Arthur –, a brincadeira teria sido muito triste para mim e para a senhora se não fosse por essa anciã, pois se ela não tivesse me ajudado, eu agora seria um homem morto e em alguns dias todos vocês com certeza estariam sofrendo uma enorme tristeza.

Então todos os que lá estavam ficaram muito confusos com as palavras do Rei. E a Rainha disse:

– Senhor, o que foi que lhe aconteceu?

Então o Rei Arthur contou-lhes tudo o que tinha acontecido desde o início quando ele e Boisenard deixaram o castelo de Tintagalon. Quando terminou sua história estavam todos muito impressionados.

Havia dezessete nobres da Corte ali presentes. Então, quando o Rei Arthur terminou sua história, disse-lhes:

– Meus senhores, dei minha palavra a essa anciã que aquele de vocês que ela escolher a tomará por esposa, e a tratará com todo carinho que puder, pois foi essa a condição que ela impôs. Agora digam-me, fiz certo em dar-lhe minha palavra de que eu atenderia esse desejo dela?

E todos aqueles que lá estavam presentes disseram:

– Sim, senhor, fez o certo, pois faríamos tudo no mundo para salvá-lo de um perigo como esse do qual escapou.

Então o Rei Arthur disse para a velha senhora:

– Senhora, há algum desses cavaleiros aqui que a senhora escolheria para ser seu marido?

Ao que a velha apontou com seu dedo ossudo e comprido para Sir Gawaine, dizendo:

A velha escolhe Sir Gawaine.
– Sim, quero me casar com aquele nobre, pois vejo pela corrente em seu pescoço, pelo diadema de ouro em seus cabelos e pelo aspecto altivo e nobre que deve ser filho de rei.

Então o Rei Arthur disse para Sir Gawaine:

– Senhor, está disposto a cumprir o juramento que fiz a essa velha mulher?

Ao que Sir Gawaine respondeu:

– Sim, senhor, o que requisitar de mim, farei.

E Sir Gawaine foi até a anciã, tomou-lhe a mão e beijou-a, enquanto ninguém que estava lá conseguiu sequer dar um sorriso. Então se viraram e voltaram para o castelo do Rei, muito quietos e cabisbaixos, pois esse era um verdadeiro contratempo que tinha acontecido naquela Corte.

Pois bem, assim que voltaram para a Corte, escolheram aposentos para a velha mulher e vestiram-na com roupas ricas como de uma rainha e deram-lhe um séquito digno de uma rainha e todos do seu séquito achavam que, *Sir Gawaine* naquelas ricas vestes que usava, ela parecia dez vezes mais feia do que *toma a velha* antes. Então, depois que onze dias se passaram, Sir Gawaine casou-se *por esposa.* com a anciã na capela da Corte do Rei com grande pompa e circunstância, e todos os que lá estavam sentiam-se tão tristes e desanimados como se tivesse chegado a hora de Sir Gawaine morrer.

Depois que se casaram, Sir Gawaine e a velha mulher foram para a casa de Sir Gawaine e lá ele se isolou do mundo todo e não deixou que ninguém se aproximasse. O fato é que ele era orgulhoso demais, e nessa grande humilhação tinha sofrido mais do que era possível expressar em palavras. Portanto isolou-se do mundo para que ninguém pudesse ver sua tristeza e sua vergonha.

E durante o resto daquele dia ele ficou andando de um lado para o outro em seu quarto, pois estava tão desesperado que chegou a passar por sua cabeça se matar, já que lhe parecia impossível aguentar tanta vergonha como *Sir Gawaine fica* aquela que estava passando. Então, quando, depois de um tempo, veio *desconsolado.* o início da noite e começou a escurecer, Sir Gawaine sentiu que um pouco de sua força lhe voltava, e ele disse:

– É uma pena que eu tenha que me comportar assim, pois já que me casei com essa dama ela é minha legítima esposa e não a estou tratando com a consideração à qual ela tem direito.

Então saiu e procurou os aposentos da anciã que era agora sua esposa. Dali a pouco estava completamente escuro. Mas quando Sir Gawaine chegou aonde ela estava, a velha ralhou com ele:

– Então, senhor! Me tratou muito mal no dia do nosso casamento, pois passou toda a tarde longe de mim e só veio agora quando já é noite fechada.

E Sir Gawaine disse:

– Senhora, não pude evitar pois estava consumido por muitas preocupações. Mas se a desprezei hoje, peço-lhe perdão, e desejo fazer tudo o que puder para compensá-la da indiferença com que a tratei.

Então a dama disse:

– Senhor, está muito escuro aqui, vamos providenciar um lume.

– Como queira – disse Sir Gawaine –, e eu próprio irei trazer-lhe um.

Então Sir Gawaine saiu dali e trouxe duas velas de cera, uma em cada mão, e colocou-as em castiçais de ouro pois queria mostrar todo respeito que pudesse àquela velha. E quando ele entrou no quarto, notou que ela estava na outra extremidade do aposento. Então ele andou até lá, e ela se levantou e ficou em pé na sua frente.

Mas quando o círculo de luz iluminou a velha, e quando Sir Gawaine olhou-a ali na sua frente, viu algo maravilhoso que o fez soltar uma exclamação de susto.

Da linda dama que apareceu para Sir Gawaine. Acontece que em vez da velha que tinha deixado, ele encontrou uma dama de extraordinária beleza e na flor da idade. E viu que seus cabelos eram longos e brilhantes e muito negros, e seus olhos eram também como se fossem joias negras, e seus lábios eram como coral, e seus dentes como pérolas. Assim, ficou sem conseguir falar durante algum tempo, até que exclamou:

– Senhora! Quem é a senhora?

Então a dama sorriu para Sir Gawaine com uma doçura amorosa que o deixou confuso, parecendo um anjo que tinha saído do Paraíso direto para ali. Portanto ele ficou na frente dela parado muito tempo sem conseguir achar outras palavras para dizer, e ela continuou sorrindo para ele do mesmo jeito gentil. Então, passado algum tempo, Sir Gawaine disse:

– Senhora, onde está a dama que é minha esposa?

E a dama respondeu:

– Sir Gawaine, ela sou eu.

– Não é possível – exclamou Sir Gawaine –, pois ela era velha e feia, mas acho a senhora mais linda do que qualquer dama que jamais vi.

E a dama disse:

– No entanto eu sou ela porque o senhor me tomou como esposa por sua própria vontade e com grande gentileza, de modo que retirou uma parte do encanto que me fora lançado. Agora poderei aparecer para o senhor com minha aparência verdadeira. Embora há pouco tempo o senhor tenha me visto tão feia e desagradável, agora serei como me vê, por metade do dia, e na outra metade serei tão feia quanto antes.

Então Sir Gawaine não conseguia nem falar de tanta alegria. E com aquela alegria veio-lhe um amor apaixonado por aquela dama. Então exclamou várias vezes:

– Esta é com certeza a coisa mais maravilhosa que jamais aconteceu a um homem – e caiu de joelhos, tomou as mãos da dama nas suas e beijou-as apaixonadamente, enquanto ela sorria para ele do mesmo modo como de início.

Então ela disse novamente:

– Venha, sente-se aqui ao meu lado e vamos decidir em que parte do dia ficarei de um jeito e em que parte do dia ficarei do outro. Pois posso ter uma aparência durante o dia e outra durante a noite.

Sir Gawaine encontra a bela dama.

Então Sir Gawaine disse:

– Quero que fique assim durante a noite, pois é então que estamos juntos recolhidos. E contanto que tenha essa aparência, não me importo como os outros a verão.

Com isso, a dama começou a falar muito exaltada, dizendo:

– Não, senhor, não quero fazer assim, pois toda mulher valoriza a opinião dos outros e eu adoraria exibir minha beleza para todos, e não ter que aguentar a chacota e o desprezo de homens e mulheres.

Ao que Sir Gawaine disse:

– Senhora, prefiro do outro jeito.

E ela disse:

– Não, será do meu modo.

Então Sir Gawaine disse:

Sir Gawaine deixa a dama fazer o que quer.

– Assim seja. Pois, já que a tomei por esposa, devo respeitá-la em tudo. Portanto será como quer, nisso e em tudo o mais.

Então a dama desfez-se em risos e disse:

– Senhor, eu estava apenas testando-o uma última vez, pois minha aparência de agora será a de sempre.

Com isso Sir Gawaine não conseguia se conter de tanta alegria.

Então ficaram bastante tempo sentados de mãos dadas. Dali a pouco, Sir Gawaine disse:

– Quem é a senhora?

Ao que ela respondeu:

– Sou uma das Damas do Lago, mas por sua causa tornei-me mortal como as outras mulheres e saí daquela casa linda onde outrora vivia. Tenho-o guardado no coração já há algum tempo, pois eu não estava muito distante naquela ocasião em que o vi despedir-se de Sir Pellias, na margem do lago. Lá vi como chorou e se lamentou quando ele foi embora, portanto meu coração se encheu de pena por si. Assim, depois de algum tempo, parti do lago e tornei-me mortal por sua causa. Só que, quando vi o aperto em que o Rei Arthur se encontrava, tramei para que ele me trouxesse até o senhor, para que eu pudesse testar quão grande era a sua nobreza de cavaleiro. E, veja!, descobri que não poderia ser maior. Porque embora eu parecesse tão idosa, tão feia, tão desagradável, o senhor me tratou com tanta consideração, que não creio que teria sido mais cortês se eu fosse a filha de um rei. Portanto tenho agora tanto prazer em tê-lo como meu cavaleiro e meu verdadeiro esposo, que nem consigo dizer-lhe o tamanho de minha alegria.

Então Sir Gawaine disse:

– Senhora, não pode ser maior que a minha em tê-la – e aproximou-se dela, colocou a mão sobre seu ombro e beijou-a nos lábios.

Sir Gawaine faz com que haja grande festança.

Então, depois disso, ele saiu e chamou bem alto pela casa, e a gente da casa veio correndo de todos os cantos. E ele pediu que trouxessem luzes, bebida e comida, e trouxeram luzes. Quando trouxeram as luzes e viram a linda dama no lugar da anciã, encheram-se de enorme surpresa e alegria, gritando e batendo palmas e fazendo grande algazarra. E prepararam um grande banquete para Sir Gawaine e sua dama e no lugar da tristeza e da escuridão de antes, havia alegria e luz, música e canto. Portanto, os que estavam na Corte do Rei, vendo tudo isso à distância, disseram:

– É muito estranho que Sir Gawaine esteja tão alegre de ter se casado com uma anciã.

Mas quando veio a manhã seguinte, a dama se vestiu toda com roupas de seda amarela, e pendurou no pescoço muitos colares de pedras preciosas de várias cores, e colocou uma coroa dourada na cabeça. E Sir Gawaine mandou que trouxessem seu cavalo e também um palafrém branco como a neve para a dama, e em seguida saíram dali a cavalo e foram até a Corte do Rei Arthur. Mas quando o Rei e a Rainha e todos da Corte viram aquela dama, encheram-se de uma tal perplexidade que não sabiam o que dizer de puro espanto. E quando ouviram tudo o que tinha acontecido, começaram a comemorar e a se alegrar, de modo que todo o luto se transformou em festejo. E, de fato, não havia um só cavaleiro em toda a Corte que não tivesse dado metade de sua vida para ter a sorte que Sir Gawaine, filho do Rei Lot de Orkney, teve naquele caso.

Esta é a história de Sir Gawaine, e dela tiro o seguinte sentido: da mesma forma como a pobre e feia anciã apareceu diante dos olhos de Sir Gawaine, também o dever de um homem às vezes lhe aparece como feio e muito diferente do que ele quer. Mas quando ele esposa esse dever, de modo a torná-lo parte de si, como o noivo faz com a sua noiva, então, de repente, esse dever passa a parecer muito belo, a ele e aos outros.

Assim espero que aconteça com vocês: que assumam para si o dever que se apresentar não importa o quanto lhes desagrade cumpri-lo. Pois dificilmente um homem terá reais prazeres na vida se seu desejo não casar com seu dever, envolvendo-o como um marido envolve a esposa. Pois quando o desejo está assim unido com o dever, a alma se alegra consigo mesma como se tivesse havido um casamento entre um noivo e uma noiva no seu templo.

Também vocês, quando estiverem inteiramente casados com seu dever, serão tão dignos quanto aquele bom cavaleiro e homem, Sir Gawaine. Não é preciso que um homem use armadura para ser um verdadeiro cavaleiro, mas somente que se empenhe ao máximo, com toda paciência e humildade, em cumprir o que se espera dele. Portanto, quando chegar a vez de vocês cumprirem seu dever, mostrando assim como são cavaleiros, espero que vocês também demonstrem ser tão dignos quanto Sir Gawaine demonstrou nesta história que lhes contei e que está escrita acima.

Conclusão

Assim acaba este livro onde foi contada, com todo detalhe de narração, a história de Três Homens Notáveis que eram da Corte do Rei Arthur.

E agora, se Deus me der essa graça, daqui a algum tempo, mas não muito, escreverei o resto da história de vários outros cavaleiros notáveis de quem ainda não falei.

E um dos primeiros será Sir Lancelot, que o mundo todo sabe que foi o maior cavaleiro em proeza de armas de todos os que existiram, exceto Sir Galahad, que era seu filho. E lhes contarei a história de Sir Ewaine e Sir Geraint, e de Sir Percival e de vários outros.

Mas isso em outro momento. Por ora, com muito pesar, despeço-me de vocês e encerro esta história.

Que Deus permita que nos encontremos novamente com alegria e prosperidade o bastante para que, com o coração livre e despreocupado, vocês possam se divertir com a história dos fantásticos homens excelentes sobre quem lhes contarei. Amém.

Cronologia: Vida e obra de Howard Pyle

1853 | 5 mar: Nasce Howard Pyle, primeiro filho do casal Margareth e William Pyle, na pequena Wilmington, Delaware, Estados Unidos.

1869-72: Pyle aprende técnicas e conceitos básicos de ilustração em aulas particulares com o artista Franz van der Weilen, na Filadélfia. Foi este o único treinamento formal em arte que ele teve.

1876 | out: Muda-se para Nova York, onde passa a colaborar com revistas conceituadas, tais como *Scribner's Monthly, Harper's Weekly, Harper's New Monthly Magazine* e *St. Nicholas*, tanto com suas histórias e versos quanto com suas ilustrações.

1877: Ingressa na Art Students League, em Nova York.

1879: Retorna a Wilmington, tendo acertado com a *Harper's* que a colaboração não seria interrompida.

1881: Casa-se com Anne Poole, com quem viria a ter sete filhos.

1883: Publica *As aventuras de Robin Hood*, primeiro livro escrito e ilustrado por ele e considerado por muitos o mais belo exemplo de seu duplo talento, como autor e ilustrador. Foram tantas as edições que as pranchas de impressão se desgastaram quase por completo, e novas tiveram que ser feitas a partir dos desenhos originais.

1886: Publica *Pimenta & Sal*, coletânea de histórias originalmente publicadas na *Harper's Young People*.

1888: Publica *Otto da Mão de Prata*, romance histórico para crianças.

1894: Começa a ministrar aulas de ilustração no Drexel Institute of Arts and Sciences, na Filadélfia.

1895: Publica o longo conto de fadas *O jardim atrás da lua*.

1889: Visita a Jamaica com a esposa, visando a conferir mais autenticidade a suas bem-sucedidas histórias de piratas.

1900: Funda a Howard Pyle School of Art, em sua cidade natal. A primeira turma, selecionada com rigor entre centenas de candidatos, tinha apenas doze alunos. Foram muitos os ilustradores de renome que passaram pela escola de Pyle, entre eles Maxfield Parrish, Jessie Willcox Smith, Violet Oakley e Walter Everett.

1903-10: Publica sua obra-prima sobre a temática da Idade Média, os quatro volumes do ciclo arturiano: *A história do rei Arthur e seus cavaleiros* (1903), *A história da Liga dos Cavaleiros da Távola Redonda* (1905), *A história de Sir Lancelot e seus companheiros* (1907) e *A história do Graal e a morte de Arthur* (1910).

1905: Volta seu interesse para a pintura mural.

1906: Conclui o mural *The Battle of Nashville*, no Palácio do Governo de Minnesota.

1910: Inicia viagem pela Itália para aprimorar suas técnicas de pintura.

1911 | 9 nov: Tendo passado por Roma, Siena e Gênova, morre em Florença, em decorrência de uma grave infecção renal.

1ª EDIÇÃO [2013] 10 reimpressões

ESTA OBRA FOI COMPOSTA POR MARI TABOADA EM URW ALCUIN E KINGFISHER
E IMPRESSA EM OFSETE PELA GEOGRÁFICA SOBRE PAPEL PÓLEN DA
SUZANO S.A. PARA A EDITORA SCHWARCZ EM NOVEMBRO DE 2024.

A marca FSC® é a garantia de que a madeira utilizada na fabricação do papel deste livro provém de florestas que foram gerenciadas de maneira ambientalmente correta, socialmente justa e economicamente viável, além de outras fontes de origem controlada.